ラル形述語文の研究

川村　大

くろしお出版

序

本書は、筆者が東京大学大学院人文社会系研究科に提出した学位請求論文「古代語ラル形述語文の研究」（平成二三年九月三〇日提出、平成二四年二月一六日学位取得）に第六章を増補し、全体に修正・改稿を施したものである。

本書の概要は、次のとおりである。

動詞にいわゆる助動詞レル・ラレル（古代語であればル・ラル、ユ・ラユ）が下接した形（本書では「動詞〔ラレル〕形」と総称する）は、周知のとおり、受身・自発・可能・尊敬といった多様な用法を持っている。今日、動詞〔ラレル〕形の研究は、受身文、可能表現等々の個別用法に関するものも、また、多義形式としての動詞〔ラレル〕形の全体像に関するものも、現代語を中心に進展しているが、動詞〔ラレル〕形が今日見られるような多様な用法を持っていることの正当な理解のためには、動詞〔ラレル〕形の史的展開に関する理解が不可欠であると思われる。しかしながら、動詞〔ラレル〕形述語文の史的展開の詳細についてはなお不明な点が多い。動詞〔ラレル〕形述語文全体を対象とした通時的研究が要請されるところだが、その前提となるべき記述の枠組も十分に整っているとは言えず、記述の枠組を支えるべき理論的な見解も十分に検証されているとは言えないように思われる。

右のような問題意識に立ち、本書では、古代語の「動詞＋ル・ラル、ユ・ラユ」の形（これを「動詞ラル形」と総称する）を主たる対象として、次の三つの課題を設定し、議論を展開する。

Ⅰ　意味面に注目した受身文研究史の全面的見直しと、それに基づいた受身文の本質把握
Ⅱ　動詞ラル形の諸用法の整理・確認と、各用法の意味・構文両面にわたる精密な記述
Ⅲ　動詞ラル形述語文の多義の構造の統一的把握

Ⅰ〜Ⅲはそれぞれ独立の意義を有しつつ、互いに他の二者なしには存立し得ない関係にあるため、どれか一つだけを単独に解決することはできない。本書においてこの三つの課題を同時に取り上げる所以である。なお、Ⅰ〜Ⅲのそれぞれを論じることの必要性や、三者相互の関係については、第一章で述べている。

第二章では右の三つの課題のうち、課題Ⅰに取り組んでいる。まず、日本語の意味的特徴から見た受身文の下位分類をめぐって、従来二つの立場があることに注目する。すなわち、〈はた迷惑〉という意味の有無に注目するもの（以下、「立場A」と呼ぶ）と、〈被影響〉という意味の有無に注目するもの（以下、「立場B」と呼ぶ）の二つである。両者はそれぞれ背景に異なる問題関心を有し、互いに独立の立場であるが、そのことを、それぞれの立場の史的展開を詳細に追うことで検証する。そして、意味的特徴に注目した受身文規定に際しても、立場Aと立場Bという二つの立場があり、受身文を意味で規定する際にはそのどちらかの立場に決定的に立たざるを得ないこと、どちらの立場に立つ場合でも、従来「受身文」と呼ばれてきた文の一部が再定義された受身文からは排除されざるを得ないことなどを確認する。その上で、古代語ラル形述語文における「受身文」の状況を参照しつつ、本書は基本的に立場Bの了解に立って、受身文を「［ラレル］形述語を持つ文のうち、〝（有情の）主語者が感じる被影響感〟としての〈被影響〉を表すもの」と規定する。

課題Ⅱに取り組む第三章では、主に以下の三点を主張したことになる。

（1）従来認められている受身・自発・可能・尊敬の四用法を意味的特徴によって再度規定しなおす（受身用法は第二章で採用した規定に従う）。そのほかに二つの用法を新たに認める。第一に、「浮海松の浪に寄せられたる」（伊勢　87段）など、古代語に見られるいわゆる非情物主語受身文（の一部）を「受身用法」から除き、「発生状況描写用法」として別立てする。第二に、「かうだにわきまへしられ侍る」（枕　8段）など、「行為者が実現を目指して仕掛けた行為が、行為者の意図どおり実現する」ことを表す文を「可能用法」から除き、「意図成就用法」として別立てする。

（2）各用法について名詞項の格表示形式を記述する。その結果、諸用法は《行為者》項の格表示形式に注目すると次の三つの類に分けられることを指摘する。

自発用法・意図成就用法・可能用法：《行為者》項は必ず格助詞φ

受身用法・発生状況描写用法：《行為者》項は必ず格助詞ニを伴う

尊敬用法：《行為者》項は格助詞φかあるいはノを伴う

さらに、自発・意図成就・可能の三用法については、現代語と異なり、《対象》項の格表示（φ・ガ・ノ・ヲ）や述語動詞の種類が共通だと言ってよいことを指摘する。

（3）その他、間接受身文や自発、意図成就、可能、尊敬の各用法をめぐる重要な論点について、先行説を参照しつつ本書の見解を提出する。

第四章では課題Ⅲに取り組んでいる。まず、〔ラレル〕形述語文の多義の構造の説明をめぐっては、互いに異次元に存在する諸用法を統一的に把握する枠組を構築する必要があると同時に、用法ごとに取る格体制の異同について、何らかの説明を与える必要があることを指摘する。その上で、従来の諸説には、この二つの要請を十分に克服したものがないことを確認する。そして、この二つの要請を共に解決し得る理論的枠組として、尾上圭介氏の提唱する「出来文」説（尾上 1998a, 1998b, 1999, 2000, 2003）を取り上げ、各用法が現れる論理や、各用法の位置関係、また、課題Ⅱをめぐって第三章で指摘した用法と格体制との相関について、「出来文」説によって古代語についても有効な説明が可能であることを確認する。あわせて、「出来文」説は現代語よりも古代語において一層有効であることを指摘する。最後に補説として、助動詞ユ・ルが自動詞派生語尾由来であるという現在の有力説を受け、助動詞ユ・ルが自動詞語尾から形成される過程について、「出来文」説の立場から見通しを述べる。

第五章・第六章は、第二章～第四章の補説に当たる。そのうち、第五章では、第二章～第四章の議論の成果に基づいて、ラル形述語の類義形式である動詞見ユ・聞コユ・思ユ（思ホユ）の諸用法を記述する。そして、この三つの動詞がラル形述語と同様の語的性格を持つ動詞（語彙的出来動詞）であると見てよいことを確認する。

第六章は、第四章の補説と言うべきものである。『源氏物語』を資料に、動詞ラル形や見ユ・聞コユ・思ユ（思ホユ）を述語とする「出来文」において尊敬語補助動詞の待遇対象がどの名詞項になるかを検証し、自発・意図成就・可能の三用法における《対象》項が尊敬語補助動詞の上位待遇の対象となることを指摘する。あわせて、この事実が、自発・意図成就・可能の三用法における《対象》項の「主語らしさ」の傍証となり得ることを示唆する。

本書の議論の直接の対象は古代語ラル形述語文に限定しているが、現代語を中心とした従来の記述的・理論的知見を可能な限り踏まえ、現代語の状況も視野に収めた議論に努めている。

また、いわゆる受動文を構成する文法形式が他の意味を表す場合にも用いられる、という現象は、日本語に限らず、諸言語において広く見られる（Shibatani（1985）、Haspelmath（1990）ほか）。本書では他言語との対照などは行っていないが、類型論的な問題関心は常に筆者の念頭にあった（川村 2005）。個別言語に見られる現象について詳細なデータを示し、その妥当な解釈に努めることが、類型論的研究の深化に対しても妥当な足掛かりを提供することになるものと、筆者は考えている。

本書のもとになった学位請求論文の提出の後、本書の内容に接触する論文・発表があいついで公表されているが、今回はそれらへの言及は割愛し、論文提出段階での考えを公刊することを優先することとした。本書で言及できなかったこれら近時の議論については、別稿で論じることとしたい。

本書の内容が、古代語文法研究に対してはもちろん、現代語、あるいは他言語の研究においても資するところがあるならば、望外の幸いである。

なお、本書は、平成二三・二四年度学術研究助成基金助成金（課題番号 23520548）による成果の一部である。また、本書の議論の一部には、平成一八〜二一年度科学研究費補助金（課題番号 18520350）の成果を含んでいる。
各章のもとになった既発表論文については、各章の注に示してあるが、いずれも大幅な改稿・増補を経ており、ほぼ書き下ろしと言ってよい。

目次

第五章　見ユ・聞コユ・思ユ（思ホユ）をめぐって

第一章　本書の目的と課題

一・一　本書の目的

動詞にいわゆる助動詞レル・ラレル、ル・ラル、ユ・ラユ等が下接した形を述語とする文は、受身・自発・可能など、多様な意味を表すことが知られている。現代語の「動詞＋レル・ラレル」形——以下、（現代語の）「動詞ラレル形」と呼ぶ——を述語とする文において通常取り上げられる用法は次の四種である[1]。

(1) a　太郎が次郎に助けられた。〔受身用法〕
　b　故郷のことが懐かしく思い出される。〔自発用法〕
　c　次郎はブルーチーズが食べられる。〔可能用法〕
　d　山田先生が大阪へ出かけられた。〔尊敬用法〕

古代語の「動詞＋ル・ラル、ユ・ラユ」形——以下、（古代語の）「動詞ラル形」と呼ぶ——を述語とする文においても、同様に四種の用法が認められている[2]。

(2) a　わざとにはあらで時々物言ひふれ侍ける女の、心にもあらで人に誘はれて、まかりにければ、宿直物に書きつけてつかはしける（後撰613　詞書）〔受身用法〕
　b　おほひれ山もをかし。臨時の祭の舞人などのおもひ出でらるるなるべし。（枕　13段）〔自発用法〕
　c　「……。おほかたの世につけてだに、心苦しきことは見聞き過ぐされぬわざにはべるを、……」（源氏

—藤壺）（源氏　澪標）〔可能用法〕

d　「大納言の、外腹の娘を奉らるなるに、朝臣のいつき娘出だし立てたらむ、何の恥かあるべき」（源氏—惟光）（源氏　少女）〔尊敬用法〕

「動詞＋レル・ラレル、ル・ラル、ユ・ラユ等」——以下、上の全体を総称する場合は、現代語の動詞ラレル形と区別するために「ラレル」に〔　〕をかぶせて「動詞〔ラレル〕形」と呼ぶ——を述語とする文は、古代語から現代語にわたって見られ、いずれも受身・自発等を表すとされるが、子細に見れば、現代語と古代語では、諸用法のありようが相当に異なることもまた知られている。例えば、古代語ではモノを主語とする受身表現が限られたタイプしか存在しない。また、古代語の可能表現は圧倒的に否定述語の場合に偏る。一方自発表現では、使用される動詞の種類も、格体制も、表す意味の下位類についても、古代語の方が現代語よりもはるかに多様である（詳細はいずれも第三章で述べる）。古代語から現代語に至るまでの間に、動詞〔ラレル〕形述語文の諸用法にどのような変化があったのか。受身表現のように、ある程度詳しく検討された領域もある（例えば、近代以降における非情物主語受身文の量的推移、受身文動作主ニヨッテ表示の起源やニヨッテ表示流布の過程、など）ものの、詳細が未だ明らかになっていない領域も少なくない。〔ラレル〕形述語文の全用法の通時的研究が要請されるところである。しかしながら、動詞〔ラレル〕形述語文の通時的変化を追うために必要な記述的・理論的枠組は、現在必ずしも十分に整っているとは言えない。

本書は、古代語の動詞ラル形述語文を主たる分析対象とし、次の三つの課題をめぐって論ずるものである。

Ⅰ　意味面に注目した受身文研究史の全体的把握と、それに基づいた受身文の本質に関する理解

Ⅱ　動詞ラル形述語文の諸用法の整理・確認（用法の再定義や新規設定を含む）と、各用法の意味・構文両面にわたる精密な記述

Ⅲ　動詞ラル形述語文の多義の構造に関する解釈

右の三つの課題が要請される理由について、以下説明する。

一・二　動詞〔ラレル〕形述語文をめぐる諸課題

一・二・一　受身文の定義をめぐって

いわゆる「受身文」[3]がどういうものであるかは、半ば自明のこととして了解されており、その定義を改めて問題にしようとするのは、奇異に感じられるかもしれない。しかし、動詞〔ラレル〕形述語文の一タイプという観点から受身文を見なおすときには、受身文をどう規定するかをめぐって本質的な問題が残っているように思われる。後の二・一、二・七・一で詳しく論じるが、ここで予告的に紹介する。

動詞〔ラレル〕形を述語とする文のうち、「自発文」「可能文」などは、その表す意味が何であるかによって規定される。しかし、「受身文」だけは、かつては表す意味の特徴（「影響」「利害」など。詳細は第二章）によって定義されることもあったが、近時は、もっぱら項構造によって、すなわち、《対象》[4]項あるいは《被影響者》項がガ格（主語）に立ち、《行為者》[5]項がニ格等となることをもって定義される。現代語ラレル形述語文によって例を示す。

（3）a　パジャマが　廊下に　脱ぎ捨てられている。
　　　《対象》
　　b　太郎が　次郎に　助けられた。
　　　《被影響者》《行為者》

このような規定に特段の支障はないように見える。しかしこの規定では、同じ項構造を持つ動詞〔ラレル〕形述語文でありながら、「自発」を表す文（「自発文」）や「可能」を表す文（「可能文」）が存在することの処理に窮することになる。例えば「自発文」である次の例（4）aや「可能文」である（4）bも、《行為者》項がニ格になり、《対象》項がガ格に立っている。先の規定に忠実に従うならば、（4）a・bを項構造上「受身文」でないとは言えないはずである。

（4）a　私には故郷の母の事が案じられる。
　　b　次郎にセロリが食べられるものか。

もちろん、例（4）a・bのような文を敢えて〝広義の受身文〟の中に含める立場があり得る。しかし、そのような処置をしたとしても、意味的に〈自発〉[6]や〈可能〉を表す文（例（4）a・bなど）は、やはり他の受身文とは意味的に大きく異なるのであって、どこかのレベルで他の受身文とは区別する必要がある。

しかも、〈自発〉や〈可能〉を表す文の中には、次のように《対象》項が主語になっていない（つまり例（4）のタイプの文とは異なる）構文の型を持つものもある(7)。

（5）a　私は、大事なことを忘れているように思われてならない。（〈自発〉）

b　「……、【更衣が】よこさまなるやうにて、つひにかくなりはべりぬれば、かへりてはつらくなむ、かしこき御こころざしを思ひたまへられはべる。……」（更衣母—靫負命婦）（源氏　桐壺）（〈自発〉）

c　次郎がブルーチーズを食べられることは誰でも知っている。（〈可能〉）

〈自発〉を表す文で、《行為者》が格助詞を伴わず「〜は」などと表示される場合（例（5）a）は一種の主語であると解釈できる（尾上圭介 1998b, 2003）(8)。古代語の〈自発〉を表す文では、《対象》をヲ格表示する例（（5）b）が存在する（川村 1993, 2004）。また、〈可能〉を表す文は「《行為者》ガ《対象》ヲ」という構文を取る場合がある（（5）c）。したがって、〔ラレル〕形述語をもって〈自発〉や〈可能〉を表す文を「構文上すべて「受身文」である」と主張するわけにもいかない。（なお、古代語ラル形述語文の受身用法・自発用法・可能用法それぞれの格体制については、三・二・二、三・三・三、三・四・四で述べる。）

以上のことから、項構造によって「受身文」を定義することには、実際には有効性がないと言わざるを得ない。「受身文」をめぐってはすでに膨大な研究が蓄積されている。しかしながら、今日の受身文研究は、その最も基礎をなすはずの「受身文の定義」そのものに、このような大きな問題を抱えていたのだった。

では「自発文」「可能文」を排除できるように受身文を定義するにはどうしたらよいか。先にも述べたように、「自発文」「可能文」はその表す意味によって定義されている。そうである以上、同じ〔ラレル〕形述語文である方が有効である。

「自発文」「可能文」などと相並ぶものとして受身文を定義しようとすれば、受身文もまた意味によって定義する方が有効である。

古代語ラル形述語文の議論においても、やはり受身文の有効な意味的規定が差し迫った課題として存在する。「意味的特徴に注目した受身文研究史の全体的把握と、それに基づいた受身文の本質に関する理解」ということを、本書の第一の課題とする理由は、ここにある。

では、意味の観点で受身文を定義するにはどうすればよいか。

いわゆる「受身文」に現れる意味についての指摘は、構文的特徴に関する議論同様、多数なされている。しかし、受身文は永らく構文の問題と捉えられてきたためか、受身文の受身文たる特徴を自覚的に「意味」に求める議論は、近時では尾上圭介(1998a, 1999 ほか)、柴谷方良(2000)程度である。したがって、意味の観点から妥当な受身文の定義を得るためには、いわゆる「受身文」の意味的特徴をめぐる研究史をすべて整理しなおし、その上で、〔ラレル〕形述語文の一用法としての〝受身文〟の有効な意味的規定のあり方を確認するという作業がぜひとも必要なのである。

日本語における受身文の妥当な定義はどのようなものかを検討すること、そのために、「受身文」の表す意味に着目した受身文研究史全体の構造を把握すること、これが本書の第一の課題である。言うまでもなくこの作業は、古代語ラル形述語文の多義の構造の研究(本書第四章で試みる)や、〔ラレル〕形述語文の全体像の通時的研究など、〔ラレル〕形述語文を積極的にひとまとまりの文類型として了解するためには必須の作業である。しかし、そのような立場に立たない、もっぱら受身文だけを対象とする研究にとっても、研究遂行上の堅実な基盤を得るためには避けて通れない作業であるはずである。

一・二・二　各用法の整理・再確認をめぐって

〔ラレル〕形述語文の諸用法のうち、再定義や再確認が必要なのは、別に受身用法の場合だけではない。他の「自発用法」「可能用法」などの定義についても再点検し、〔ラレル〕形述語文のどの範囲までが「自発用法」なのか、「可能用法」なのかを確認し、必要があれば、その一部を切り出して新規に別の用法として規定する必要がある。

そのわかりやすい事例として、ここでは予告的に可能用法の場合を取り上げる(三・四・一で詳述する)。〔ラレル〕形述語によるいわゆる「可能文」には、次のような相当異なる二つのタイプがあることが知られている。

(6)a　太郎は目覚まし時計がなくとも朝六時に起きられる。
　　b　太郎は今朝六時に起きられた。

例(6)aは通常言う意味での〈可能〉(potential)を表していると言える。すなわち、太郎がその気になれば、「太郎が目覚まし時計なしに朝六時に起きる」行為が実現するだけの許容性がその状況(この場合では、太郎の能力)に具わっている、という、行為の潜在的な実現可能性を述べている。

それに対して、例(6)bは「太郎が今朝六時に起きる」という行為が現に実現したことを述べている。例(6)aが表しているような意味での〈可能〉(つまり行為の潜在的な実現可能性)を表しているとは言えない。例(6)bの表す意味をさらに詳しく述べれば、「実現が期待されたり、実現しないことが危惧されている行為が、意図通り実現する」というものである。このタイプの意味は、先行研究において様々な名称で呼ばれているが、本書では尾上(1999, 2003)に倣って〈意図成就〉と呼ぶ。

現代語の可能表現研究においては、(ラレル形に限らず)可能表現形式の表す意味に狭義の〈可能〉と〈意図成就〉との二つがあることが、複数の研究者によって指摘されており(渋谷勝己(1993)ほか)、今日ではすでに常識といってよい。しかし、本書が主たる対象とする古代語ラル形述語文の研究や、〔ラレル〕形述語文の多義を論ずる研究においては、その多くが、〈意図成就〉と〈可能〉とを峻別する諸研究より以前の議論であったこともあって、このことに意識的な議論に乏しい。〈意図成就〉を表す例の扱いは論者によって一定しておらず、ある場合には「可能」を表す例の一種として扱われ(中西宇一(1978)ほか)、またある場合には「自発」を表す例の一種として扱われる(Jacobsen, W. 1991)。

自発用法や可能用法は、従来意味によって定義されている。そうであるならば、〈意図成就〉を表す例は自発用法でも可能用法でもない、別の一用法として立てるべきであるし、その方が議論の無用な混乱を回避し得ると思われる。

本書では、このような点検を、古代語ラル形述語文の諸用法に対して一つ一つ行っていく。そして、必要に応じて新規の用法を設定していく。これは、〔ラレル〕形述語文の精密な通史を描く上で当然必要な処置であるのみならず、古代語ラル形述語文の共時的な記述研究としても一度はしておかなければならない作業である。先に、受身用法について意味の観点から再定義が必要であるということを述べたが、ラル形述語文の「受身用法」を意味的特徴から再定義する結果、従来「受身文」とされてきた一部の文タイプは「受身用法」から切り出されることになる(三・二・六で述べる)。

各用法の整理・再確認に当たっては、各用法の表す意味のみならず、各用法における格体制など、構文上の諸現象に関する目配りも必要になる。

〔ラレル〕形述語文においては、名詞項の意味役割と格表示の関係、すなわち格体制が、用法ごとに異なる。現代語ラレル形述語文を例にすると、尊敬用法ではガ格名詞項に立つのは《行為者》や《状態の主体》などであって、動作の《対象》がガ格になることはない。それに対して、いわゆる「受身」を表す場合では、動作の《対象》や、事態の発生によって直接間接に影響を被る《被影響者》がガ格に立つ。《行為者》がガ格に立つことはなく、文中に現れるとすれば、ニ格・カラ格やその他の表示形式を取る。

（7）a　山田先生が大阪へ出かけられた。
　　b　山田先生は健康であられる。
（8）a　廊下にパジャマが脱ぎ捨てられている。（《対象》）
　　b　太郎が次郎に助けられた。（《（直接的）被影響者》）
　　c　太郎が次郎に隣の部屋で騒がれた。（《（間接的）被影響者》）

可能用法では、《行為者》と《対象》とが、それぞれニ—ガ、ガ—ヲ、ガ—ガという、多様な格表示を取り得る（井島正博（1991）ほか）。

（9）a　次郎にブルーチーズが食べられる（ことは誰でも知っている）。

b　次郎がブルーチーズを食べられる（ことは誰でも知っている）。

c　次郎がブルーチーズが食べられる（ことは誰でも知っている）。

このように、現代語ラレル形述語文に現れる〈自発〉〈可能〉などの意味と、どのような格体制を取り得るかということとは、何らかの対応関係にあるようである。このことは逆に、どのような格配置を取っているかということが、用法の判別において、（絶対ではないが）ある程度の手掛かりになるということでもある。

では、古代語ラル形述語文においては、意味と格体制との間に対応関係はあるのか、当然確認の必要がある。これが、ラル形述語文の諸用法の整理に当たって、格体制の記述が必要である理由である。なお、予告的に言えば、古代語ラル形述語文においては意味と格体制との対応関係が、現代語よりもさらに見やすい形で見て取れる（三・六・一で述べる）。

各用法の整理・再確認に当たって注目すべき構文上の現象は、右に述べた格体制のほかにも、個別用法ごとにいくつかある。例えば、受身用法をめぐっては、従来ガ格名詞項（つまり主語）が有情者か非情物かということや、《行為者》項を表示する形式がニかニヨッテか、ということが、いわゆる「受身文」の帯びる意味との関係で注目されてきた。また、古代語自発用法においては、他動詞のみならず自動詞も用いられるなど、使用できる動詞の種類が現代語よりも豊かであったことが指摘できる。こうしたことも、各用法の記述に当たって当然目配りしてゆくことになる。

一・二・三　多義の問題をめぐって

一・二・三・一　多義の構造を論ずることの意義

動詞〔ラレル〕形という一つの形式が多様な意味を表し得る、その多義の構造をどのように理解したらよいかということについては、従来多くの論者が関心を寄せてきた。しかし今日、〔ラレル〕形述語文の多義の構造を問う議論は盛んではない。

その原因の少なからぬ部分は、個別用法を超えて〔ラレル〕形述語文を全体的に把握することの必要性があまり感じられないという点にあろう。

〔ラレル〕形述語文の各用法は、異次元に属すると言ってもよいほど互いにかけ離れた内容を表す。例えば、「太郎が次郎に助けられた」「太郎が子供に泣かれた」などの受身用法の文は、（通常の了解の場合）が格名詞項（つまり主語）に立つヒトやモノが、他者の行為の作用を被ること、あるいは、主語者であるヒトが、他者の引き起こした事態から直接間接に何らかの影響を被る、という意味を表している。それに対して、「故郷のことが懐かしく思い出される」などの自発用法の文は、行為者の意志によって実現するはずの行為が、行為者にその気がないのに実現してしまうこと、つまり、行為をめぐる意志の欠如を表す。また、「次郎はブルーチーズが食べられる」などの可能用法の文は、行為への意志の実現如何を問題にする点で自発用法とは百八十度異なる意味を表す上に、行為の潜在的な実現可能性、つまり「行為者がその気になれば当該行為が実現するような状況であるかどうか」を問題とする表現であるという意味では一種のモダリティ表現でもある。このように、各用法の表す意味の次元がそれぞれ大きく異なる上に、用法ごとに取り得る格体制も異なる（前節一・二・二で述べた）。〔ラレル〕形述語文の各用法をそれぞれ独立の文類型（受身文・自発文……）と見なして、用法ごとに視野を限定して議論を進めても、実際上ほとんど差支えがないのである。現に、〔ラレル〕形述語文をめぐる議論の大半は、そのような個別用法の研究である。

しかし、そのことは、動詞〔ラレル〕形述語文の多義の構造を論ずることが無意味であるということを意味するものではない。受身用法、可能用法といった個別用法について論じる際にも、〔ラレル〕形述語文の多義の構造に関する目配りが必要な局面が少なからずある。ここではさしあたり二点を指摘する。

第一に、各用法の定義の問題である。例えば、〔ラレル〕形述語文の一種としての〝受身文〟を有効に定義しようとすれば、受身文とは異質な他の〔ラレル〕形述語文（自発文・可能文）が混入しないように定義を工夫せざるを得ない（一・二・一）。そのためには受身用法と他の諸用法との間の共通点と相違点のありように関する検討を経なければならない。結局のところ、受身用法という個別の用法に定義を与えるという、ごく基本的なことでさえ、同じ動詞〔ラレル〕形を述語とする他の文との位置関係を意識せざるを得なくなる。他の用法についても事情は同様である。どのような文を自発文、可能文として認めるのかという、研究対象の定義、研究範囲の確定をめぐる問題に立ち返るならば、〔ラレル〕形述語文の世界を全体としてどう把握するかという観点の下に判断していくしかない。

第二に、用法発生の論理をめぐる問題である。例えば可能用法をめぐって次の問題が指摘できる。現代共通語では「可能表現」に用いられる形式は動詞ラレル形に限らない。「読める」「書ける」などのいわゆる可能動詞や、（〜スルコトガ）デキル、（〜シ）ウル等も存在する。また、「この鞄はＡ４大のノートパソコンが楽に入る」のように、有標の形式を伴わない動詞（無意志自動詞）を述語とする文が〈可能〉の意味を帯びる場合（乾とね 1991、張威 1998、尾上 1998b、本多啓 2008）も知られている。これらがすべて〈可能〉を表すとしても、右の各形式がなぜ〈可能〉を表し得るのか、その論理が互いに同じである保証はない。もとより、右の各形式が全てラレル形述語文と同様の格体制を取れるわけでもない。「読める」「書ける」などの諸形式が〈可能〉を表すそれぞれの論理や、それぞれの形式が取る格体制がそうある理由を一つ一つ検討する必要があると思われる。そうであれば、ラレル形述語文についても、あらかじめ「ラレル形述語文は〈可能〉を表す」という前提に立って議論を始めるわけにはいかない。ラレル形述語文が〈可能〉を表すという、単なる事実の記述を超えて、ラレル形述語文が〈可能〉を表す論理や、〈可能〉を表す際に取る格体制がそうある理由を、一から考えなければならない。自発用法や受身用法についても事情は同様であって、ラレル形述語文においてそれぞれの意味が現れる論理、ある格体制を取る論理を考える必要がある。このようにして、ラレル形述語文、ひいては（古代語も含めた）動詞〔ラレル〕形述語文が、〈可能〉以外にも様々な意味を表し得るという、多義の構造全体に関する考察が必要となる。

このように、各用法の定義や、〈可能〉等の表現上の意味が現れる論理といった、個別用法にとって基本的とも言うべき問題を解決しようとすれば、〔ラレル〕形述語文の多義の構造に関する目配りが避けられないと思われる。

動詞〔ラレル〕形述語文の諸用法の統一的把握を試みることは、単に動詞〔ラレル〕形述語文の問題に留まらない意義を持つ。いま、日本語の問題に限って言えば、動詞〔ラレル〕形と同様の多義の構造を持つ形式が日本語には少なからずある、ということが指摘できる。

先ほど言及した可能動詞は、通常可能表現の専門形式と見られているが、実際には、（動詞の種類が限られるが）〈自発〉や〈受身（被影響）〉を表す場合がある。

(10) a　悲しい映画を見るとどうにも泣けてくる。〈自発〉
b　彼のしぐさを見ていると笑えてしょうがない。〈自発〉
c　時間の長短は、何も年齢だけにかかわるものではないらしい。文化とも密接にからんでいるように思える。(天声【人語】88/1/7)(安達太郎 1995)〈自発〉
d　君の書く「公」の字は、どう見ても「ハム」と読める。〈自発〉
e　このことが先生に知れては大変だ。〈受身(被影響)〉

また、動詞見エル・聞コエル・分カルは〈自発〉〈可能〉を表し得るが、古代語見ユは受身用法でも盛んに用いられた(五・三・五で述べる)。

(11)　「……、【玉鬘が】この大臣【=髭黒】の、さる無心の女房に心あはせて入り来たりけんにも、けざやかにもて離れたるさまを人にも見え知られ、ことさらにゆるされたるありさまにしなして、わが心と罪あるにはなさずなりにしなど、今思へば、いかにかどある事なりけり。……」(源氏内話)(源氏　若菜下)

これらの動詞は、《対象》項をガ格に取り得るという点でも、動詞〔ラレル〕形と共通である(特に、現代語可能動詞の格体制は、ラレル形と全く同じである)。このことは、動詞〔ラレル〕形述語文の多義の問題が、動詞〔ラレル〕形述語文のみに限られない、もっと広がりを持ったあるタイプの動詞述語文に共通の問題であることを示している。

動詞〔ラレル〕形の多義の構造をめぐる研究は、今日のように各用法に関する知見が深まった時においてこそ必要であるし、今日においてこそ一段と広い展望が開けるはずである。

一・二・三・二　古代語ラル形において多義の構造を検討することの必要性

動詞〔ラレル〕形述語文の多義の構造を論ずる意義については右に述べたとおりであるが、敢えて古代語の動詞ラル形述語文を材料にして多義の構造を検討することの意味はどこにあるのか。

例えば、現代語では、次のような「受身文」が特に書き言葉で広く見られる。

(12) a　会議が議長によって招集された。
　　b　答案用紙が試験官によって回収された。

第二章で詳細に論ずるが、右の例(12)のタイプの構文は、「受身文」の中でも、主語がモノで、《行為者》がニヨッテで表示される(ニでは表示できない)、そして、「影響関係」に関する特別の意味を帯びない、という特徴を有する一類を構成する。この種の「受身文」は古代語和文には見られず、欧文直訳体の影響で広まった新タイプの「受身文」であることがすでに指摘されている(金水敏(1991, 1992b)、Kinsui(1997)ほか)。

このタイプの文は、古代語から存在する受身文の構文の型、すなわち、《対象》項を主語に据え、《行為者》項を主語から外すという文型の面(だけ)を流用して新たに形成されたものであるという。そうであるなら、動詞〔ラレル〕形が本来有する「多義の構造」の論理には必ずしも従わない可能性が高い。現代語においては、少なくとも例(12)のタイプの類が存在することで、多義のあり方が一段複雑になっている可能性がある。

それに対して、〔ラレル〕形の用法分化の比較的初期の段階、すなわち古代語ラル形においては、多義の構造が比較的見えやすいのではないかと考えられる。まずは古代語ラル形において多義の構造を検討し、その上で、後発の用法について検討するという、二段構えの戦略が、古代語から現代語に至る〔ラレル〕形述語の多義の構造を把握するためには有効であると予想される。

一・三　三つの課題の関係

一・二で述べてきたように、本書の設定する三つの課題は、それぞれ古代語ラル形述語文研究（ひいては、現代語を含めた〔ラレル〕形述語文研究）にとって独立の意義・必要性を有する。すなわち、「Ⅰ　意味面に注目した受身文研究史の全体的把握と、それに基づいた受身文の本質に関する理解」は、現在の「受身文」研究に決定的に欠けている、妥当な受身文規定を提供するものである。「Ⅱ　動詞ラル形述語文の諸用法の整理・確認（用法の再定義や新規設定を含む）と、各用法の意味・構文両面にわたる精密な記述」は、今日の〔ラレル〕形述語文研究の知見に基づきつつ、古代語ラル形述語文の意味・構文両面での共時的記述を目指すものである。最後の「Ⅲ　動詞ラル形述語文の多義の構造に関する解釈」は、古代語ラル形述語文の多義の構造の検討を通して、動詞〔ラレル〕形という文法形式が全体として何をする形式なのかを明らかにし、日本語の動詞述語の取る諸形態の中で〔ラレル〕形が占める位置をも明らかにしようとするものである。またひいては、〔ラレル〕形述語文を含むあるタイプの多義的な動詞述語文の研究に対して有効な視点を提供することにもなる。

一方、この三つの課題は互いに無関係に設定されたものではなく、互いに依存しあい、他の二者なしでは存立し得ないという関係にある。

まず、課題Ⅰが目指す、自発文や可能文が混入しないような妥当な受身文規定は、課題Ⅱ、すなわち古代語ラル形述語文の精密な記述にとっても、課題Ⅲ、すなわち古代語ラル形述語文の多義の構造をめぐる検討にとっても、議論の前提として必須である。次に、課題Ⅱが目指す、ラル形述語文の諸用法に関する精密な記述は、課題Ⅰに対して、古代語受身文の使用の実態や自発文・可能文等に関する基礎情報を提供するものであるとともに、課題Ⅲに対しては、言うまでもなく議論の前提である。そして課題Ⅲ（古代語ラル形述語文の多義の構造に関する検討）の結果得られる、ラル形述語文の本質把握やその中での受身文の位置付けに関する認識は、課題Ⅰにおける受身文の本質把握の正当性を保証することになる。また、同じく課題Ⅲの結果得られる各用法の規定や分類に関する認識は、課題Ⅱの記述の枠組を支えることとなる。

このように、本書の掲げる三つの課題は、その十全な達成のために互いが互いの達成を必要とするという相互依存の関係にあるため、三者を同時に検討する必要がある。本書において、この三つの課題を同時に掲げる所以である。

一・四　本書の構成

これ以降の各章の構成は以下のとおりである。

第二章では、課題Ⅰを扱う。受身文の本質把握を目指して、意味的特徴をめぐる議論を中心に受身文の研究史の全体を整理しなおして、再構成する。その上で、受身文の妥当な規定を明らかにする。

第三章では、課題Ⅱを扱う。古代語ラル形述語文の諸用法を意味的特徴によって精密に規定するとともに、意味的特徴と、構文をはじめとする文法的特徴とを詳しく記述する。その上で、意味と構文の両面の関係について考察する。

第四章では、課題Ⅲを扱う。〔ラレル〕形述語文の多義の構造をめぐる従来の議論の問題点を検討した上で、現代語を主に対象とする尾上圭介氏の「出来文」仮説（尾上 1998a, 1998b, 1999, 2000, 2003）を基に、古代語ラル形述語文において、多義が生ずる論理を考察する。

第五章と第六章とは、第二章から第四章までの議論の補足である。第五章では、ラル形述語の類義形式である、古代語動詞見ユ・聞コユ・思ユ（思ホユ）を取り上げ、諸用法を記述し、この三つの動詞がラル形述語と同様の語的性格を持つ動詞（語彙的出来動詞）と見てよいことを確認する。また、第六章では、特に第四章で問題になる「出来文」の主語認定の問題に関連して、ラル形述語文や見ユ等を述語とする文における尊敬語補助動詞の上位待遇の対象をめぐり、興味深い事実の存在を指摘する。

一・五　本書の資料、その他

本書の議論の直接の対象となるのは、古代語の和歌・物語（十一世紀初頭ごろまで）におけるラル形、また見ユ・聞コユ・思ユ（思ホユ）である。ただし、参考例として、他の時代、ジャンルの資料も適宜取り上げる。特に、動詞〔ラレル〕形をめぐる理論的・実証的研究の大半は現代語をめぐるものであり、その成果を生かすためにも、現代語への言及は全編を通じて随時行う。

調査対象とした作品や、調査・引用に際して用いたテキスト等は、巻末の「調査資料」欄に掲出した。参考例として掲げた用例については、用例ごとに使用テキストを明示した。

注

1 以下、出典を表示しない例文は、筆者の作例である。

2 用例を掲げる際に用いたテキストは、個別に明示した場合を除き、巻末の「調査資料」欄に掲げてあるものである。傍線の種類については、後の注7で詳しく述べる。なおこれ以降、用例や先行研究等を引用するに当たっては、表記を適宜改める場合がある。【　】内は筆者川村の注記である。

3 以下、本書で改めて規定する〝受身〟〝受身文〟とは別の、「従来言われてきたいわゆる受身・受身文」であることを特に示す際には、鍵括弧付きの「受身」「受身文」を用いる。同様に、「自発文」「可能文」等の表記も「いわゆるそれ」を特に示す場合に用いる。

4 以下、《　》は本書で用いる名詞項の意味役割の名称を示す。ただし、これらは議論のために便宜的・直感的に設定されるにすぎない。文中名詞項の意味役割の数や種類について、積極的な主張をする意図はない。

5 本書で言う《行為者》(actor)は、「行為の主体」一般を指す。意志的行為の行為者には限らない。

6 以下〈　〉は、本書で用いる、〔ラレル〕形述語文に現れる意味の名称を示す。

7 以下、文中の〔ラレル〕形述語や名詞項等を明示するために、用例に傍線を引くことがある。一重傍線は現代語ラレル形・古代語ラル形等の述語、破傍線は《行為者》項、波傍線は《対象》《被影響者》項を示す。太い一重傍線はその他注意すべき個所を示す。

8 なお、「○○は〜」の形で現れる「主語」は、論者によってはニ格名詞やデ格名詞の主題化であるとされることもある。

第二章　受身文概念の再検討

——受身文研究の二つの立場をめぐる研究史から——

二・一　本章の課題――受身文概念再検討の必要性――

本章では、第一章で掲げた本書の三つの課題のうち、第一の課題に取り組む。すなわち、意味の面に注目して受身文研究史の全体的把握を図り、その上で、受身文の本質をどこに求めるかを追求する、いわば、受身文の定義の見なおしを試みるものである[1]。

「次郎が山田先生にほめられた」など、「受身文」がどのようなものであるかは、改めて論ずるまでもなく自明であると思われている。しかし、「受身文」をめぐる様々な知見が積み上がった今日、改めて「日本語において受身文とはどのような文か」ということを検討する必要があると思われる。特に、本書の課題である古代語動詞ラル形述語文の全体的理解のためには(もちろん、現代語を含めた動詞〔ラレル〕形述語文の全体的理解のためにも)、受身文の本質理解と、本質理解に基づいた再定義が求められる。すでに一・二・一で予告的に述べたことと大きく重なるが、ここで改めてその必要性について述べる。

今日、「受身文」はもっぱら構文上の概念として捉えられることがふつうである。いま簡単に言えば、述語動詞が〔ラレル〕形(すなわち、現代語では「動詞＋レル・ラレル」の形、古代語では「動詞＋ル・ラル、ユ・ラユ」の形)であり、対応する能動文(次節で定義する)においてヲ格名詞項等(つまり目的語)である《対象》項あるいは《被影響者》項が主語に立ち、能動文で主語である《行為者》項がニ格などに立つ、そういう構文の特徴によって「受身文」と規定される。例えば、「何者かがパジャマを廊下に脱ぎ捨てた」に対する「パジャマが廊下に脱ぎ捨てられている」という文、あるいは、「山田先生が次郎をほめた」に対する「次郎が山田先生にほめられた」という文が、「受身文」だということになる。

実際には、日本語の「受身文」と呼ばれる構文は右の定義に収まるものばかりではなく、他のタイプの構文を持つ受身文も存在する。「太郎は子供に泣かれた」など、対応する文（「子供が泣いた」）には存在しない名詞項が主語に立つタイプである（「間接受身文」と呼ばれる。追って二・二①で詳しく述べる）。このこと自体、今日「受身文」とひとしなみに呼ばれているものをすべて覆うような定義を構文の観点から与えることが可能か、疑念を抱かせるに十分だが、そのことは今は措く。

仮に「受身文」を、「述語動詞が〔ラレル〕形」「能動文目的語が主語に立つ」「能動文主語がニ格等になる」という特徴を満たすものに限定して考えても、「受身文」という文類型を過不足なく捉えたことにはならない。「受身文」と同じく動詞〔ラレル〕形を述語とする文には、自発文・可能文も存在するが、それらの中には、「受身文」と同様、対応する「能動文」を持っていて、「能動文の目的語（《対象》項）が主語に立つ」「対応する能動文の主語（《行為者》項）が主語に立たない」という特徴を持つものがある。

（1）a　私には故郷の母の事が案じられる。（↔私が故郷の母の事を案じる）
　　b　次郎にセロリが食べられるものか。（↔次郎がセロリを食べる）
（一・二・一、例（4）再掲）

この問題は、例（1）のタイプの文を、「広義の「受身文」」の中に含めてしまえば解決しそうである。現に、益岡隆志・田窪行則（1992）や仁田義雄（1997a）は、自発文を「受身文」の一種と位置付けている。しかし、そのような処置は根本的な解決にはならない。例（1）のタイプの文を広義の「受身文」の中に含めたところで、例（1）のタイプの文（〈自発〉〈可能〉を表す）と、その他の「受身文」とは、表す意味が大きく異なるから、いずれどこかのレベルで区別しなければならない。

しかも、〈自発〉や〈可能〉を表す文の取り得る構文の型は、例（1）タイプのように《対象》項が主語に立つものばかりではない。次のように、《対象》項が主語に立たない型もある。

（2）a　私は、大事なことを忘れているように思われてならない。（〈自発〉）

b　「……、【更衣が】よこさまなるやうにて、つひにかくなりはべりぬれば、かへりてはつらくなむ、かしこき御こころざしを思ひたまへられはべる。……」（更衣母—靫負命婦）（源氏　桐壺）（〈自発〉）

c　次郎がブルーチーズを食べられることは誰でも知っている。（〈可能〉）

（一・二・一、例（5）再掲）

例（2）aのように、〈自発〉を表す文には、《行為者》が格助詞を伴わず「〜は」などと表示されるものがある。この場合、《行為者》項は一種の主語と解釈できる（尾上圭介 1998b, 2003）。また、古代語の〈自発〉を表す文の中には、例（2）bのように、《対象》をヲ格表示するものが少なくない（川村 1993, 2004）。そして、〈可能〉を表す文は、しばしば例（2）cのように、「《行為者》ガ《対象》ヲ」という格配置を取る。このような例が存在する以上、〈自発〉〈可能〉を表す〔ラレル〕形述語文は「構文上すべて受身文である」とは言えない。

「受身文」を、「述語動詞が〔ラレル〕形」「対応する能動文の目的語が主語に立つ」「対応する能動文の主語がニ格等になる」という特徴で定義しようとする立場は、同じ動詞〔ラレル〕形を述語とする自発文・可能文の存在に目をつぶることで初めて成り立つものなのであった。受身文を自発文・可能文から積極的に区別しつつ定義しようとする場合、述語動詞の形態と格体制によって定義する方法では目的を達することはできないのであって、別の方法を検討せざるを得ないのである。

特に、共時的にあるいは通時的に、〔ラレル〕形述語文を総体として把握することを目指そうとすれば、自発文・可能文から積極的に区別できるような受身文の規定なしに記述を進めることは困難である。述語が〔ラレル〕形であるという点は動かせない前提であるにしても、格体制をめぐる特徴以外の観点で受身文を規定することが求められるのである。

では、どのような方法があり得るか。思えば、〔ラレル〕形述語文の他の用法、すなわち自発用法（つまり自発文）や可能用法（つまり可能文）は、表す意味によって定義される。それゆえ、〔ラレル〕形述語文の他の用法をにらみながら受身文を定義するのであれば、受身文もまた意味で定義するのが最も有効である。

受身文に現れる意味についての指摘は、構文的特徴に関する議論同様、多数なされている。しかし、受身文は永らく構文の問題と捉えられてきたためか、受身文の受身文たる特徴を自覚的に「意味」に求める議論は、近時では尾上圭介(1998a ほか)、柴谷方良(2000)程度である。また、尾上(1998a ほか)なり柴谷(2000)なりの主張を、研究史の中に位置付ける作業は、目下全くなされていない。したがって、意味の観点における有効な受身文規定を求めるためには、受身文の意味的特徴をめぐる研究史を整理するという作業から始めなければならない。「受身文研究史を全体的に把握する」ということを本章の課題の大きな一部として掲げる所以である。

本書では、本章の課題のほかに、二つの課題を掲げている。すなわち、古代語ラル形述語文の諸用法の詳細な記述を図ること、また、古代語ラル形述語文の多義の構造を分析することである。受身文を意味の側で定義することは、この二つの課題のためにも必要な作業である。およそ日本語の受身文の研究においてその基礎付けを図ろうとすれば、どのみち本章で展開するような検討が必要になるはずである。

なお、これ以降、無定義に用いる用語「受身文」は、通常言われる意味での「受身文」を指す。

二・二　受身文の下位分類をめぐる二つの立場

受身文研究では、文法的特徴や現れる意味に着目して受身文を大きく二つに分類することが少なくない。しかもその際、二大別する仕方には、伝統的に二つの立場が存在する。現代語受身文の主要なタイプを次の(3)〜(5)の例文に代表させて説明する。

(3)a　会議が議長によって招集された。
　　b　新しいビルが○○建設によって建てられた。
(4)a　太郎が先生にほめられた。
　　b　太郎が先生に話しかけられた。
(5)a　次郎が娘に高い服を買われた。
　　b　次郎が子供に一晩中騒がれた。

①　第一の立場

第一の立場(以下、「立場A」)は、いわゆる「対応する能動文」の有無、あるいは、いわゆる「迷惑」の意味が出るか否かによって分ける立場である。

まず、「対応する能動文」とは何かについて確認する。例えば先に掲げた例（3）～（5）の受身文は、それぞれ次のような文と一種の対応関係をなすと了解される。

（3'）a　議長が会議を招集した。
　　b　○○建設が新しいビルを建てた。
（4'）a　先生が太郎をほめた。
　　b　先生が太郎に話しかけた。
（5'）a　娘が高い服を買った。
　　b　子供が一晩中騒いだ。

対応関係は、次のようにまとめられる。

イ　例（3'）～（5'）は、それぞれ例（3）～（5）の述語（動詞ラレル形）に対応する動詞非ラレル形を述語とする。
ロ　例（3'）～（5'）の名詞項は、みなそれぞれ例（3）～（5）にも現れ得る。
ハ　例（3'）～（5'）の主語（《行為者》）は、例（3）～（5）においてニまたはニヨッテなどで表示される。なお、《行為者》の表示にカラ（「太郎が先生から話しかけられた」）やデ（「その事件は県警で捜査されている」）が用いられることも知られている。

以上のような対応関係イ・ロ・ハを満たす文のことを、受身文に対する「非受身文」としよう。

さらに、例(3')・(4')と例(3)・(4)の間には、もう一つの対応関係が見て取れる。

ニ　例(3')・(4')の目的語(《対象》。例文ではヲ格・ニ格名詞項)は、例(3)・(4)では主語に立つ[2]。

受身文に対応する能動文とは、通常四つの対応関係イ〜ニをすべて満たすものである。例(3)のタイプ(「会議が議長によって招集された」など)と例(4)のタイプ(「太郎が先生にほめられた」など)は、対応関係ニをも満たすという意味での「対応する能動文」、すなわち例(3')(「議長が会議を招集した」など)、例(4')(「先生が太郎をほめた」など)が存在する。このように、「対応する能動文」を有する受身文を、通常「直接受身文」という。

これに対して、例(5)のタイプには、対応関係ニをも満たす、という意味での「対応する能動文」が存在しない。例えば例(5)a「次郎が娘に高い服を買われた」の主語の項(「次郎」)は、対応する非受身文例(5')a「娘が高い服を買った」の名詞項としては現れない。このように、「対応する能動文」を持たない種類の受身文が日本語には少なからず存在するが、このタイプの受身文のことを、通常「間接受身文」と呼ぶ。

直接受身文である例(3)・(4)のタイプ(「会議が議長によって招集された」「太郎が先生にほめられた」など)と、間接受身文である例(5)のタイプ(「次郎が娘に高い服を買われた」など)の間には意味の面でも違いがあって、例（5）のタイプには、文に述べられる事柄（「娘が高い服を買った」など）から主語者が間接的な悪影響を被ったという意味が認められる。これを三上章（1953）の「はた迷惑」に倣って以下〈はた迷惑〉と呼ぶ（論者によって「被害」「adversity」などともいう）。この〈はた迷惑〉の意味は、対応する非受身文には存在せず、受身文においてのみ現れる。つまり、受身文（主に間接受身文）という構文がもたらす意味としての「悪影響」である[3]。それに対して、例（3）・（4）のタイプには通常そのような意味は現れない（その例外については、後述二・四・三・二①で言及する）。この、〈はた迷惑〉という特別な意味が現れない、という意味的特徴を、以下、意味的に〈まとも〉であると呼ぶ[4]。

② 第二の立場

第二の立場は、主語が有情か非情か、あるいは、《行為者》項の表示がニかニヨッテか、などの観点で分ける立場である（以下、「立場B」）。

再び、先に挙げた現代語受身文の主要なタイプ例（3）～（5）を用いて説明する。

（3）a　会議が議長によって招集された。
　　b　新しいビルが○○建設によって建てられた。
（4）a　太郎が先生にほめられた。
　　b　太郎が先生に話しかけられた。
（5）a　次郎が娘に高い服を買われた。

b　次郎が子供に一晩中騒がれた。　（再掲）

例（3）タイプは非情物主語で、文中に《行為者》項を表示するとすれば主にニヨッテで表示する（ニでは表示できない[5]）。このタイプは欧文直訳体の影響で近代以降一般化したもので（金水敏（1992b）ほか）、金水（1993）は「非固有の受身」と呼ぶ。それに対して例（4）・（5）のタイプは、有情者主語で、《行為者》項をニで表示できる。また、例（3）タイプと違って古代語にも存在する（金水（1993）は「固有の受身」と呼ぶ）。

一方、意味の面では次のことが知られている。例（5）タイプ（「次郎が娘に高い服を買われた」など）に〈はた迷惑〉の意味が伴うことを先に指摘したが、例（4）タイプ（「太郎が先生にほめられた」など）も、文に述べられる事柄（「先生」の行為）から主語者（「太郎」）が、単に動作対象であるということに留まらない、何らかの「影響」を被る、という意味が読み取れる。例（4）a（「先生にほめられた」）では良い影響だが、もし「先生に叱られた」なら悪い影響である。それに対して、例（3）タイプ（「会議が議長によって招集された」など）は、例えば「会議」が「議長」の行為によって何か影響を被ったという意味は認めがたく、ただ、「議長が会議を招集した」という事柄を「会議」を主語にして述べているだけ、とすら言うことができる。したがって、例（4）タイプ（「太郎が先生にほめられた」など）は例（3）タイプ（「会議が議長によって招集された」など）よりもむしろ例（5）タイプ（「次郎が娘に高い服を買われた」など）と意味的に近いと言える面を有する。例（4）・（5）両タイプに共通のこの意味的特徴を仮に〈被影響〉（論者によって「影響」「利害」「affectivity」「受影性」などという）と呼んでおく。それに対して、例（3）タイプに見られる、〈被影響〉の意味を欠くという意味的特徴を以下〈無影響〉と呼んでおく。

以上を要するに、日本語の受身文には、文法的特徴や意味的特徴をめぐって、従来二つの事項が問題になっている。すなわち、「間接受身文あるいは〈はた迷惑〉の受身文が存在する」「〈無影響〉の受身は近代以降の成立である（ただし、このまとめは二・五・四・三で微修正する）」、という二点である。この二つの事項をどう捉えるかをめぐって、右のＡ・Ｂ二つの分類の立場が存在するのである。

Ａ・Ｂ二つの立場は、一方が他方を包含するという関係ではなく、それぞれ別個に成り立つ立場である。のみならず、この二つの立場は、それぞれ受身文をめぐる異なった問題関心を背景に負っている。受身文の分類の仕方は、受身文を論ずる動機・目的によって当然異なってしかるべきなのだが、今日の受身文研究においてそのことが明確に意識されているとは必ずしも言えない。Ａ・Ｂ二つの立場がそもそもどのような問題関心を背負い、どのように展開・精密化してきたのかを、その出発点から再確認する作業は、受身文研究が一種飽和状態に達した現在においてこそ可能だし、また必要と思われる。

Ａ・Ｂどちらの立場も、それぞれの内部に受身文を分ける具体的観点が複数存在し、論者によってそのうちのどれに注目するかが異なるが、冒頭に示した目的に従い、本章では、意味的特徴の違い（立場Ａでは「まとも／はた迷惑」の違い、立場Ｂでは「被影響／無影響」の違い）をめぐる議論に注目し、それに関連する範囲で他の文法的諸特徴をめぐる議論に目配りする、という仕方で研究史を展望したい。

なお、意味的特徴の違いをめぐる議論の流れをたどることは、受身文学説史全般の理解という観点から見ても有効である。受身文をめぐる知見は膨大で、かつ複雑に関連しあっており、今やその総体を見渡すことは困難である。その中で、意味の差異に着目した下位分類の問題は、最も学史らしい学史を形成している。当該問題をめぐる学史を整理しておけば、受身文に関する他の研究も、大半は自然とその位置付けの見通しがつくものと思われる。

受身文を見る観点や学説の整理については、すでに柴谷方良(1978)、菅泰雄(1980)、堀口和吉(1982)、金水敏(1993)、Howard & Niyekawa-Howard(1976)(以下、「H & H(1976)」と略記する)などの成果があり、本章はその恩恵を被っている。中でも柴谷(1978: 134f)と金水(1993)は、それまでしばしば混同されていたA・B二つの立場の違いを明確に整理した画期的なものである。

柴谷(1978: 134f)は、意味の観点から受身文を二つのタイプに分ける仕方に、「大体次の二つの基準があって、基準によって分類が異なってくる」と述べている。分類の仕方の第一のタイプは、松下大三郎(1930)に見られる「受動文の主語が「或るものの動作に由っての利害を被る意を表わす」かどうかを基準とするもの」だと言う。これは、本書の言う「立場B」のことである。一方、柴谷氏が分類の仕方の第二のタイプとして挙げるものは、「受動文の主語の影響のされ方を基準とするもので、これによると受動文は「直接受動文」と「間接受動文」に分けられる。直接受動文は受動文の主語が直接的に他人の動作・行為の影響を受けたり、対象となっているという意味を表わすものである。これは普通、能動文と対応を示す【中略】一方、間接受動文は、受動文の主語が他人の動作や物事の成り行きの影響を間接に受けたり、感じたりするという意味を表わすもので、このタイプの受動文は対応する能動文を持っていない。」と言う。これは、意味的特徴の捉え方が本章とは異なるものの、本書の言う「立場A」に相当する。

また、金水(1993)は、一九八三年から八六年にかけて久野暲氏と黒田成幸氏の間で交わされた論争を元に、一見分かりにくい両氏の議論の位置関係を明快に示した。すなわち、金水氏は、久野(1983)の言うinvolvement(本書の言う「〈まとも〉な受身」を成立させる条件。二・四・三・四②で詳述する。)は先に掲げた例(3)・(4)のタイプ(「会議が議長によって招集された」「太郎が先生にほめられた」など)の受身文について認められるのに対し、Kuroda, S.-Y. (1979)の言うaffectivity(本書の言う〈被影響〉にほぼ相当する)は、例(4)・(5)のタイプ(「太郎が先生にほめられた」「次郎が娘に高い服を買われた」など)の受身文に認められる、ということを確認している。金水氏はこの了解に立ち、山田孝雄(1908)以来の受身文に関する主要な議論を久野氏の流れ(つまり、立場A)と、黒田氏の流れ(つまり、立場B)とに整理し、金水氏自身の議論は黒田氏の流れに立つことを示している。

以下の叙述では、柴谷・金水両氏の拓いた視界に立ち、立場A・立場Bそれぞれの流れについてさらに詳しく検討した上で、最終的には「受身文の定義」の問題をめぐる立場もまたA・Bに集約されること、A・Bどちらの態度を取るかは、どのような文脈で受身文を分析するのかということと決定的に結びついていることを明らかにする。その上で、本書のように、〔ラレル〕形述語文の一用法として受身文を見る立場に立つ場合には、(結論を先取りして言えば)Bの立場に立つことが必要であることを主張する。

二・三　**「下位分類への関心」**の萌芽

近世以前の受身文研究(と言うよりはル・ラル研究)には、キリシタンによる日本語研究(J. ロドリゲス『日本大文典』(1604)など)、また、近世国学者の動詞ラル形への言及(富士谷成章『あゆひ抄』(1778)巻五「被身」、本居春庭『詞通路』(1828)上「詞の自他の事」など)がある。しかし、「受身文の中に異質な下位類が存在する」

という問題関心を伺わせる叙述は見当たらない。

明治維新前後一九世紀中の文法書で受身文がどのように記述されているかについては、なお調査が行き届かないが、当時のいくつかの文献から、すでに下記のような二つの関心を読み取ることができる。

a　西洋語に直訳できない日本語受身文の存在への注目

b　日本語に直訳できない西洋語受動文の存在への注目

aはすなわち間接受身文が存在することに注目するもので、立場Aの萌芽にほかならない。例えば、Chamberlain, B. (1888) や大槻文彦 (1889, 1897) では、日本語受身文には自動詞による受身文があることや、「首をはねられた」(Chamberlain 1888: 178) のように、対応する非受身文のヲ格名詞が (主語にならずに) ヲ格のまま現れる受身文があることなど、間接受身文をめぐる基本的事実がすでに示されている。

一方**b**は、非情物主語受身文が日本語では限られた領域でしか用いられないことに注目するもので、意味の面で言えば「〈無影響〉の受身文」があることに注目するもの、すなわち立場Bの萌芽である。例えば岡田正美 (1900: 21–24) は、日本語のヲ格名詞 (当時「客語」などと呼ばれた) を、生物を指すもの (「対部」) と無生物を指すもの (「補部」) に分け、西洋語の場合は「客語」(つまり目的語) の種類にかかわらず「主部」(つまり主語) と転倒させても正当な文として成り立つ (つまり、受動文を構成できる) が、日本語では「対部」(つまり生物を指す目的語) だけが主部と転倒できると述べている。日本語本来の受身文に無生物主語のものがないというのは明らかに事実観察の誤りなのだ (山田 (1908) がその点を指摘している) が、西洋語受動文と日本語受身文の違いをめぐる当時の関心のありかが伺える。

aや**b**の関心が生じたのは、開国以後（英語をはじめ）西洋諸言語の学習・研究の場が拡大し、西洋諸言語の文法についての認識が深まった結果、西洋諸言語の受動文と、それに対応する（と考えられた）日本語受身文との間の違いへの認識が深まったことによるものと考えられる。要するに、**a**・**b**は共に対照言語学的関心から生じたのである。

ただし、同じ対照言語学的関心から出発したとはいえ、**a**と**b**には現象を観察する際の立場の違いというべきものが認められる。すなわち、**a**の関心は、「受動文」なるものの典型を英語などの受動文に求め、それに対応しない一部の日本語受身文を異質なものと見る態度であるのに対し、**b**の関心は、日本語（固有の）受身文をまとまりのある一つの文類型と見て、それに対応しない一部の外国語受動文（や、その直訳から成立した新タイプの受身文）を、それとは異質なものと見る態度である。**a**と**b**それぞれに見られる、日本語受身文を見る際の立場の違いは、その後の立場Ａ・立場Ｂの議論の（すべてではないが、その）背後にも、しばしば透けて見えるのである。

二・四　立場Ａ（「まとも／はた迷惑」などに注目する立場）の発生と展開

二・四・一　立場Ａの確立以前

草野清民（1901）・山田孝雄（1908）には、直接受身文と間接受身文とでは主語者の被る「動作」「影響」のあり方が違うという指摘が見られる。草野（1901: 139）は、例文「朝顔に釣瓶を取らる」について「釣瓶ノ持主ハ朝顔ヨリ直接ニ動作ヲ受ケタルニ非ザレドモ、間接ニ動作ヲ受ケタルナリ」と言い、「敵艦打ち沈めらる」「狂犬に吠えらる」は直接に動作を受けたものだと言う。一方山田(1908: 380)は、有情者主語受身文において、他動詞の受身の場合は「文主が其の実際の主に直接に影響を蒙」り、自動詞の受身の場合は「間接に其れが影響を受くる」ことを述べる。しかし、草野・山田両氏とも、「動作」「影響」のあり方の違いを指摘するのに留まり、その点に注目して受身文を二つに分けようとはしていない。

松下大三郎(1924, 1928)では、松下氏の言う「人格的被動(態)」(=有情者主語の受身)を、主語が述語に述べられている動作を受けるか否か、どこに受けるか、によってさらに四つに下位分類している。松下(1928: 354)では以下のとおりである。

(一)	人、盗賊に殺さる	小児、蜂に螫さる。	自己被動
(二)	人、盗賊に物を偸まる。	小児、蜂に顔を螫さる。	所有物被動
(三)	父、子に死なる。	妻、夫に遊ばる。	所有物自己被動
(四)	雨に降らる。	他人に成功せらる。	他物被動

(一)が現在言う直接受身文、(二)以下が現在言う間接受身文であることに注目すれば、立場Aの先蹤であると理解することもできそうである。しかし、松下氏の意図は(一)と(二)以下で大きく二分類するところにはなく、あくまで四類を平面的に分類している。また、松下氏は(一)〜(四)の異質性を強調しない。むしろ、主語に立つ有情者が「利害」を被る(本書の言う〈被影響〉)という点で共通であることを強調する。

人格的被動は被動の主体を一人格（意志格）として取扱つた被動である。被動は他から被る動作であるから被動の主体が一人格である以上必ず利害を受けなければならない。利害を受けるといふことが即ち人格として取扱ふことなのである。（松下 1928: 353）

此の四つの区別は自然に生ずるのであつて其んな区別に拘らず皆自己の利害である。（同 p. 354）

したがって、松下 (1924, 1928) の議論も立場Aに立つものであるとは言いがたい。

二・四・二　立場Aの成立

「まとも／はた迷惑」の違いに注目して受身文を二分したのは、管見では佐久間鼎 (1936) が最初である。佐久間 (1936: 280f) は、「歌がるた、手ひどく乳母はいぢめられ」「ぬき櫛に引ッ立てられる病み上がり」などの受身文を「普通の所相」と呼び（同 pp. 386f では「被動」と呼ぶ）、「ひなの酒みんな飲まれて泣いてゐる」「おもしろく傘をとられるつむじ風」の類を「被影響関係のもの」と呼ぶ（同 pp. 385, 387 では「被害」と呼ぶ）。前者の「普通の所相」（あるいは「被動」）について、佐久間氏は、「ふたりは、……すぐに射殺されてしまひました。」「（百合若が）二人をすぐに射殺してしまひました。」という二つの文を挙げ、前者は後者の「主格を入れかへて、同一の事態を被影響者の立場から見たいひ方にする」もので、「同じ事を別の立場から述べているのに過ぎません。」と述べる（同 p. 275）。一方、後者の「被影響関係のもの」（あるいは「被害」）については、「自動詞の場合の「子供に泣かれる」や「雨に降られる」の例」と共通であって、「主格たる者は、その動作の結果によつて何かの影響・迷惑・被害をうけるといふ事態におかれる」ものである、と言う（同 p. 279）。佐久間氏の言う「被影響関係のもの」とは間接受身文のことであり[6]、意味に関しては、本書の言う〈はた迷惑〉の存在を指摘していることになる。今日の研究に連なる立場Aは、ここに成立したと言ってよい。

有名な三上章（1953）の「まともな受身／はた迷惑の受身」の二分類は、佐久間（1936, 1951）の二分類を受けたものである。「まともな受身」は、対応する非受身文のヲ格・ニ格目的語が受身文主語に立つものである。意味については「動詞の意味次第で恩恵にも迷惑にもなり、まん中で平気なことも起るが、その迷惑にしても、はた迷惑ではなく、真向からの被害である。」（三上 1953: 104）と説明する。一方、「はた迷惑の受身」は、対応する非受身文には存在しない名詞項が主語に立つもので、意味については、「嬉しいのは一つもなく、迷惑の感じが伴うものばかりである。【中略】それも真向から被害を蒙るというのではなく、はたにいる「己」が迷惑するという気持のものである。」（同 p. 103）と述べている。

なお、同時期の金田一春彦（1957）も、佐久間・三上両氏と同様の分類を行う（「直接の受動態／間接の受動態（「被害態」とも）」）。

二・四・三　立場Aの展開

二・四・三・一　七〇年代までの生成文法における議論

三上（1953）以降、学史は二つの流れに分かれて展開する。一つは生成文法におけるいわゆる nonuniform theory の論者たちの議論、もう一つは教科研グループにおける議論である。

一九六〇年代後半から七〇年代にかけて、生成文法における日本語受身文の理解には、大きく異なる二つの立場が存在した。すなわち、受身文の生成過程を一種類と見る立場と、能動文との対応関係の有無に応じて生成過程が異なると見る立場である。H & H(1976)が前者の立場をuniform theory、後者の立場をnon(-)uniform theoryと呼び、現在もこの呼称が一般的である(本書でもこの名称で呼ぶ)。このうち、uniform theoryは、いわば日本語受身文の下位分類に直接言及しない立場であるので本書では措き、もっぱらnonuniform theoryの論者たちの議論に注目する。

nonuniform theoryの論者(寺村秀夫(1966)、Teramura(1967)、Kuno(1973)、McCawley, N. (1972a, 1972b)など)は、直接受身文と間接受身文が、それぞれ別々の深層構造から生成される全く異質の構文だと考えた。直接受身文は、対応する能動文の目的語(ヲ格のほか、多くは一部のニ格、カラ格を含む)に立つ名詞を主語位置に据え、能動文の主語に立つ名詞を斜格位置に据える、いわゆる移動変形によって派生される。これは当時英語などの受動文で想定された派生過程と同様である。一方間接受身文は、埋め込み文構造から派生すると考える。直接受身文と間接受身文とでは、ラレルの文法的な位置付けも異なる。間接受身文のラレルは本動詞だが、直接受身文のラレルは動詞接辞である(語彙的意味を持たない)。これと関連して、間接受身文の帯びる〈はた迷惑〉は、本動詞としてのラレルが表す意味だ、とされる[7]。

nonuniform theoryの形成動機は単純ではない。一方では「普通の所相」(あるいは「被動」)と「被影響関係のもの」(あるいは「被害」)とを峻別した佐久間氏の議論や、「まともな受身／はた迷惑の受身」を区別した三上氏の議論を参照した面があろうが、一方では受身文研究よりむしろ「自分」をめぐる構文現象(McCawley 1972a)など、他の問題関心から要請された面もある。ただ、直接受身文と間接受身文を分け、前者に英語受動文と同様の深層構造を想定する点には、日本語受身文をできるだけ西洋諸言語の受動文と同様に取り扱おうとする志向が認められる。

二・四・三・二　nonuniform theory の問題点

nonuniform theory は、直接受身文と間接受身文の間に見られる構文的な違い（能動文との対応の有無）と意味の違い（まとも／はた迷惑）とを同時に深層構造の違いに還元して説明しようとした。しかし、意味上の「まとも／はた迷惑」の違いと、構文上の「直接受身文／間接受身文」の違いとは完全に重なっていないことが、uniform theory との論争の過程で明らかになった。しかも問題点の一つは、一九五〇年代にすでに指摘されていたものであった。

①〈はた迷惑〉の意味が出る直接受身文（H & H 1976: 210ff）

（6）ａ　僕は彼に見られた。（長谷川欣佑（1967: 34）による）
　　 ｂ　小沢さんは鈴木さんに二時間も待たれた。（H & H(1976)、例（18b））

例（6）ａ・ｂには、主語者「僕」「小沢さん」が悪影響を被ったという意味が濃厚に現れるが、対応する能動文「彼は僕を見た」「鈴木さんは小沢さんを二時間待った」の表す事態は、「僕」「小沢さん」に悪影響を及ぼす種類のものではない。例（6）ａ・ｂに現れる「悪影響」は、明らかに受身文においてはじめて現れるものである。「僕」「小沢さん」は動作「見る」「待つ」の対象であるから、この種の悪影響を「はた迷惑」というのはややこなれないが、本質的には間接受身文の〈はた迷惑〉と同じものであると言わざるを得ない。

② いわゆる「もちぬしのうけみ」（鈴木重幸 1968, 1972）

（7）a　田中は先生に頭をなでられた。（金水（1993）、例（20））
　　b　次郎が先生に絵をほめられた。（柴谷（1978: 364）、例（84））

例（7）は構文上は間接受身文であるが〈はた迷惑〉の意味は出ない。これらは、対応する非受身文（次の例（8））を見ると、非受身文のヲ格目的語の修飾語である名詞が、受身文主語に立っている、という関係にある。

（8）a　先生が田中の頭をなでた。
　　b　先生が次郎の絵をほめた。

このように、対応する非受身文の名詞項の修飾語など二次的な成分が、受身文の主語に立つ場合、その中には〈はた迷惑〉が現れないものがある（すべてではない）。例（7）のタイプについては、早くに三上章（1953）が「分けての受身」と呼び、「はた迷惑」の意味が出ないことを、索引末尾の追加記事の中で指摘した。その後、鈴木重幸（1968, 1972）でも同様の指摘がなされ、鈴木氏はこのタイプの受身文を「もちぬしのうけみ」と呼んだ。現在ではこの名称が流布している。一方、生成文法の世界でも、Shibatani, M.（1972、注4）や柴谷（1978: 364）が、「もちぬしのうけみ」タイプの受身文には〈はた迷惑〉が認められないことを指摘した。

ただし、生成文法の世界では、「直接受身文／間接受身文」の区分は、「自分」の先行詞解釈など、主として構文現象との関係で論じられている。〈はた迷惑〉の意味の有無は「直接受身文／間接受身文」の区分をする際の根拠のひとつではあったが、〈はた迷惑〉の意味の出方の詳細について、正面切って論じられることはあまりないようである。

二・四・三・三　教科研グループの受身文研究

奥田靖雄氏を中心とする教科研グループによる受身文のまとまった記述は、管見では教科研東京国語部会・言語教育研究サークル（1963）『文法教育　その内容と方法』のものが最初である。次いで鈴木重幸（1968, 1972）は、『文法教育』の記述を修正・整備し、受身文を四分類した。鈴木（1972: 279ff）によって、下位類の名称と例文の一部を示す。

（i）　直接対象のうけみ（「さち子が次郎になぐられた。」）
（ii）　あい手のうけみ（「太郎がのら犬にかみつかれた。」）
（iii）　もちぬしのうけみ（「太郎がスリにさいふをすられた。」）
（iv）　第三者のうけみ（「ぼくは雨にふられた。」鈴木（1968）では「めいわくのうけみ」と呼ぶ）

『文法教育』では間接受身文を一括して「第三者のうけみ」と呼んでいたが、鈴木（1968, 1972）は、前節二・四・三・二②で指摘した例（7）の類（「田中は先生に頭をなでられた」など）を間接受身文から切り出して別の一類とし、「もちぬしのうけみ」と名付けた。鈴木氏は、「第三者のうけみ」には「めいわくの意味」（本書で言う

〈はた迷惑〉が出るが、「もちぬしのうけみ」には出ないと主張する。

　後に鈴木氏は「たちば」(ヴォイス)の形態論的対立に関する了解を改め、「第三者のうけみ」を「たちば」の形態論的対立を構成しないものとした(鈴木 1980(1996 再録版 pp. 170f))が、「もちぬしのうけみ」は「たちば」の形態論的対立を持つものとして、「直接対象のうけみ」などと同じ扱いをする(鈴木 1996 再録版 p. 164)。この鈴木(1980)の見解は、後の村上三寿(1986)、工藤真由美(1990)など、同グループの他の論者の議論に受け継がれる。

　鈴木氏らの受身文分類は、「もちぬしのうけみ」を直接受身文の側に含める点で、分類の線引きが佐久間氏や nonuniform theory の論者などとは異なる。しかし、「する／される」の形態論的対立から「第三者のうけみ」だけを排除する点には、ヴォイス対立の典型を西洋語(この場合はロシア語)受動文に求める姿勢が垣間見える。全体として立場Aの流れにあると言ってよい。

　「もちぬしのうけみ」の意味的特徴に関する鈴木氏の了解は、同時期の nonuniform theory の議論よりも進んだものであったと言える。しかし、〈はた迷惑〉の意味が出る条件をめぐる問題は、鈴木氏の議論によってもなお未解決の問題を残している。鈴木氏は、「もちぬしのうけみ」はすべて意味的に〈まとも〉だと主張するが、「もちぬしのうけみ」ならばすべて意味的に〈まとも〉というわけではない。

(9) a　太郎が次郎に財布を警察に届けられた。
　　b　太郎は医者に、娘を診察された。

例（9）aの場合、落とした財布を警察に届けてもらうことは、通常持ち主「太郎」にとって恩恵のはずである。また例（9）bの場合、自分の娘を医者が診察することは、親の「太郎」にとって利害どちらでもあり得る。しかし、どちらの例文も〈はた迷惑〉の意味しか現れない。

二・四・三・四　〈はた迷惑〉が現れる条件

nonuniform theory の基本的了解「能動文との対応を持たない受身文（間接受身文）は〈はた迷惑〉を帯びる」には例外が種々存在することが明らかになった。そこで、受身文が〈はた迷惑〉を帯びる条件は何かということが、改めて問題として浮上した。この問題をめぐっては、一九七〇年代後半から現在に至るまで、多くの論者が議論を展開している（すでに柴谷（1997a）の学説整理がある）が、それらは大きく二つに分けることができる。

1　条件非連続説：〈はた迷惑〉を帯びる条件は、それを満たすか否かという、非連続なものだと考えるもの。

2　条件連続説：〈はた迷惑〉を帯びる条件は、それをどの程度満たすかという、連続的なものだと考えるもの。

1の「条件非連続説」に属する論者としては、Wierzbicka, A.（1979a）以下、Kuroda（1979）、Oehrle & Nishio（1981）、山田洋（1991）、鷲尾龍一（1991, 1997a, 1997b）などが挙げられる。一方、**2**の「条件連続説」には、有名な久野暲氏の「involvement」仮説（久野 1983, 1986）や柴谷方良（1997a）が挙げられる。

①　条件非連続説

A・ヴェジビツカ氏の議論（Wierzbicka 1979a）は、管見ではこの分野を論じた嚆矢であり、後の議論すべての基礎となったものである（以下、Wierzbicka（1988）再録版を用いて紹介する）。

Wierzbicka（1979a）は、間接受身文を十種類の構文的下位タイプに分けた上で、各タイプの構文ごとに、その構文に対応する「意味」が存在すると主張する。概略を述べれば、第一～五タイプは本書の言う〈はた迷惑〉を必ず帯びるものである。第六～八タイプは、文脈または述語動詞の語彙的意味によって好影響あるいは悪影響の意味が出るもの（本書の言い方では〈まとも〉）である。第九・十タイプは意味的に「中立」なもの（本書の言い方では〈まとも〉）である[8]。

氏は、第六タイプの構文（「パーマをかけて外に出たら人に振り向かれた」など）と、第一～第五タイプの構文（例えば、「ジョンは娘に金持ちと結婚された」など）との間に見られる意味の違い（「好影響」を帯びるか、「悪影響」を帯びるか）について論じ、「述べられている事態が、影響を被る者（主語者）を直接巻き込んでいる（directly involving）場合には、主語者が好影響 positive effect を被るという意味が現れる」（つまり、「悪影響 negative effect」の意味は現れない）と主張した。

> The passive can imply that the action had a positive effect on someone only if that action can be seen as directly involving the affected person. (Wierzbicka 1979a (1988 再録版 p. 268)　傍線は筆者)
>
> I would like to suggest that in ALL cases in which a passive can be interpreted as referring to a positive rather than a negative effect, the action in question can be interpreted as directly involving the affected person. (1988 再録版 p. 269　傍線は筆者)

ここで示された、「involvement」の有無と「悪影響」（本書の〈はた迷惑〉に相当する）の有無を結びつける考え方が、この後の諸家の議論に受け継がれていく。例えばOehrle & Nishio(1981: 172)は、受身文が〈はた迷惑〉を帯びる条件について「When the subject is independent of the event」と述べている。また、鷲尾龍一氏の一連の議論（鷲尾（1991, 1997a, 1997b）ほか）では、類型論的立場から日本語の間接受身文を観察し、受身文を次のように二つに分類する。

「排除受動 Exclusion Passive」：「排除による被害」（＝〈はた迷惑〉）が出るもの
「関与受動 Inclusion Passive」：「語彙的被害」が出るもの（〈はた迷惑〉は出ない）

右の二分類は、鷲尾（1997a）によれば、《行為者》項の起している出来事に主語者が「関与」しているか否か（鷲尾 1997a: 45）の区別であるようだが、より具体的には、受身文の主語と目的語（ヲ格）の間に助詞ノで結べるような関係（「[主語]の[目的語]」と言えるような関係）が成立するか否かを指しているようである（鷲尾 1991: 60ff）。

（10）　太郎は花子に自分の子供をほめられた。（鷲尾（1997a: 44）、例（17）による）

例えば右記例文の場合、「自分」が「太郎」を指す場合は「関与受動」であり、「自分」が「花子」を指す場合は「排除受動」というわけである。

② 条件連続説

Wierzbicka (1979a) の言う involvement が「それを満たすか否か」、つまり1か0かという不連続な条件として提示されたのに対して、久野暲 (1983) の仮説における「インヴォルヴメント involvement」(久野 (1986) では「関与性」と訳す) は、「どの程度満たすか」という連続的な条件として提示されている。

> (47)　被害受身の意味「ニ」受身文深層構造の主文主語が、埋め込み文によって表される行為・心理状態に直接的にインヴォルヴされていればいる程、受身文は、中立受身として解釈し易く、そのインヴォルヴメントが少なければ少ない程、被害受身の解釈が強くなる。
>
> 即ち、元々受身にできない筈の名詞句を受身文の新主語とすると、それが、受身文の動作、心理状態に直接インヴォルヴしたという解釈を動詞の意味以外の要素から補給してやる必要が生じ、被害受身の解釈が発生するという仮設《ママ》である。
>
> (久野 1983: 205)

久野氏は、受身文主語者が「埋め込み文」(事実上、本書の言う「非受身文」に相当する。久野氏は、助動詞(ラ)レルを、埋め込み文を従える「動詞」と見ている) の表す事態に「直接インヴォルヴされ」る、その度合が高いほど、「被害受身」(本書の言う〈はた迷惑〉の受身) として解釈されやすいと言っているのである。

(11) a　この子は、皆にかわいがられた。(久野 (1983)、例 (48b))

b　山田は、花子にアパートに来られた。(同、例 (49b))

久野氏によれば、例えば右の例（11）ａ（直接受身文）の主語「この子」は、久野氏の言う「埋め込み文」（＝対応する非受身文）で表される動作「皆がこの子をかわいがる」にインヴォルヴされており、〈はた迷惑〉（久野氏は「被害」という）は現れない。しかし、例（11）ｂ（間接受身文）の主語「山田」は「花子がアパートに来る」に「全くインヴォルヴしない」（久野 1983: 206）。その結果〈はた迷惑〉を帯びると説明する。

（12）ａ　山田は、田中教授に業績を認められた。（久野 1983、例（52b））
　　ｂ　あっ、ジョンに見られた。（同、例（54a））
　　ｃ　小沢さんは、鈴木さんに二時間も待たれた。（同、例（13b））（＝例（6）ｂ）

いわゆる「もちぬしのうけみ」タイプの例（12）ａについて、久野氏は、「田中教授が山田の業績を認める」ことは「山田を認める」ことであるので、主語「山田」は直接インヴォルヴされており、〈はた迷惑〉は現れない、と言う。一方、〈はた迷惑〉を帯びる直接受身文として指摘のある「見られる」（例えば、二・四・三・二①で言及した例（6）ａ「僕は彼に見られた」）について、久野氏は例（12）ｂを挙げ、「被害受身」（本書の言う「〈はた迷惑〉の受身」）としての解釈を受けることを認めた上で、〈はた迷惑〉の意味が出るのは「「見ル」という動詞が表す動作が、その目的語を直接的にインヴォルヴしないから」（久野 1983: 207）だと説明する。同じく〈はた迷惑〉を帯びる直接受身文「待たれる」（例（12）ｃ＝例（6）ｂ）についても、久野氏は、「「小沢サンヲ待ツ」という行為は、【中略】目的語「小沢サン（ヲ）」をインヴォルヴしない動作である」という解釈を示している（同、pp. 215f）。

柴谷方良氏(Shibatani 1994、柴谷 1997a)は、久野(1983)の言う involvement を、構文に関係する名詞句が文で述べられている事象に適切に意味統合されるための原理(「意味統合の原理」(柴谷 1997a: 9))という、より一般的な原理の一種として位置付けている。その上で、involvement を「関連性 relevance」(柴谷 1997a: 8)と呼び換えている。

受身文主語と事態との「関連性」は、例えば直接受身文の場合は、動作に対する「動作対象」等としての関係として保証されるが、いわゆる「もちぬしのうけみ」タイプの場合には、「動作対象を部分として持つ主体」、「動作を受ける人の親族」といった関係が読み込まれることで保証される。しかし、他の方法では「関連性」が保証されない場合に、「関連性」を保証するいわば最後の手段として「迷惑」(本書の言う〈はた迷惑〉)が現れる、と柴谷氏は考える。

> 【関連性が低い場合には】何らかの理由で問題の事象から影響を受けたのであろう、という迷惑の意味に通じる意味補給がなされ、そのような関連性をもとに意味統合が可能となるのである。(柴谷 1997a: 13)

また、「関連性」の度合は、次の二つの要因によって決まるとしている。

「近接性 proximity」：動作主と対象の間の近さ(柴谷(1997a: 11f)による)

「作用性 affectedness」：行為によって受ける作用の強さ(同 pp. 11f による)

柴谷氏の主張によれば、「太郎は次郎に頭をかち割られた。」など(柴谷(1997a)、例(11))よりも「太郎は次郎に足を踏まれた。」など(同、例(13))の方が比較的「迷惑」(本書の言う〈はた迷惑〉)の意味が強いのは、「中心的な身体部分が関与している」か「周辺的なものが関係している」か(柴谷1997a: 7)の差、すなわち近接性の強弱で説明できる。また、「花子は次郎にほっぺたを殴られた」など(柴谷(1997a)、例(14a))よりも「花子は次郎にほっぺたをなでられた」など(同、例(14b))の方が「迷惑」をより強く表すのは、作用性の強弱によるとしている(柴谷1997a: 13)。

ヴェジビツカ氏以来、〈はた迷惑〉の現れる条件は、受身文の主語者が文に述べられている事態にどれだけ関与しているかという点に求められてきたことになるが、おそらくこの了解は正しい。また、〈はた迷惑〉の現れる条件が1か0かという不連続なものではなくて「度合」の問題だと考える久野・柴谷両氏の議論の方向は、おそらく間違っていないと思われるし、久野・柴谷両氏の仮説は、現象をある程度適切に説明していると思われる。それでもなお、現状では少なくとも次の二つの問題が残されている。

①　involvement あるいは relevance の「度合」を〈はた迷惑〉の有無と独立に判定することができない。

もし久野氏の主張が正しければ、例えば先の例(12)において、〈はた迷惑〉を帯びる例(12)c「小沢さんは、鈴木さんに二時間も待たれた」の「小沢さん」の方が、〈はた迷惑〉を帯びない例(12)a「山田は、田中教授に業績を認められた」の「山田」よりも「インヴォルヴされる度合が少ない」はずなのだが、そのことを、〈はた迷惑〉の有無とは独立にどうやって判定できるだろうか。また、次の例文のような場合はどうか(例文中の「娘」

は「太郎」の娘であるとして読んでいただきたい)。

(13) a　太郎は医者に、娘をほめられた。
　　b　太郎は医者に、娘を診察された。(＝例(9) b)

例(13) a・bはいずれも、「太郎」と「娘」の間に「親—子」の関係が成り立っており、また、直接動作を被るのは「娘」である。しかし、例(13) aの場合は〈はた迷惑〉の意味は現れないのに対し、例(13) bの場合、医者が太郎の娘を診察することは「太郎」にとって中立的であると考えられるにもかかわらず、〈はた迷惑〉の意味が現れる。この二例の間で、「太郎」の事態に対するinvolvementのあり方には差があるはずなのだが、それはどのように判定できるのか。久野・柴谷両氏の議論の範囲では、この問いに対する答えは用意されていない。

②　involvementあるいはrelevanceの度合が低くなった場合の意味は、なぜ〈はた迷惑〉に限られ、「恩恵」の意味は出ないのか。

一般に、人が他者の動作の影響を間接的に被るという場合、その影響がその人にとって悪影響の場合もあるが、恩恵・好都合である場合も少なくない(例えば、子どもが友人の家に出かけることで、親が子どもの世話から一時解放される、という場合)。しかし受身文では、主語に立つものが動作の間接的影響を被るという場合には〈はた迷惑〉しか出ない。この現象をめぐっては、少なからぬ論者が議論しているが、なお決定的な解決には至っていない。具体的な諸説の紹介は川村(2008a)に譲り、ここでは割愛する。

「まとも／はた迷惑」の違いをめぐる議論には、特に〈はた迷惑〉の意味の出方をめぐってほかにもいくつかの論題が提起されている。とりわけ、間接受身文が適格になる諸条件を検討した高見健一・久野暲（2000）や、受身文に「マイナスの意味」が現れる要因が involvement 以外にもあると主張する熊井浩子（2003, 2005）などが注目される。しかし、それらへの言及は、受身文全体を大きく二つに分類する観点を示すという本章の目的から大きく外れてしまうので割愛せざるを得ない。立場Ａに属する議論の展望は、ひとまずここまでとする。

二・五　立場Ｂ（「被影響／無影響」などに注目する立場）の発生と展開

二・五・一　立場Ｂの発生

三矢重松（1908（1926 改版 p. 173））は、「非情の物の受身となるは特別の事なり」と述べ、非情物主語受身文は基本的に「近来」使われるようになった「西洋式」のものだと主張している（ただし、古典にも非情物主語受身文が現れることを別途認めている）。それに対して、固有の受身は有情者が他からの動作を受ける場合、特に迷惑する場合に用いるとする。また、山田孝雄（1908）は、「かの橋は我が友人に作られたり。」（同 p. 373）というタイプの受身文は「国語には存在せず」（同 p. 380）と述べている（「固有の受身文ではない」という趣旨であろう）。一方、有情者主語受身文は主語者が「影響を蒙る」ことを表すことを指摘する（同 p. 380）。ただし山田氏は、「ふたあゐえび染などのさいでのおしへされて草子の中にありけるをみつけたる」（枕草子）などの例を挙げ（同 pp. 376f）、あるタイプの非情物主語受身文が古代語に存在することも明確に指摘し、その上で、主語の有情・非情に関わらない「固有の受身文」の共通性格は「影響」を表すという点だとしている[9]。

三矢・山田両氏の議論では、「主語の有情／非情」の違いと、意味上の「被影響／無影響」の違い、そして成立時期をめぐる「固有／非固有」の違いが（ある程度の）連動関係にあることがまとまって指摘されており、ここに立場Bの成立が認められる。間接受身文も含めた固有の受身文の、文類型としての一体性を重視する議論（立場B）の方が、立場A（管見による初見は佐久間（1936）。二・四・二）よりも先に確立したのは、日本語母語話者による観察として自然であろう。

二・五・二　立場Bの〝古典的〟了解の確立

松下大三郎氏は、松下（1928）までは、非情物主語受身文は日本語では使わないという了解を示していた（山田（1908）と同様の趣旨であろう）。しかし、松下（1930）では、「日本語固有の言ひ方ではない」（松下 1930: 160）ものの、近代の日本語には存在することを認めた。

松下（1930: 157–161）は、「実質的被動」（受身を表す〔ラレル〕形のこと）の下位類として「利害（の）被動」と「単純（の）被動」とを立てている。「利害の被動」とは松下（1924, 1928）では「人格的被動」と呼んでいたもの（「人、盗賊に殺さる」「人、盗賊に物を偸まる」など。二・四・一）と同様のもので、主語に立つものが「一人格」（擬人法の場合を含む）として扱われ、「利害を被る意」を帯び（本書で言う〈被影響〉）、「日本語固有」のものだとする。例文としては「子どもが犬に噛まれる。」「武士が敵に刀を落される。」（松下 1930: 159）などを挙げている。

それに対して、「単純の被動」は（明言はしないが）非情物が主語で、「利害を被る意」を帯びないもの（本書で言う〈無影響〉）で、「欧文直訳風」の言い方だとしている。例として、「国旗は高く檣上に掲げられた。」「家毎に門松が立てられた。」「自治制度が布かれ国会が召集された。」（同 p. 160）を挙げている。

松下氏は、「利害の被動」と「単純の被動」の違いについて、三矢・山田両氏が言及する「主語の有情／非情」「被影響／無影響」「固有／非固有」の三つの観点に、《行為者》項の表示法の違いも加え、これら四つの特徴が完全に連動していると主張している。

　「利害の被動」：有情主語・《行為者》ニ表示・被影響・固有
　「単純の被動」：非情主語・《行為者》ニヨッテ表示・無影響・非固有

松下（1930）の後、松下説の直接の影響かどうかは確認できないが、非情の受身文はもともと日本語に存在しなかった、あるいは稀だった、という「非情の受身非固有説」が流布する（佐久間（1936, 1951）、金田一（1957）ほか）。その意味で松下氏の主張は、立場Ｂにおけるいわば〝古典的〟了解に当たるものである。

二・五・三　立場Ｂの展開

uniform theory と nonuniform theory の論争が始まる以前には、有情者主語受身・非情物主語受身それぞれに異なる深層構造を仮定する試みがあった（Howard, I. (1969) ほか。H & H (1976: 204f) にその指摘がある）が、その後しばらく注目を集めなかった。その後、《行為者》項の表示法をめぐる井上和子（1976）の議論を受け、黒田成幸氏が、《行為者》項表示法の違い（ニ／ニヨッテ）は受身文の質の異なりに対応しており、それぞれ別の深層構造を仮定すべきだ、と論じた（Kuroda 1979）。黒田氏はその際、ニ受身文には affectivity と呼ばれる意味が現れる（本書の〈被影響〉）が、ニヨッテ受身文には現れない、とも主張した。

ニ受身とニヨッテ受身との異質性に注目する黒田氏の主張は、日本語学では益岡隆志(1982)などに継承された。一方、生成文法では星宏人氏(Hoshi (1991, 1999) ほか)らが「ニ受身／ニヨッテ受身」の違いを深層構造に還元するという考え方を受け継いでいる。《行為者》をニ表示するものとニヨッテ表示するものとを別扱いするのが、今日では生成文法の世界でほぼ共通了解のようである。

二・五・四　立場Bの〝古典的〞了解に対する修正

二・五・四・一　はじめに

二・五・二で、立場Bに関して松下(1930)の提示した「〝古典的〞了解」を紹介したが、この松下(1930)の主張に反する事実が、実はいくつも見られる。

例えば、松下氏の主張では、非情物主語受身文は近世以前の日本語には(擬人法の場合以外)存在しなかったか、あるいは稀だったということになるが、実際には、「浮海松の浪によせられたる拾ひて」(伊勢　87段)など、非情物主語受身文は古典語にも少なからず存在する。このことは早くに三矢(1908)と山田(1908)が指摘しており(二・五・二)、また、宮地幸一(1968)以降、三浦法子(1973)、小杉商一(1979)、清水慶子(1980)、堀口和吉(1982)、奥津敬一郎(1983a, 1985, 1988, 1992)、中島悦子(1988)等、古典語における非情物主語受身文の存在を再確認する論文が相次いでいる。

また、松下氏の主張では、有情者主語受身文は《行為者》項をニ表示し、非情物主語受身文は《行為者》項をニヨッテ表示するというのだが、実際には、「遭難者が消防隊によって救出された」のように、有情者主語で《行為者》項をニヨッテ表示することもできれば、「瓢簞が風に吹かれて揺れている」のように、非情物主語で《行為者》項をニ表示することもできる。

したがって、松下(1930)で見落とされていた受身文の諸タイプについて、どのような類型があるかを確認し、「被影響／無影響」「固有／非固有」という観点においてどうであるかを検討する必要がある。

二・五・四・二　有情者主語かつ《行為者》ニヨッテ表示の場合

有情者主語で《行為者》ニヨッテ表示のものは、歴史的には非固有、意味的にはおおむね〈無影響〉という了解で問題ないだろう。

(14) a　遭難者が消防隊によって救出された。

　　b　遭難者が消防隊に救出された。

Kuroda(1979: 319f)でも指摘されているとおり、《行為者》ニヨッテ表示の場合(例えば例(14)a)とニ表示の場合(例えば例(14)b)とを比較すると、ニ表示の場合は、主語者(遭難者)の立場に立ってその利害を問題にしている、という読みが卓越するのに対し、ニヨッテ表示は、客観叙述という読みが卓越する。

ただし、この差はしばしば微妙で、母語話者でも両者の間に差異を感じないという人もいる。この点については今後なお実態の調査が必要である。本書では、次のような暫定的了解に留め、詳しい検討は別の機会を期したい。

有情者主語・《行為者》ニヨッテ表示の受身文には、意味的に〈無影響〉のものもあれば、〈被影響〉のものもある。（意味的に〈無影響〉の例が存在するという点で、有情者主語・《行為者》ニ表示の受身文とは異なる。）

なお、次の例文のように、利害をめぐって語彙的に中立な意味の動詞が述語の場合には、「ニ／ニヨッテ」の意味差が比較的際立つようである。

(15) a　太郎が係官に名前を呼ばれた。

b　太郎が係官によって名前を呼ばれた。

二・五・四・三　非情物主語かつ《行為者》ニ表示の場合

松下(1930)の了解にとって特に問題になるのは「非情物主語かつ《行為者》ニ表示」のタイプであり、今日までに四～五種のタイプが指摘されている[10]。これらは大きく二つのタイプに分けられる。一つは〈被影響〉の意味が認められ、事実上有情の被影響者が存在するタイプである。他の一つは、〈被影響〉の意味が認められないタイプである。以下に各タイプを列挙する。

①　〈被影響〉が認められるタイプ

①―1　擬人化タイプ

非情物主語の受身文であっても、主語に立つものがヒト扱いされている文では、当然〈被影響〉が認められる。

(16) a 【月光は】初は隣家の隔ての竹垣に遮られて庭を半より這初め中頃は椽側へ上ッて座舗へ這込み……
終に間の壁へ這上る（浮雲　一―三　岩波書店「新日本古典文学大系　近代編」）

b 秋の野の露に置かるる女郎花はらふ人無み濡れつつやふる（後撰 275）

なお、擬人法とは言えないまでも、特に和歌においては叙景表現がしばしば人事と重ね合わされている。そのような場合における受身表現も、広くこのタイプに収めて了解することとする。

(17) 行く方もなく塞かれたる山水のいはまほしくも思ほゆる哉（後撰 590）

①―2 「潜在的受影者」タイプ

(18) a 大切なお金が泥棒に盗まれたよ。（益岡（1991）、例（33））

b 家の塀が子どもに落書きされた。

c 太郎の出張希望は、人事部長に認められた。（高見（1995：96）、例（43a））

d 伊藤教授の論文は、山田博士に褒められた。（同、例（43c）による）

e 多くの建物がたつ巻に屋根を吹き飛ばされた。（益岡 1982（1987 再録版、例（13b）））

右の例は、主語が擬人化されているわけではないが〈被影響〉の意味を帯びる。これらの文には、文中には表れないけれども、文外に「お金の持ち主」「家の主」「太郎」などの被影響者が想定可能である。現れる意味は、被害の場合（例（18）a・b）もあれば利益の場合（例（18）c・d）もある。また、例（18）eのように「もちぬしのうけみ」タイプの間接受身の場合もある。

非情物主語・《行為者》ニ表示の受身文の中に、文には現れないけれども人格的な被影響者の存在が読み取れるものがある、ということは、早くから何人かの論者が別々に指摘している（湯澤幸吉郎（1930（1940再録版p. 175））、加藤雅子（1977: 306f）、井島正博（1988: 88f）、Kamio, A.（1988: 103f））。益岡隆志（1991）は、（おそらく直接には井島（1988）を受け）このような非情物主語の受影受動文には「潜在的受影者」なるものが存在すると主張する。「潜在的受影者」の規定は次のとおりである。なお、引用中の「受影受動文」は、本書の言う「〈被影響〉の受身」にあたる。

> 「潜在的受影者」とは、受影受動文の表面には現れないけれども、その受動文が叙述している事象から何らかの影響を受ける存在のことである。【中略】【非情物主語の】受影受動文は、顕在的な受影者は持たないものの、これらの事象から影響を受ける潜在的な受影者は想定されるのである。（益岡 1991（単行本再録版 p. 197））

このタイプの受身文は、有情の受影者の存在が含意されているという点で、事実上の「有情の受身」であると位置付けることが可能である。

なお、この「潜在的受影者」タイプの受身文は古代語にも存在する（岡部嘉幸（未公刊））。

(19)「……。なほ、才をもととしてこそ、大和魂の世に用ゐらるる方も強うはべらめ。……」（源氏—大宮）
（源氏　少女）

② 〈被影響〉が認められないタイプ

②—1 「発生状況描写」タイプ

(20) a　瓢箪が木に吊るされて、風に吹かれている。
b　パジャマが廊下に脱ぎ捨てられている。

これらはいずれも、他者の動作を受けたモノの身の上に起きている結果状態を描写している。擬人法でもなく、潜在的受影者がいるわけでもない。古代語（和文）にも、このタイプの受身文が存在する。

(21) a　衣のすそ、裳などは、御簾の外にみなおしいだされたれば、……（枕　104段）
b　せばき縁に、所せき御装束の下襲ひきちらされたり。（枕　104段）
c　つとめて、その家の女の子ども出でて、浮海松の浪によせられたる拾ひて、いゐの内に持て来ぬ。
（伊勢　87段）

d　内にも人の寝ぬけはひしるくて、いと忍びたれど、数珠の脇息にひき鳴らさるる音ほの聞こえ、……

（源氏　若紫）

例（21）a～cは結果状態、例（21）dは動作の結果生じる音の存在を描写している。

山田孝雄（1908: 377）は古代語のこの種の受身文を「これらの例は皆一種の状態なり。他の観察者より見たる状態なり。」と述べる。山田氏は、第三者の視点からの一種の状態描写だと解釈しているようである。また、小杉商一（1979: 484）・堀口和吉（1982: 87f）は、古代語（堀口氏は中世の用例も考察）の非情物主語受身文が結果状態の描写に集中すること、その場合の行為者項は非情物の場合は明示されるが有情者の場合は文中に現れないことを指摘している。さらに、古代語和文の非情物主語受身文は、先に挙げた擬人化タイプ・「潜在的受影者」タイプのほかは、ほぼこのタイプの受身文に限られることを、金水（1991, 1992a）・岡部（未公刊）が指摘している。

本書では、この種の受身文を尾上圭介（2003）の用語「発生状況描写用法」に倣って、いま仮に「発生状況描写」タイプと呼んでおく。

金水氏は、小杉（1979）を受けつつ、古代語におけるこのタイプの受身文について、その使用制約を以下のようにまとめた。

イ　有情の《行為者》項が文中に現れることはない。（金水（1991: 9f）による）

（例（21）a・bのように文中に現れなければよい。また、例（21）cの「波」、例（21）dの「脇息」など、

人間以外の《行為者》であれば文中にニ表示で現れ得る)

ロ　知覚された状況を描写する場面で用いられる場合が多い。(金水 1991: 4)

②―2　「属性叙述受動文」タイプ

(22) a　まったく新しいタイプの推理小説が今回小森氏{*に／によって}書かれた[11]。

b　この種の推理小説は、日本の作家には一度も書かれたことがない。

(益岡 1982 (1987 再録版、例 (14)))

例えば右の「小説が書かれる」は、例(22) a のように一回的出来事を述べる文としては《行為者》項をニヨッテで表示しないと成立しない。しかし、例(22) b のように主語に立つものの属性を叙述する文であれば《行為者》ニ表示でも成立する。以下、例(23)～(25)の適格性判断は益岡氏による。

(23) a　この雑誌は、一〇代の若者によく読まれている。(益岡 (1987) 再録版、例 (16a))

b　*この雑誌は、太郎によく読まれている。(同、例 (16b))

(24) a　啄木の素朴な短歌は、多くの人々に愛されている。(同、例 (17a))

b　*啄木の素朴な短歌は、花子に愛されている。(同、例 (17b))

(25) a　この論文は、チョムスキーに数回引用された。(同、例 (19a))

b ＊この論文は、チョムスキーに数回読まれた。（同、例(19b)）

右の例(23)〜(25)からは、主語者であるモノが有する何らかの属性を述べおおせているかどうかが、《行為者》ニ表示が適格になるかどうかの分かれ目になっていると判断できる。

益岡隆志（1982（1987再録版 p. 183））は、受身文が「或る対象が或る属性を有している」ことの明示、すなわち「属性叙述」（1982初出時は「特徴づけ characterization」）のために用いられる場合には、非情物主語で《行為者》ニ表示が可能であることを指摘し、「属性叙述受動文」と呼んだ。なお、同年公刊の仁田義雄（1982）にも、同様の現象に関する指摘が認められる。

「属性叙述受動文」タイプの帯びる意味について、益岡（1982）は「受影性」（本書の言う〈被影響〉）がないとしており、本書もその了解に従う(12)。

このタイプの確例は、古代語和文には見つからない（存疑の例は、三・二・五・二・四③で取り上げ、本書の見解を示す）。近世以前の受身文に関する岡部（未公刊）の調査によっても、それらしい例があるという報告はない。したがって、このタイプの受身文は「非固有の受身」と見てよい。

②—3　《行為者》不特定タイプ

非情物主語、かつ《行為者》ニ表示で、〈被影響〉を帯びず、結果状態等の描写でも属性叙述でもない、という非情物主語受身文はあるだろうか。

(26) a　フェルマーの定理が太郎{*に／によって}証明された。
(久野 (1986)、例 (26) を改変。適格性の判断は久野氏による)
b　あの定理は、誰かに証明されたはずだ。(同、例 (27a))

「定理が証明された」という、実現済みの一回的な出来事の報告を行う非情物主語受身文は、通常ニ受身文としては成立しない。もし成立するとすれば、「潜在的受影者」の存在を読み込んでいる場合である。しかし、《行為者》が不特定の場合には、特に「潜在的受影者」を想定せずに成立しやすい。このタイプの受身文は久野暲 (1986) が指摘した。また、高見健一 (1995) も久野氏の議論を受けてこの種の受身文の存在を主張する (例 (27)・(28) の適格性判断は高見氏による)。

(27) a　*この写真は、花子に撮られた。(高見 (1995: 102)、例 (61a) による)
b　この写真は、誰に撮られたのだろう。(同、例 (61b))
(28) a　*障子が太郎に開けられた。(同、例 (63a))
b　障子が何者かに開けられた。(同、例 (63b))

ただし、高見氏の挙げる例は、「潜在的受影者」の存在が読み込まれることによって許容されているように読めるものが多い。また、そもそもこのタイプの受身文については、個人により許容度に差があるようである。益岡 (2000: 65) は、この種の受身文は不自然であると主張する。

なお、本書の古代語和文を対象とする調査においても、また、近世以前の受身文に関する岡部（未公刊）の整理においても、上記の諸例に似たものは、擬人法と解釈可能なものか、「潜在的受影者」の存在が指摘できるものばかりである。例(26)や例(27)b・例(28)bのような文は「非固有」と見てよい。

以上、非情物主語・《行為者》ニ表示の受身文が成立する場合について、従来指摘されている五つのタイプを挙げた。これらを、意味上の「被影響／無影響」や歴史上の「固有／非固有」との関係も分かるように配列すると、次ページの図一のようになる。

本書で言及した五タイプは、研究史上指摘があったものを集めたにすぎず、今後他のタイプが発見される可能性があり得る。しかし、図一では便宜上五タイプに限って図示する。

また、一つの受身文の例が二つ以上のタイプに当てはまる場合が当然あり得る。例えば、「田中氏の学説は多くの研究者に受け入れられている」は、「田中氏」を「潜在的受影者」とする受身文(①―2)であると同時に、「田中氏の学説」についてその属性を述べる「属性叙述受動文」(②―2)でもある。そのような場合、図一では、できるだけ「固有の受身」「〈被影響〉の受身」として了解するものとしている。先の例文「田中氏の学説は多くの研究者に受け入れられている」なら、まず①―2として了解するのである。ただし、これはあくまで便宜上の措置である。日本語話者における受身文の意味解釈過程に関して、何らかの仮説を述べようというものではない。

さて、図一によって改めてまとめれば、従来知られている五つの場合のうち、①―1・①―2・②―1の三タイプは明らかに固有の受身であるのに対し、②―2・②―3は非固有である可能性が高い。また、①―1・①―2が〈被影響〉を帯び、事実上の「有情の受身」と言えるのに対し、他の三タイプは意味的に〈無影響〉である。

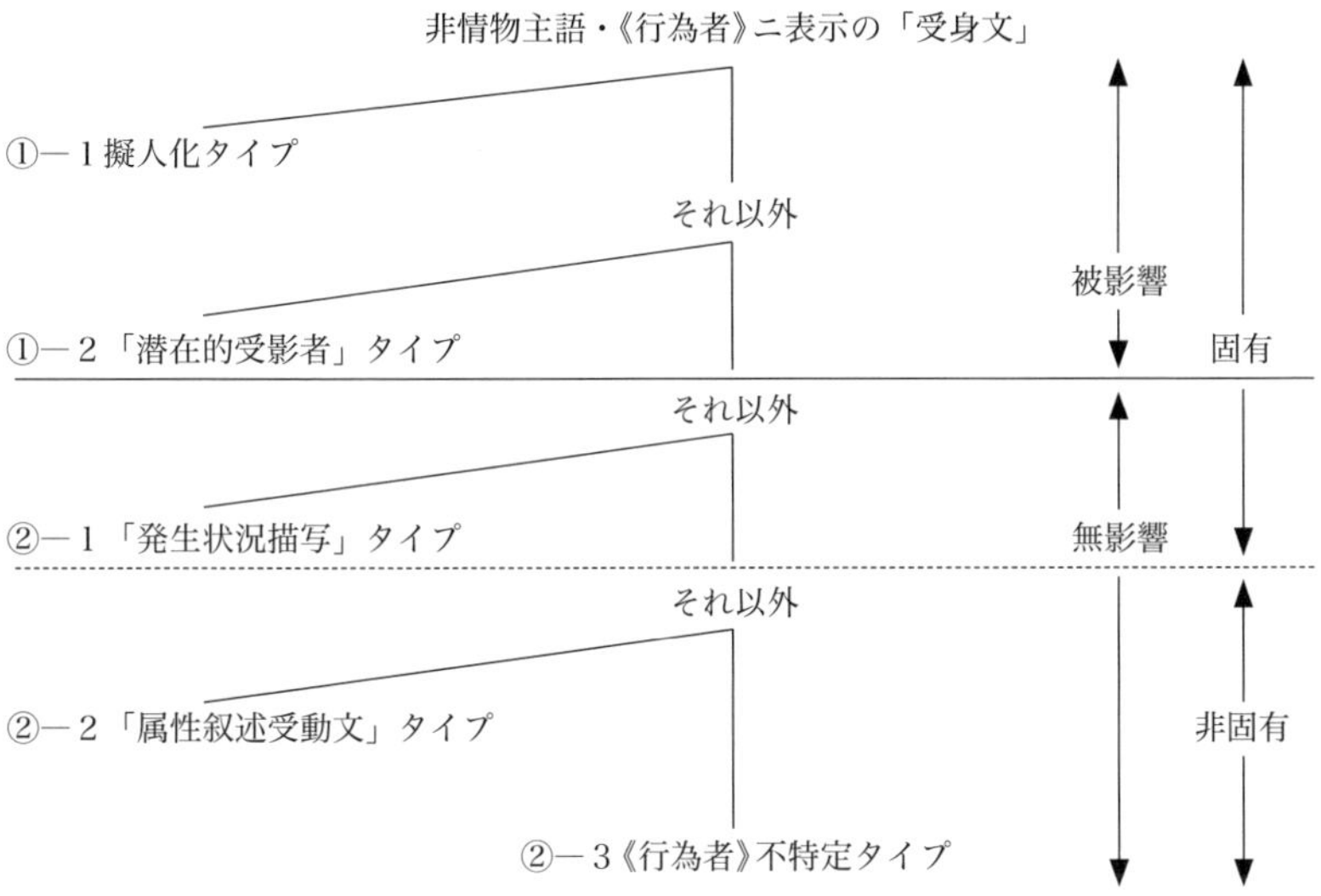

図一　非情物主語・《行為者》ニ表示の受身文が成立する場合

ここで注目すべきは、非情物主語の受身文のうち、固有の受身はほぼ三タイプに限られるということ、また、そのうち②—1の「発生状況描写」タイプだけが、「〈無影響〉の受身」だということである[13]。なお、「パジャマが廊下に脱ぎ捨てられている」（例(20)b）「浮海松の浪によせられたる拾ひて」（伊勢87段　例(21)c）など、「発生状況描写」タイプの受身文は、用例を見る限り意味的に〈被影響〉だとは言いがたい。しかし、当該タイプの受身文を「〈被影響〉の受身」として認めようとする論者が従来少なからず存在する。この問題については、次節二・五・五で〈被影響〉の内実をどう規定すべきかをめぐる検討を行った後、二・五・六で改めて検討する。

二・五・五　〈被影響〉の内実規定

これまで検討してきた立場Bに属する議論では、「太郎が先生にほめられた」（例(4)a）などのタイプ（有情者主語・《行為者》ニ表示・直接受身文）や、「次郎が娘に高い服を買われた」（例(5)a）などのタイプ（有情者主語・《行為者》ニ表示・間接受身文）の受身文に共通の意味的特徴を認め、「影響」「利害」「affectivity」「受影性」などと名付けていた。それを本書では〈被影響〉と呼んでいる。しかし、〈被影響〉の中身が具体的にどのような意味であるかについては明言せず、ただ直感的な理解に任せてきた。

実は、従来の議論では、「影響」「利害」「affectivity」「受影性」などの用語を用いていても、その用語がどのような意味を指し示すのか、その内実を積極的に規定したものはほとんどない（管見では、後述の金水敏(1990)、尾上圭介(1999)のみである）。ここでは、従来「影響」「利害」「affectivity」「受影性」などと呼ばれる意味（つまり〈被影響〉）を有するとされている受身文を吟味することを通して、〈被影響〉の内実は何であるか、やや丁寧に検討する。

まず、次の点を再度確認する。〈被影響〉は、「会議が議長によって招集された」（例（3）a）（非情物主語・《行為者》ニヨッテ表示）など、近代以降欧文直訳体の影響で一般化した受身文（非固有の受身）との対照を通じて、近世およびそれ以前から日本語で用いられている受身文（固有の受身）を特徴付ける意味として見出されてきたものである。事実、Bの立場に立つ議論で、「会議が議長によって招集された」のような「非固有の受身」に〈被影響〉を認めるものは一つもない。したがって、〈被影響〉の内実をめぐる検討は、「固有の受身」を対象に行うことになる。具体的には、有情者主語、《行為者》ニ表示の受身文が中心的な検討対象となる。

さて、従来「影響」「利害」「受影性」などと呼ばれている意味は、決して一通りではない。截然と分けられるわけではないものの、おおむね以下の四種類が指摘できる。

イ　他者の行為等から有情の主語者が被る間接的（悪）影響（〈はた迷惑〉）
ロ　他者の心理的態度等の対象となることで有情の主語者が被る（非物理的）影響
ハ　他者の物理的行為の対象となることで有情の主語者が被る物理的作用
ニ　他者の物理的行為の対象となることで非情物の主語者が被る物理的作用

イは、「次郎が娘に高い服を買われた」など、間接受身文が表現する事態における影響である。ロは、「太郎は花子に愛されている／憎まれている」「太郎は先生にほめられた／叱られた」など、主語者が心理的態度などの対象となった場合に被る非物理的な影響である。ハは、「太郎が暴漢に突き落とされた／刺された」「太郎が祥子につつかれた／触られた」など、主語者が何らかの物理的作用を及ぼす行為の対象となった場合に被る影響である。なお、「僕は彼に見られた」（例（6）a）「小沢さんは鈴木さんに二時間も待たれた」（例（6）b）などの「見られる」「待たれる」（二・四・三・二①）の表す意味は、イ・ロいずれとも言える面を持つ。すなわち、非接触の行為（知覚など）の対象となる場合に被る非物理的影響だという面ではロと共通であるが、〈はた迷惑〉だという面ではイと共通である。

　以上イ・ロ・ハの三タイプは、Bの立場に立つ論者であればすべて「影響」「利害」「受影性」などと呼んでいる。

　以上の三タイプに加えて、「パジャマが廊下に脱ぎ捨てられている」（例（20）b）など、「発生状況描写」タイプのもの（二・五・四・三②―1）に「影響」「受影性」を認める議論がある（山田（1908）ほか）。この議論に従う場合は、最後の二に掲げた、「モノが被る物理的被影響」も、〈被影響〉の一種だということになる。ニを〈被影響〉に含めるかどうかについては、別途検討を要する[14]ので、節を改めて二・五・六で議論することとし、以後しばらくイ・ロ・ハの三タイプに絞って検討を続ける。

　イ・ロ・ハには「有情者が被る影響」という共通性こそあるものの、主語者が何を被っているのか、その実態は様々である。イ・ロの場合、主語者は他者の引き起こした事態から間接的悪影響を感じたり、愛憎や毀誉褒貶などの対象となることによる影響を感じとったりする。つまり、主語者はいわば「心理的影響」を被っていることになる。それに対してハの場合は、主語者の被る影響は物理的なものである。また、観点を変えると、ロとハの二タイプの場合、主語者は述語動詞の表す行為の直接的対象となっているという意味で、「直接的な影響」を被っている。それに対してイの場合、主語者は述語動詞の表す動作の対象ではないから、被る影響も「間接的」

だと言わざるを得ない。

このように、主語者の被る影響の実態はタイプごとに異なる。それにもかかわらず、イ・ロ・ハには単に「影響を被るものが有情者である」ということ以上の意味的共通性が見出される。その共通性を一言で言えば、「主語者が他者の行為や変化から何らかの影響を受けたと認識すること」すなわち、「主語者が感じる被影響感」と言うべきものであろう。「次郎が娘に高い服を買われた」（イ）や「太郎は先生にほめられた」（ロ）のような「心理的影響」を被る場合、その影響の内実は、言うまでもなく「影響を被ったという認識」である。また、「太郎が暴漢に突き落とされた」のような「物理的影響」を被る場合（ハ）も、受身文の意味としての〈被影響〉の中身は、実態としての「物理的被作用」そのものではなくて、そのような物理的作用を被ったと主語者が認識する（あるいは、認識し得る）こと、すなわち「被影響感」と言うべきであろう。〈被影響〉の内実を「主語者が感じる被影響感」であると認めることで、「太郎が暴漢に突き落とされた」のような（物理的被作用を表す）直接受身文と、「次郎が娘に高い服を買われた」のような間接受身文との間に、積極的な意味的共通性を認めることができる。

ただし、ここで言う「主語者が感じる被影響感」とは、「主語者が事態からの影響を実際に感じていること」そのものではない。金水敏（1991: 5）が指摘するとおり、今問題にしている「〈被影響〉の受身文」は、主語者が影響を被っていることを実際に認識していなくとも成立するからである。例えば、「田中は自分で気づかない間に殺されてしまった」「田中はみんなに悪口を言われていることに自分だけ気が付いていない」（いずれも金水（1991: 5））などの受身文が問題なく成り立つ。

主語者が影響を被っているということを主語者自身が実際に認識していなくとも「〈被影響〉の受身文」は成

立する。主語者の実際の認識とは仮に異なっていても、〔ラレル〕形述語によって受身文を作れば、そこに〈被影響〉の意味が現れてしまうのである。ということはつまり、〈被影響〉とは話者のある事態把握の仕方だと見るしかない。すなわち、「〈被影響〉の受身」とは、「主語者は当の事態の発生によって影響を感じ得る存在であるし、通常感じているはずである」という話者の事態把握なのである。〈被影響〉、すなわち「主語者の感じる被影響感」とは、正確に言えば、そのような話者の把握としての「主語者が感じるはずの被影響感」のことである(15)。

なお、話者が「当の事態から影響を感じるはずだ」と把握し得る主語者とは、基本的には影響を感じる能力を持つ者であるから、結果として主語はほぼ有情者に限定される。しかし、「影響を感じるはずだ」と把握されるものは、特殊な場合には非情物であっても構わない。「秋の野の露に置かるる女郎花」（後撰275　例(16)b）のような擬人化タイプの受身文(二・五・四・三①―1)は、話者が非情物を敢えて「影響を感じるはずの存在」と把握するところに成立するものだということになる。

〈被影響〉の内実を「主語者の感じる被影響感」と了解することは、単に、「高い服を買われた」のような間接受身文と、「突き落とされた」のような物理的被作用を表す直接受身文との間に意味的共通性を捉えるためだけに有効なのではない。今問題にしている有情者主語・《行為者》ニ表示の受身文は、《行為者》ニヨッテ表示の受身文との対比において、「話者が主語者の側に立って事態を描く」「主語寄りの視点を取る」などと言われることがある(Kuroda 1979、久野 1986、益岡 1991)。この指摘は、今示した〈被影響〉理解に従えば、次のように理解できる。〈被影響〉、すなわち「主語者の感じる被影響感」とは、主語者の内面に関する話者の把握の仕方によって成立する意味であるから、〈被影響〉を表す受身文には、結果として主語者の内面に踏み込み解釈する話者の姿勢が当然読み取られる、ということであろう。

「影響」「利害」「受影性」などと呼ばれてきた意味、すなわち〈被影響〉の内実に対する本書の理解は以上のとおりであるが、従来の研究史ではどのような議論がなされていたのか、以下簡潔にまとめる。

先にも述べたように、従来のBの立場の議論では、「影響」「利害」「受影性」などの用語について、内実を積極的に規定することはほとんどない。しかし、「影響」「利害」「受影性」などの内実は（少なくとも有情者主語受身文に限定して言えば）主語者の「被影響感」である、という直感は、明言こそされないが、何人かの論者に共有されていたように思われる。例えば山田孝雄（1908）は、日本語の（固有の）受身文に有情者主語のものと非情物主語のものとがあることを論ずる中で、前者の有情者主語のものについて「動作作用の影響を受くる者其自身より見たる受身」（p. 377）であるとし、また、「この種の文の主体は直接にも間接にも其の影響を受くることを自ら意識せるものと吾人が認むるものに限る」（p. 380　傍線は筆者）と述べる。上記の引用からは、山田氏は（固有の）有情者主語受身文の意味特徴について、すでに本書の言う「主語者の感じる被影響感」だと捉えており、しかもそれは話者の事態把握であると見ているように読める。（（固有の）非情物主語受身文に関する山田氏の議論は、二・五・六で触れる。）また、山田氏の議論ほど明確でなくとも、Kuroda（1979）は《行為者》ニ表示の受身文に「affectivity」という意味（本書の言う〈被影響〉にほぼ相当する）が現れることを説明する際に「あっ、ジョンに見られた！」という、直接受身文だが〈はた迷惑〉の意味が出るタイプの文から始める。また、益岡隆志（1982）は、「受影受動文」（本書の言う「〈被影響〉を帯びる受身文」）の説明を「太郎が友人にばかにされた」など、有情者の被る「心理的受影性」から始める。Kuroda（1979）や益岡（1982）も、〈被影響〉の典型が心理的なものであると暗黙のうちに認めていると推測される。しかしながら、黒田・益岡の両氏は、〈被影響〉の内実をそれ以上突き詰めてはいない。

金水敏（1990）は、益岡隆志（1991）（当時未公刊）のいう「受影受動文」（本書の言う「〈被影響〉を帯びる受身文」）について、次のような「本性」を持つものだと主張する。

> 【略】動作主とは別の主観的な関与者を設定するものである。この主観的な意味とは、事態から受ける心理的影響（代表的には被害感）という内的徴証である。この関与者は、被動者である場合もあれば、間接関与者である場合もある。（金水 1990: 46）

金水氏の右の主張は、〈被影響〉の内実を主語者が感じる心理的影響であると見ており、事実上本書の〈被影響〉規定とほとんど重なる。ただし、右の記述の限りでは、金水（1990）が〈被影響〉の内実を「話者の事態把握」と見ているかどうかまでは不明である。

尾上圭介（1999）は、〈被影響〉が「話者の事態把握」であると積極的に規定した管見唯一のものである。尾上氏は、〔ラレル〕形述語文をトータルに捉えようとする一連の議論（尾上 1998a, 1998b, 1999, 2000, 2003）の中で、受身概念を（本書と同様）意味に注目して定義する。その際受身を規定する意味特徴（本書の〈被影響〉に当たる）を次のように規定した。

> 他者の行為や変化（典型的には他者の意志と他者の力の発動）の結果、あるものが自らの意志とは関係なく（いやおうなく）ある立場に立つことになるという事態把握のあり方（尾上 1999: 88）

右の引用で「あるもの」と呼ばれているのは主語者である[16]。主語者が物理的作用を被る場合も含め、「自らの意志とは関係なく（いやおうなく）ある立場に立つことになるという事態把握のあり方」というところに受身の意味の内実を求めている。尾上（1999）では、受身の意味についてこれ以上詳しく述べてはいないのであるが、右の引用の「自らの意志とは関係なく（いやおうなく）ある立場に立つことになる」とは、事実上本書の言う「被影響感」のことを述べているものかと思われる。また、受身の意味を「事態把握のあり方」と述べているのは、言うまでもなく「話者の事態把握のあり方」ということである。

〈被影響〉の内実に関する本書の了解は、受身の意味に関する尾上（1999: 88）の了解から二つの点で示唆を受けている。すなわち、〈被影響〉の内実を、物理的作用を被る場合も含めて「主語者の被影響感」であると見る点、そして、「主語者の被影響感」を「話者の事態把握の仕方」の結果現れる意味であると捉える点である。その立場で本書は、従来の立場Ｂの議論において暗黙のうちに行われてきた「〈被影響〉＝主語者の被影響感」という了解を精密化したことになる。

二・五・六　「発生状況描写」タイプの位置付け

「パジャマが廊下に脱ぎ捨てられている」（例（20）b）「せばき縁に、所せき御装束の下襲ひきちらされたり。」（枕　104段　例（21）b）のような、他者の行為の結果、モノに生じた結果状態等の状況を描写する非情物主語受身文を、本書では「「発生状況描写」タイプ」と呼んでいる（二・五・四・三②―1）。

「発生状況描写」タイプは、古代語から存在する（固有の）非情物主語受身文の中で唯一意味的に「〈無影響〉の受身」と言い得るものである（二・五・四・三）。しかし、このタイプの受身文に、「太郎が先生にほめられた」

などの〈固有の〉有情者主語受身文と同様、〈被影響〉の意味を認めようとする議論がある。

山田孝雄（1908: 376ff）は、「ふたあゐえび染などのさいでのおしへされて草子の中にありけるをみつけたる」（枕草子）など、古代日本語に非情物主語受身文が存在することを指摘した上で、「非情物が文主たりとも現に吾人の見る所によれば確に非情物甲が乙なる物の影響をうけてありと吾人が認めたる時には又受身の地位に立てりと思惟しうるによりてここに受身の文は成立するなり」という。非情物の主語者が「影響」を被っていることを話者が認定する限りに、当該タイプが成立すると言うのである。山田氏はこのようにして、有情者主語受身文と同様、非情物主語受身文にも「影響」の意味があると主張する。

また、Kuroda（1979）は、《行為者》ニ表示の受身文に「affectivity」という意味（本書の言う〈被影響〉にほぼ相当する）があると主張する中で、「その箱は白布に覆われていた。」（同 p. 328、例（101））などの非情物主語受身文にも affectivity を認める。金水敏（1993: 492f）も、《行為者》ニ表示の受身文に「（動作主の）働きかけ」（本書の言う〈被影響〉）という共通性を認めようとする議論において、「この家は板塀に囲まれている。」（同、例（31））にも動作主からの「働きかけ」の存在を認める。また益岡隆志（2000: 64）も「あのりっぱな日まわりの花が、嵐に吹き落されていた」（同、例（64））などの文を挙げ、「受影性には心理的な受影性に加えて、物理的な受影性を認める必要がある」と言う。

「太郎が先生にほめられた」（有情者主語受身文）と「パジャマが廊下に脱ぎ捨てられている」（「発生状況描写」タイプ）という、一見して意味的に異質と思われる二つのタイプの間に、なぜ意味上の共通性を認めようとするのか。

もし、「発生状況描写」タイプを「〈被影響〉の受身」であると言うことができれば、「固有の受身」はすべて「《行為者》ニ表示」かつ「意味的に〈被影響〉」である、という強い一般化を図ることができるのである。「発生状況描写」タイプに敢えて何らかの「影響」を求めようとすれば、それは、前節二・五・五で述べたように、「他者の物理的行為の対象となることで非情物の主語者が被る物理的作用」ということになる。先に挙げた黒田・金水・益岡の三氏の議論は、いずれも非情物主語の「物理的被作用」を指して、「affectivity」「（動作主からの）働きかけ」「物理的受影性」と述べているようであるし、山田（1908）の主張も、事実上古代語の非情物主語受身文に「物理的影響を受ける」という意味を認めていると読み取れる。

しかし、二・五・五で検討したように、有情者主語受身文における〈被影響〉とは、「（有情の）主語者の感じる被影響感」とでもいうべきものであった。この〈被影響〉規定からすると、非情物主語受身文（「発生状況描写」タイプ）における「主語者のモノが被る物理的被作用」は、〈被影響〉の中に入らない。もし敢えて、「モノ主語が被る物理的被作用」をも「〈被影響〉」だと認めるとすれば、「（有情の）主語者の感じる被影響感」と「モノ主語が被る物理的被作用」という、相当に異質な二つの意味に同じラベルを張ることとなり、「〈被影響〉」の中身が混質的になる。

それだけではなく、「発生状況描写」タイプの受身文をめぐっては、次のような問題が指摘されている。

(29) a　衣のすそ、裳などは、御簾の外にみなおしいだされたれば、……（枕　104段）

b　せばき縁に、所せき御装束の下襲ひきちらされたり。（枕　104段）

c　つとめて、その家の女の子ども出でて、浮海松の浪によせられたる拾ひて、いゑの内に持て来ぬ。（伊勢　87段）

d　内にも人の寝ぬけはひしるくて、いと忍びたれど、数珠の脇息にひき鳴らさるる音ほの聞こえ、……

（源氏　若紫）　　（例（21）再掲）

もし、モノ主語が物理的作用を受けることも〈被影響〉の内に入るのであれば、そして、〔ラレル〕形述語文が〈被影響〉の意味を表すことで受身文が成立するのであれば、古代語非情物主語受身文には、~ラレケリ・~ラレキ・~ラレヌ・~ラレム等々の述語を有するものも多数あることが期待される。例えば、古代語において例（29）bが表現可能であったからには、例（29）bと同じ名詞項、同じ述語動詞を用い、かつ動詞述語の形態だけが異なる「……下襲、ひきちらされけり／ひきちらされき／ひきちらされぬ／ひきちらされむ」といった形の例もまた存在してもよさそうなのである。（もちろん、名詞項、述語動詞が例（29）bと同一である必要は必ずしもない。類義の名詞・述語動詞であればよい。）ところが実際には、古代語の非情物主語受身文は、事実上の有情の受身というべき擬人化タイプ・「潜在的受影者」タイプを除くと、文末述語の形は~ラレタリしかない（例えば右の例（29）a・b・c）し、従属句述語を含めても~ラレタリのほかに~ラルの形（例えば例（29）d）しかない。

古代語の非情物主語受身文（つまり「発生状況描写」タイプ）は、文末の述定形式が（主文述語としては）~ラレタリという限られた形でしか現れない以上、〈被影響〉という意味を表すことを内実として成立するタイプの〔ラレル〕形述語文であるとは考えがたい。〈被影響〉とは別の意味の表現のために〔ラレル〕形述語文が用いられていたと考えるのが適当であると思われる。

このことに積極的に留意した議論はすでにある。尾上圭介（2003）は、古代語の（事実上の有情の受身を除いた）非情物主語受身文の述語が～ラレタリにほぼ限定されるという形態上の制約を重視し、「発生状況描写」タイプの文は〈被影響〉を表す文（すなわち尾上氏の定義による「受身用法」の文）ではないとする。そして、「発生状況描写」タイプの文を、〔ラレル〕形述語文の別の一用法（発生状況描写用法）としている。

以上の考え方に基づき、本書では、「発生状況描写」タイプを「〈被影響〉の受身」に含めない。また、「発生状況描写」タイプは意味的に〈無影響〉であるという了解を維持する。

二・五・七　〈被影響〉の意味の出現条件についての補足――従属句の場合――

二・五では、受身文を意味的に〈被影響〉か否かで二つに下位分類する議論の展開を追う中で、従来指摘されている諸条件（主語の「有情／非情」・行為者の表示法・歴史的「固有／非固有」）が意味上の「被影響／無影響」という違いとどのように対応関係を持つかを整理してきた。

しかし、受身文に〈被影響〉の意味が現れるか否かについては、当該受身文が主文であるか従属句であるかという、さらに別の条件も関係しているようである。一言でいえば、従属句中の受身構文は意味的に〈無影響〉になりやすいようである。

この事実については現在のところ具体的な事実の分析も理論的思索も共に蓄積に乏しく、本書において的確な位置付けを図ることもできない。しかし、「〈被影響〉の受身か否か」ということと、《行為者》表示法の関係を検討する際には無視できない現象であるので、この場で先行研究を整理しつつ現象の実態をできるだけ明確化しておきたい。

この問題について言及したのはWierzbicka（1979a）が最初であろう。Wierzbicka（1979a）では、動詞ラレル形が従属句の述語の場合には「被害の意味 'adversative' meaning」（本書の言う〈はた迷惑〉）が現れない、と述べている。

（30）a　子供の時雨に降られながら学校に通った懐かしい思い出がある。（Wierzbicka 1979a（1988 再録版 p. 262））

b　ジョンは妻に死なれて自由になった。（同）

Wierzbicka（1979a）が掲げる右の例文は、少なくとも筆者には許容しがたいものだが、ヴェジビツカ氏の主張の趣旨は一概に否定できないと思われる。次の例文によって説明する。

（31）a　おじいさんが孫に背中を押された。

b　おじいさんが娘に肩をもまれた。

動詞ラレル形が主文末に現れる右の例では〈被影響〉（文脈によっては悪影響）の意味が感じられる。しかし、動詞ラレル形が従属句述語である次の例では、〈被影響〉の意味が感じにくくなり、中立的な状況描写表現に近づいている。

（32）a　おじいさんが孫に背中を押されて歩いている。
　　　b　おじいさんが娘に肩をもまれながら眠っている。

ヴェジビツカ氏の言おうとしたことは、実は例（31）と例（32）の間に見られるような意味の違いであると考えられる。ただそれは、ヴェジビツカ氏の言うような「被害の意味 'adversative' meaning」（つまり〈はた迷惑〉）の有無の問題というよりも、むしろ一般に〈被影響〉の有無の問題として見ておいた方がよさそうである。

この、従属句中の動詞ラレル形では〈被影響〉の意味が感じにくくなるという現象は、非情物主語・《行為者》ニ表示の受身文の許容度の問題としても現れてくる。久野暲（1986）は《行為者》ニ表示の受身文は主語寄りの視点をとり、《行為者》ニヨッテ表示の受身文は中立視点であると考えることで、《行為者》ニ表示の受身文が有情者主語に偏ることを説明しようとしている。その中で次の諸例を挙げ、非情物主語・《行為者》ニ表示の受身文は通常許容されないが、主語の主題性が増し、非情物を主語にしたことの理由付けが増える場合には許容される、と論じた。

（33）a　白いボールが王{*に／によって}高々と打ち上げられた。（久野（1986）、例（22）（24）（＝Kuroda（1979）、例（20）（19））による）
　　　b　山田投手が投げた外角低目の速球は、王に高々と打ち上げられ、外野席を越えて場外に出るホームランとなった。（同、例（25））
（34）a　*この辞書は、ジョン・スミスに改訂された。（同、例（29）。適格性の判断は久野氏による）

b　この辞書は、三〇年前ジョン・スミスに改訂されて以来、まだ誰にも改定されていない。（同、例（31））

> 一般的に言って、主語が無生物、ニ格名詞句が人間を表すニ受身文は、受身形「ラレル」で打ち切りにしないで、主語を共有する第二節に連結すると、適格度がます。主語の主題性が増し、受身形を使って無生物を主語としたことの理由づけが増えるためである、と思われる。（同 p. 80）

久野氏の取り上げた現象は、ヴェジビツカ氏の指摘と無関係ではないと思われる。非情物主語・《行為者》ニ表示の受身文は、通常「発生状況描写」タイプその他の特殊な類型でなければ、擬人法や「潜在的受影者」読みが誘導され、（〈はた迷惑〉を含む）〈被影響〉の意味が出てしまい、適格性が落ちてしまう。その非情物主語・《行為者》ニ表示の受身文が従属句において適格になるのは、従属句では〈被影響〉の意味が現れにくいためである、と言えそうである。後に坪井栄治郎（2002）は、久野（1986）の右の言説を取り上げ、久野氏の指摘する現象の本質を、主文では許容されにくい非情物主語・《行為者》ニ表示の受身文が従属句に収まる場合には許容度が上がるということの問題である、と明確に指摘している。

なぜ従属句では〈被影響〉の意味が薄れるのかについては、目下坪井（2002）の議論があるだけである。坪井氏は、Hopper & Thompson (1980) を援用し、従属節は他動性が低減する位置であることから、《行為者》ニ表示の受身文の持つ「行為者性」が表面化しないため、許容度が上がる、という趣旨の説明を試みている。

本節冒頭でも述べたように、当該現象については、現在のところ具体的な事実の分析も理論的思索も共に蓄積に乏しい。今後さらに検討が必要である。

二・六　立場Ａと立場Ｂの位置関係をめぐる議論

二・六・一　はじめに

二・三で問題提起したように、「〈はた迷惑〉の有無」を重視して受身文を二分類する立場（立場Ａ）と、「〈被影響〉の有無」を重視して受身文を二分類する立場（立場Ｂ）とは、互いに無関係ではないものの、一方が一方を包含する関係ではなく、それぞれ別個に成り立つ理論的立場である。しかしながら、金水（1993）によって両者の位置関係が明確に整理される以前は、互いの関係は必ずしも明瞭に了解されていなかった。その結果、二つの立場の間で、一方から他方の立場の議論に言及したり、批判する場合（ほぼすべて立場Ａから立場Ｂへのものである）には、半ば誤解に基づく見解が示されたり、議論が噛み合わない場合が多かった。本節ではそうした事例を紹介、論点を整理することを通して、これまで述べてきた立場Ａと立場Ｂとが互いに別個の立場であることを確認するとともに、批判対象となった個々の事項について、前節二・五までの研究史の整理の成果によってその位置付けを図る。また、そのことを通して、本章の研究史整理の妥当性を検証する。

取り上げるのは、佐久間鼎・原田信一・高見健一・久野暲の各氏の言説である。このうち、佐久間・原田の両氏の言説は、もっぱら立場Ｂに対する誤解の例として挙げる。高見氏の議論は、立場Ｂに対する誤解と、（当時の）立場Ｂの主張では説明できない事実指摘との両方を含んでいる。そのうち後者について、本章の研究史の整理で得た知見に基づき、立場Ｂに対する本質的な批判には当たらないことを示す。最後に取り上げる、久野暲氏による黒田成幸氏の affectivity 説批判は、議論の噛み合わない点が相当ありながらも、黒田氏の主張では説明できない事実指摘が含まれている。そこで、久野氏の批判を整理しつつ、黒田説に対する正当な批判となっている諸点をより分けた上で、本章の研究史整理に基づいた位置付けを図る。

二・六・二　佐久間鼎の松下大三郎理解

佐久間鼎（1936, 1951）は、現在の「間接受身文／直接受身文」にほぼ相当する受身文分類を提案した。二・四・二で紹介したことを再度繰り返すと、佐久間（1936）では直接受身文にあたるものを「普通の所相」（あるいは「被動」）と呼び、間接受身文にあたるものを「被影響関係のもの」（あるいは「被害」）と呼んだ。後の佐久間（1951）では、直接受身文を「本来のうけみ」、間接受身文を「利害のうけみ」と呼んでいる。

　佐久間（1951）では松下大三郎（1930）の受身文分類と対照しつつ自己の説を展開している。

> うけみの第二は、【中略】動作・事象の結果から来る間接の影響によって、主格に立つ者（人間的な心情をもつ者）が多くはめいわくを被り、害を受ける（反対に好影響を受けるばあいもある）ということを特徴とするもので、第一のうけみの「単純被動」と区別して「利害の被動」とも名づけられたものです（松下大三郎氏の命名）。（佐久間 1951: 211）

　二・五・二で紹介したとおり、松下（1930）の「利害の被動」は、本章で言う「〈被影響〉の受身」であって、佐久間氏の「利害のうけみ」（つまり間接受身文）を含みつつ、佐久間氏の「本来のうけみ」（つまり直接受身文）にも広がる概念である。また、松下氏の言う「単純の被動」は本章で言う「〈無影響〉の受身」のことで、佐久間氏の「本来のうけみ」の一部分、佐久間(1951: 210f)が「日本語では本来的でない(日本語らしくない)、西洋語の直訳という感じを与えます。」と述べるタイプのものに当たる。

つまり佐久間氏は、堀口和吉(1982: 76f)が指摘するとおり、外延の異なる「利害の被動」(松下)と「利害のうけみ」(佐久間)、そして「単純の被動」(松下)と「本来のうけみ」(佐久間)とを、それぞれ同一視していることになる。

ただしこの誤解は、佐久間氏の受身文分類そのものの妥当性には影響していない。

二・六・三　原田信一の国語学者批判

原田信一(1974)は、間接受身文が歴史的に後発である可能性を示唆する議論である(おそらく、nonuniform theory の立場をサポートする目的があったものと思われる)。その中で、伝統的な国語研究における受身文の一般了解(と原田氏が理解した内容)を整理している。

原田氏は、伝統的な国語研究では受身文について以下のように考えていると主張する。

〈仮説一〉　日本語の受身文は、元来、被害受身文だけであった。
〈仮説二〉　中立受身文は、西洋語の影響によって日本語に取り入れられたものである。
(原田 1974(2000 再録版 p. 517))

ただし、〈仮説一〉の「被害受身文」、〈仮説二〉の「中立受身文」とは、次のようなものである。

「被害受身文」」：以下のａｂの条件を共に満足するもの

ａ　主語が有情のものである。

ｂ　迷惑・被害・不本意などを表す。

（原田（1974（2000再録版 p. 516））による）

「中立受身文」：右の少なくとも一つを満足しないもの（2000再録版 p. 516）

原田氏は、〈仮説一〉をさらに次のように言い換える。

〈仮説三〉日本語の受身文は、元来、間接受身文だけであった。（2000再録版 p. 525）

原田氏の〈仮説一〉は、明らかに松下（1930）などの議論に対する誤解に基づいている。松下氏をはじめ、立場Bの論者は、おおむね、固有の受身文（原田氏の言う「日本語の受身文」）は有情者主語で〈被影響〉を表すもの、非固有の受身文（原田氏の言う「西洋語の影響によって日本語に取り入れられたもの」）は非情物主語・《行為者》ニヨッテ表示のもので、意味的に〈無影響〉であるもの、と了解している。「〈被影響〉の受身」には間接受身文が含まれているが、直接受身文の相当部分も含まれるし、意味的にも〈はた迷惑〉を表すものだけではない。また、直接受身と間接受身とを問わず、「固有の受身」の特徴として「迷惑・被害・不本意」の意味が現れることが多いことがしばしば強調されるが、その場合の「被害」などの意味は、必ずしも〈はた迷惑〉だけでなく、述語動詞の語彙的意味によってもたらされるもの（「殺される」「殴られる」などの表す意味）を含んだものである。なお、言うまでもないことだが、〈仮説三〉を主張する国語学者は存在しない。

原田氏の誤解は、立場Bの論者の言う「影響」「利害」を「被害」（本書の言う〈はた迷惑〉）と受け止め、さらに、「被害を表す受身文」を「間接受身文」と完全に重なるものと理解したことによる。ただし、間接受身文が歴史的に後発ではないか、という原田（1974）の問題提起は、右に示した問題点とは独立に成立し得るもので、別途評価すべきものである。

二・六・四　高見健一の益岡隆志批判

この次の二・六・五で取り上げる久野（1986）よりも後の著作であるが、先に高見健一氏による益岡隆志説の批判を取り上げる。

高見氏は、受身文の成立条件をめぐる議論（高見 1995）の中で、久野（1983）の involvement 仮説（二・四・三・四②）を重要な道具立てとして採用する。その際に、立場Bの議論のひとつである益岡（1987）（益岡（1982）の再録版）を取り上げ、同論文のキーワードである「受影性」（本書の言う〈被影響〉）を「影響」と呼んで批判し、そのことで、involvement の有効性を主張しようとする（高見 1995: 119–126）。氏は、益岡（1987）の「受影受動文」を紹介するくだりで、次のように述べる。

> 受影受動文とは、受身文の主語が影響を受ける受身文と考えられるが、「影響」という概念は、【中略】英語の受身文において考察したように、Bolinger(1975)の提唱するものである。さらに益岡（1987）も指摘しているように、井上(1976)、Kuroda(1979)はこの影響という概念を用いて、日本語の受身文を分析している。（高見 1995: 121）

右のくだりでは、日本語受身文研究において問題になってきた「影響」（つまり〈被影響〉）概念について、Bolinger(1975) が英語受動文の成立条件を論ずる際に提起した「affectedness」という概念と同じ内容であると把握しているかのようである。しかし、高見氏が言及する井上(1976)、Kuroda(1979)、益岡(1987)（いずれも立場Bに立つ議論）は、いずれもBolinger(1975)を引いておらず、このような学史的理解が正当かどうか疑わしい。

その点を措くとしても、高見氏はボリンジャー氏の言うaffectednessの中身を「動作の影響」と理解した（高見1995: 31f）上で、日本語研究で問題になってきた「影響」（〈被影響〉）概念も「物理的な影響」に限定して理解する。この理解は明らかに事実と異なっている。立場Bにおいて〈被影響〉の意味が認められる場合の中には、二・五・五で検討したとおり、有情者が「愛される」「批判される」など心理・思考等の動作の対象になる場合もあれば、間接受身文の場合も含まれる。

右のような誤った「影響」理解に立って、次のような批判がなされるが、高見氏の主張が当を失したものであることは、もはや言うまでもない。

> 太郎は花子に愛されている／嫌われている／慕われている。（高見（1995: 124）、例（120a））
> 【右の例の場合】太郎はその事によって影響を受けるとは考えられない。（同 p. 124）

ただし、高見氏はほかに、益岡説の問題点として次の二点を指摘している。この二点は、益岡（1987）の説の批判として的確であると思われる。

イ　次のような無生物主語受身文が不適格であることが説明できない。主語「その魚」は物理的影響を受けているると解釈されるが、実際には不適格になる（高見（1995: 124）による）。

（35）＊その魚は太郎に焼かれた。（高見（1995）、例（121b）。適格性判断は高見氏による）

ロ　益岡（1987）の主張にかかわらず、生産動詞による非情物主語・《行為者》ニ表示の受身文が、適格になる場合がある（高見（1995: 125）による）。

（36）その寺は、いつ、誰に建てられたのか知っていますか。（高見（1995）、例（123a））

益岡（1987）は、「受影受動文」（本書の言う「〈被影響〉の受身」）は《行為者》ニ表示であるとする。また、益岡（1987: 185f）は、「受影性」の中に「物理的受影性」を含めて認めることで、「あの町は日本軍に破壊された」などの文の適格性を説明しようとする[17]。このような了解に立つ限り、例（35）のように、《行為者》ニ表示で、かつ主語に立つモノが物理的作用を被ることを表していながら不適格になる場合があることを説明できない。

また、「＊あの町は日本軍に建設された」「＊この寺は9世紀前半、空海に建てられた」など、生産動詞による非情物主語受身文は通常《行為者》をニで表示すると不適格になる（寺村（1982）ほか）。このことについて益岡（1987: 185ff）は、「建設する」「建てる」「描く」などの動詞のとる目的語（「達成目的語」と呼ぶ）には「受影性」が関与しないからだ、と説明している。このような了解に立つ限り、例（36）のように、生産動詞を用いた非情物主語・《行為者》ニ表示の受身文が適格になる場合があることを説明できない。

このように、高見（1995）の益岡（1987）批判のうち、右のイ・ロは的を射ている。しかし本章二・五までの研究史の検討に基づけば、高見氏の指摘イ・ロは、受身文の「固有／非固有」をめぐる知見の枠内で適切に位置付けることが可能である。

指摘イの例（35）「*その魚は太郎に焼かれた」は、個別の出来事を報告するタイプの非情物主語受身文である。実は「部屋に散らかっていたものはすっかり片付けられた」など、個別の事態を報告するタイプの非情物主語受身文は古代語和文には存在しない。つまり、「非固有の受身文」である（二・五・四・三②—3で言及した）。《行為者》をニで表示できないのは、そのためだと言うことができる。一方、指摘ロの例（36）「その寺は、いつ、誰に建てられたのか知っていますか」は、例（35）と同様、個別の事態を報告するタイプの非情物主語受身文で「非固有の受身文」であるが、例（35）と違って《行為者》ニ表示を許容する。この点については久野（1986）や高見（1995）の指摘があって、行為者が不特定である場合には、「この写真は、誰に撮られたのだろう」（高見（1995）、例（61b）。例（27）b）などのように《行為者》をニで表示しても比較的許容されやすいのである（二・五・四・三②—3として言及した）。

益岡（1987）の段階では、非情物主語・《行為者》ニ表示の受身文の下位類型としてどのようなものが許されるのか、また、それぞれの場合に〈被影響〉の意味が現れるかどうか、「固有の受身」かどうか、といったことについての検討が十分に進んでいなかった。そのために高見（1995）の批判を招いたのだが、本書の研究史整理の結果得た知見では、高見氏の指摘イ・ロは、「非固有の受身」をめぐる特殊現象だということになり、「固有の受身」に関する立場Bの了解そのものの不備が指摘されたわけではない。

以上、高見氏の益岡(1987)批判は、基本的に益岡氏の「受影性」に対する誤解に基づいているが、二点の指摘において益岡(1987)の議論の不備を突いていることを指摘した。しかしその二点の指摘も、本章の研究史整理の結果からは、「非固有の受身」をめぐる特殊現象を指摘したものと位置付けられ、立場Bの議論自体の不適格性の指摘とは言えないことを確認した。

二・六・五　久野暲の黒田成幸批判

二・六・五・一　はじめに

久野暲氏は、Kuno(1973)などではnonuniform theoryの論者であった(二・四・三・一)が、その後、遅くとも久野(1983)においてuniform theoryの立場に転じた。それに伴い、受身文に「被害」(本書の言う〈はた迷惑〉)が現れる理由を深層構造の違いから説明する(nonuniform theoryの論者はこの論法を取った。二・四・三・一参照)のをやめ、新たに「involvement 仮説」を提唱した(二・四・三・四②)。その際、Kuroda(1979)の説を批判することで自己の主張の正当性を論証しようとした(久野1983, 1986)。Kuroda(1979)は、久野氏の説に一見類似したaffectivityという概念を提起し、しかもaffectivityの有無(直接には、《行為者》をニで表示するか、ニヨッテで表示するか)によって異なる深層構造を仮定する議論であった(二・五・三)からである。久野氏の批判に対する黒田成幸氏の反論(黒田1985)を挟むこの論争は、両者の議論が噛み合わないまま終結した。

この論争は、生成文法の枠内で日本語受身文をどう処理するかということに関する関心が半ばを占めていることもあり、受身文研究史上への位置付けに関する全面的な検討は別の機会に譲らなければならない。ここでは、黒田氏の提唱する「affectivity」の概念や、ニ／ニヨッテの使い分けに関する黒田氏の説明に対して、久野氏がどのような批判を展開したかを検討し、久野氏による黒田説批判の当否を確認するとともに、的確と思われるものについては、本書の研究史整理に基づいた位置付けを行う。

久野氏の議論は具体的には、第一に、Kuroda (1979) の affectivity 仮説の問題点を挙げ、次いで第二に、《行為者》を表示するニ／ニヨッテの使い分けをめぐる意味の違いについて代案を示す（久野 1986）。本節でも、第一の論点、第二の論点の二つに分けて検討したい。

二・六・五・二　久野氏の affectivity 仮説批判

久野氏の affectivity 仮説批判は次のように整理することができる。

イ　affectivity 概念の有効性に関する批判

イｉ　affectivity で括られる中身の多様性と、それらが一つに括られる論理の欠如に対する批判（久野 1983: 196ff）

イ ii　affectivity の有無がニ／ニヨッテの使い分けに連動しないことの指摘（久野 1986: 77ff）

ロ　その他の批判

ロｉ　ニヨッテ受身文をすべて移動変形で説明することに伴う問題点の指摘（久野（1983: 199）、同（1986: 75ff））

ロ ii　事実認定に対する批判

ロ iii　久野氏のインヴォルヴメント involvement 説に対する黒田氏の解釈（黒田 1985）への批判（久野

1986: 72ff)

このうち、ロ i は黒田説にとって本質的な批判に当たると思われるが、生成文法の技術的問題に属する。また、ロ ii・iii をこの場で検討するのは生産的ではないと思われる。そこで、ここではイ i とイ ii に限って検討する。

① affectivity 概念の混質性に対する批判（イ i）

黒田氏の言う affectivity の中身には、言うまでもなく、「有情者に対する物理的働きかけ」（「殺害される」など）、「有情者が知覚・心理的態度の対象となること」（「見られる」など）といった、有情者の被る影響（二・五・五で定義しなおした〈被影響〉にあたる）が含まれる。そのほかに、非情物主語受身文でも、「その箱は白布に覆われていた」（Kuroda（1979: 328）、例（101））のように結果状態（黒田氏は perfect aspect（同 p. 329）と表現している）を表す場合には《行為者》（「白布」）をニ表示することがある（本書の言う「発生状況描写」タイプ）ことを認め、affectivity があるとする（二・五・六で触れた）。それだけではなく、例えば、「大統領がＣＩＡに殺されてしまった」（同 p. 325、例（86））に読み取れる主語者に対する話者の評価的態度をも、黒田氏は affectivity の具現として認めるようである。このような議論を展開する結果、Kuroda (1979) の言う affectivity の中身は極めて混質的なものになっている。

しかも、黒田氏は具体的な一つ一つの例について、その意味を詳細に検討しはするものの、それら具体例を包括する概念 affectivity そのものには明確な定義を下さない。というよりも、定義を下すことを放棄している (Kuroda 1979: 311)。

久野氏はこの点を詳細に批判する（久野 1983: 196ff）。この批判は全く正しい。

②「affectivity の有無」と「ニ／ニヨッテの使い分け」の連動関係の否定（イii）

久野氏は、「ニヨッテ受身文」（《行為者》ニヨッテ表示の受身）も affectivity を表し得ることを指摘し、黒田説の言う affectivity の有無は、ニ／ニヨッテの使い分けに連動しないと主張する（久野 1986: 77ff）。例えば、同じニヨッテ受身文でも、次のように例（37）a・（38）a が適格であるのに対し、例（37）b・（38）b が不適格であることを示し、その理由を、文に述べられる事態から「日本」が影響を受けるという事態が起こり得ない事による、とし、ニヨッテ受身文の適格性にも「作用性」（affectivity のこと）が関わっていると主張する。なお、以下例（37）〜（43）の適格性判断は久野氏自身のものである。

（37）a　山田代議士が、汚職究明委員会によって、その私生活を討議された。（久野（1986）、例（16b）。傍点は原文のまま。以下同じ）

b　*日本が、A研究会によって、その貿易問題を討議された。（同、例（17b））

（38）a　日本は、資本家たちによって美しい自然を破壊されている。（同、例（18b））

b　*日本は、ある外国人によって、美しい女性と結婚された。（同、例（19b））

また、次の例（39）について、「【略】、明かに、原子力発電所が、従業員全員の徹夜作業によって被害を受けたことを表わす――むしろ、そういうコンテキストにおいてしか、適格文と考えられない。」（久野 1986: 78）と主張する。

(39) (?)この原子力発電所は、従業員全員によって、徹夜作業をされた。(同、例(20b)。傍点は原文のまま)

次の例(40)は、主語の「ボール」が物理的影響を受けている以上、黒田説では「作用性 affectivity」の存在を認めざるを得ないのに、不適格である、と主張する。

(40) *白いボールが王に高々と打ち上げられた。(久野(1986)、例(22)(= Kuroda(1979)、例(20)))

次の例(41)aの場合、Kuroda(1979)は「Fermatの定理、という抽象的事物がジョンの行為の結果、その状態に変化を受けたとは考えられないからだ」と解釈している(久野(1986: 80)の要約による)。しかし、この論法では、同様に「作用性 affectivity」が認められないはずの例(41)bがなぜ適格になるのかを論証できない。

(41) a *Fermatの定理が、ジョンに証明された。(久野(1986)、例(26)(= Kuroda(1979)、例(113)))

b あの定理は、誰かに証明されたはずだ/誰にも証明されていない。(同、例(27ab)、一部改変)

結論から言うと、例(37)～(41)をめぐる一連の批判は成功していない。久野氏の批判が黒田氏の主張と噛み合わないためである。

久野氏による批判のポイントは、ニヨッテ受身文である例(37)a・(38)aなどを取り上げて、「作用性affectivity」が認められるとする所にある。しかし、黒田氏のいう「affectivity」は本書の言う〈被影響〉にほぼ相当し、《行為者》ニ表示の場合に現れるものとされる。ニヨッテ受身文である例(37)a・(38)aには、黒田氏は「affectivity」の存在を認めていない。黒田氏が存在を認めていないものを仮定した上で、その結果生じる不合理を指摘しても、有効な批判にはならない。

また久野氏は、例(37)b・(38)bに対して、「作用性がないから成立しない」としているかのようである。しかし、黒田氏の議論は基本的に、「受身文として成り立つもののみを観察すると、「行為者ニ表示／ニヨッテ表示」の対立と「affectivity あり／なし」の対立が連動する」というものである。例(37)b・(38)bはニ・ニヨッテの使い分けを詮索する以前に、受身文として成り立たないものであるから、黒田氏としては「ニヨッテを用いればいつでも受身文が成り立つとは言っていない」と反論すれば済むことである。

例(39)「この原子力発電所は、従業員全員によって、徹夜作業をされた」については、筆者川村の内省ではそもそも非文であるが、久野氏の主張通り適格であるとしても、例(37)a・(38)aと同様、黒田氏はニヨッテ受身文に「affectivity」の存在を認めていない。黒田氏としては、「久野氏が例(39)に認める「被害」と、自分のいうaffectivityとは別物だ」と反論すれば済むことである。

例(40)「*白いボールが王に高々と打ち上げられた」、例(41)a「*Fermatの定理が、ジョンに証明された」に関する解釈では、久野氏の黒田説理解に誤解が含まれている。Kuroda(1979: 327–332)では、非情物主語のニ受身文について「タ・テイル形の結果状態読みだけが許される」と言っているのであって、主語が作用を受けたことそれ自体を報告しても、非情物主語ニ受身文として適格とはいえない。例(41)aに当たる例文が不適格であることに対するKuroda(1979: 331)の理由説明は、「抽象物であるフェルマーの定理について、ジョンの行為の結果変化した状態で存在する existing in a changed state as a result of this John's action と考えることができない」こと、つまり「結果状態表現として読めないこと」を理由としている。

　このように、久野氏の批判イiiは、黒田説の主張と噛み合わない、有効性に欠けるものであるとして、退けることができる。

二・六・五・三　ニ／ニヨッテの使い分けをめぐる久野説

次に、ニ／ニヨッテの使い分けをめぐって久野(1986: 79–83)の提唱する代案の内容を紹介、検討する。ニ受身文とニヨッテ受身文の違いについて、久野氏は、久野(1978)等で展開している「視点」の議論に結び付けて、次のように規定する。これはキャンベル一枝氏の発表[18]に依ったものである。

ニ受身文：主語寄りの視点を取る。
ニヨッテ受身文：中立の視点を取る。　（久野(1986: 79)による）

また、ニ受身文が従う制約として、次のような「視点の置きやすさ」に関するハイアラーキーを提案する。これは久野(1978)などで提案されたものである。

a　人間＞動物＞無生物（久野(1986)、(23a)。Kuno(1990)では「Humanness Empathy Hierarchy

（人間性の視点ハイアラーキー）」という）

b　主題＞非主題（久野（1986）、（23b）。久野（1978）では「談話主題の視点ハイアラーキー」）

c　x＞x に依存する対象詞（久野（1986）、（38）。久野（1978）では「対称《ママ》詞の視点ハイアラーキー」）

上記の仮定の帰結として、次に挙げる例（42）のような文をめぐる適格性の違いを説明する。

（42）a　*白いボールが王に高々と打ち上げられた。（＝例（40））

b　白いボールが王によって高々と打ち上げられた。（久野（1986）、例（24）（＝Kuroda(1979)、例（19）））

c　山田投手が投げた外角低目の速球は、王に高々と打ち上げられ、外野席を越えて場外に出るホームランとなった。（同、例（25）＝例（33）b）

久野説では、例（42）aの不適格性を、**a・b**のように仮定された視点ハイアラーキーと、ニ受身が主語寄り視点をとることとの矛盾として説明する。すなわち、例（42）aでは、生物であり、「談話の主題となっていたに違いない」（久野 1986: 79）「王」を差し置いて、無生物で非主題である「白いボール」を視点位置に据えることとの矛盾によって不適格になると言うのである（p. 79）。これに対して、例（42）bはニヨッテ受身文であるので、視点制約に従わなくても適格になると言う。例（42）cの場合は、主題化され、かつ主文・従属句の両方の主語でもあることによって、テキスト論的要請から適格度が上昇したと解釈する（p. 80）。

(43) a　*Fermat の定理が、ジョンに証明された。(=例(41) a)

b　あの定理は、誰かに証明されたはずだ／誰にも証明されていない。(=例(41) b)

久野説では、例(43) a については視点制約違反であるから不適格だと論証できる上に、例(43) b のように、不特定で「「顔」のない人間」(久野 1986: 80) が《行為者》の場合、無生物主語でも視点制約に違反しないという主張が可能となる、と言う。

例(42) a (=例(40))・(43) a (=例(41) a) の不適格性については、黒田説でも認めているし、説明も可能である。すなわち、Kuroda(1979: 327–332) は、非情物主語のニ受身文は「タ・テイル形の結果状態読みだけが許される」と考えている。したがって黒田説でも、例(42) a・(43) a のように、主語に立つモノが作用を受けたこと、それ自体を報告する受身文は非文になることが予測可能である。しかし、例(42) c・(43) b が適格になることは、黒田説からは予測できないのであって、その意味で久野氏の代案は、ニ／ニヨッテの使い分けをめぐって黒田説以上の説明能力があることになる。

しかし、例(42)・(43) のような例文を中心とした黒田説批判は、それ自体としては当たっているが、黒田説を含めた立場Bそのものの不適切性を指摘したものになっているかといえば、必ずしもそうではない。

例(42)・(43) のタイプは、個別の出来事を報告するタイプの非情物主語受身文である。このタイプの受身文（「部屋に散らかっていたものはすっかり片付けられた」など）は、古代語和文には例が見つからない。つまり、「非固有の受身文」である(二・五・四・三②—3、二・六・四)。「非固有の受身」であるものに、通常の《行為者》ニ表示のものと異なる現象が生じてもそれほどおかしいことではない。また、例(42) c (=例(33) b) が適格になるのは、二・五・七で同じ例を取り上げて論じたように、従属句中の受身構文は意味的に〈無影響〉になりやすいということの問題であろう。

久野氏の批判は、「《行為者》ニ表示であることと〈被影響〉を帯びることとは、完全に連動しているわけではない」という指摘と見る限り、的を射ている。しかし、その根拠となる例が「非固有の受身」や従属句の場合のみであるとすると、「固有の受身」で主文末の場合については、「《行為者》ニ表示＝〈被影響〉の受身」という黒田氏の了解は依然として崩されていないということになる。

なお、「久野氏による黒田説批判の検討」というこの場の趣旨からは外れるが、「ニ受身文は主語寄り視点を取る」という久野(1986)の提案にも、説明能力に限界があることを指摘しておく。今日の知見では、次のように、「潜在的受影者」の存在が読み込める場合(例(44)ａ)と「属性叙述受動文」の場合(例(44)ｂ)は、視点制約が破れても《行為者》ニ表示が可能である(高見健一 1995: 94–102)。久野(1986)の提案する視点ハイアラーキーをめぐる仮説によっても、ニ受身文の使用条件は完全に記述できるわけではない。

(44) ａ　その手紙は、太郎に破られた。(高見(1995)、例(39a))

ｂ　このペンは、イギリスの文豪チャールズ・ディッケンズに何度も使用された(ものである)。(同、例(51b))

なお、久野氏は独自にニヨッテの使用制約について述べている(久野 1986: 84f)が、この議論は黒田説と直接接触しないので割愛する。

二・六・五・四　まとめ

久野（1983, 1986）によるKuroda（1979）の批判のうち、本書の検討の範囲では、以下の二点について、久野氏の批判に有効性を認め得る。

a　黒田氏の言う「affectivity」の内実が混質的だという指摘（二・六・五・二①）

b　「あの定理は、誰かに証明されたはずだ」等の文が的確であることが黒田説では予測できないという指摘。（二・六・五・三）

ただし、右の二点がKuroda（1979）批判として当たっているからといって、立場Bに立つことそのものが不適格であるということにはならない。すでに指摘したことだが、ここで再度まとめる。

まず、**a**は、直接には、主語者に対する話者の評価のようなものまでaffectivity（本書の言う〈被影響〉）の問題として説明しようとした黒田氏の議論特有の問題である。ただし、「発生状況描写」タイプの非情物主語受身文にaffectivityすなわち〈被影響〉を積極的に認める点については、立場Bに立つ複数の論者が同様の議論を展開しており、立場Bをめぐる本質的問題であると言える。この点について本書は、すでに二・五・六において、「発生状況描写」タイプに〈被影響〉の意味を認めないことを確認した。

また**b**については、本章で行った研究史の整理の結果、問題の文は従属句にあることによって安定しているものであったり、「非固有の受身」であることが明らかになった。主文末の「固有の受身」については、黒田氏の主張の有効性は維持されている。

なお、黒田説に対する久野氏の批判について、以上のような位置付けが可能であることは、本章二・五までの研究史の整理の妥当性・有効性のひとつの傍証になろうかと思われる。

二・七　受身文の定義問題と立場A・立場B

二・七・一　意味的特徴による受身文規定をめぐる二つの立場

前節二・六まで、受身文の下位分類をめぐる伝統的な二つの立場（立場A・立場B）について、意味的特徴をめぐる議論に注目してそれぞれの展開を詳しく追い、論点を整理してきた。ここからは本章冒頭の問題提起に立ち戻り、受身文の本質把握や適切な定義のためにはどのような意味的特徴に注目するのが妥当か、検討していく。

本題に入る前に、受身文を意味的特徴によって定義することがなぜ必要か、簡単に振り返っておく。

二・五までの整理の過程で明らかなように、「受身文」と呼ばれるものには、冒頭で示した諸タイプ、すなわち、「会議が議長によって招集された」（例（3）a）、「太郎が先生にほめられた」（例（4）a）、「次郎が娘に高い服を買われた」（例（5）a）の三タイプのほか、様々なタイプが存在する。かくも多種多様な諸タイプをすべて「受身文」と称し得るような、適切な規定を与えることは可能か否か、また、どのような規定を与えることが適切か、といったことが問題になり得る。具体的な検討点は、「受身文」と呼ばれる文全体を貫く共通点はどこにあるのか、また、他の〔ラレル〕形述語文と明確に区別できる特徴は何か、という二点であろう。

まず、言わずもがなのことだが、受身文には動詞の〔ラレル〕形が述語になっているという共通性が指摘できる。しかし、〔ラレル〕形述語を取る文には、周知のように、自発文や可能文、尊敬を表す文もある。したがって、述語の形で受身文を規定するわけにはいかない。

次に、本章冒頭で取り上げたが、非受身文との対応関係があるという一種の構文的特徴をもって受身文を定義する見方がある。すなわち、非受身文の目的語（ヲ格・ニ格）が主語に立ち、非受身文の主語がニ・ニヨッテ等で表示される、などである。しかし、自発文や可能文の一部にも、次のように「非受身文との対応関係」を満たすものがある（すべてではない）。

(45) a　私には故郷の母の事が案じられる。（↔私が故郷の母の事を案じる）
　　b　次郎にセロリが食べられるものか。（↔次郎がセロリを食べる）
（例（1）再掲）

したがって、非受身文との対応関係によって受身文を定義することにも有効性がない。

受身文規定のための観点として最後に残るものは、「意味」である。〔ラレル〕形述語文の他の用法（自発・可能など）は通常意味の観点から規定されているから、受身文を他の〔ラレル〕形述語文から区別するという目的にとっては、受身文も、構文的観点を離れ、（動詞〔ラレル〕形という形態と共に）意味に注目して規定するのが最も有効である。本章ではこのような問題意識に立ち、意味的特徴に関する言説に注目しつつ受身文研究史の全面的見なおしを図ったのだった。

さて、本章の検証の結果明らかになったように、「受身文」と呼ばれる文の諸タイプは、現れる意味的特徴という観点から見ても一通りではない。しかも、「受身文」における意味の現れ方をめぐっては、異なる観点から論ずる二つの立場が存在する。すなわち、立場Ａと立場Ｂである。それぞれの立場において、受身文の表す意味的特徴はどのように見ることになるのか、すでに二・二で述べたことだが、簡潔に確認する。

(46) a 会議が議長によって招集された。
　　b 新しいビルが○○建設によって建てられた。
(47) a 太郎が先生にほめられた。
　　b 太郎が先生に話しかけられた。
(48) a 次郎が娘に高い服を買われた。
　　b 次郎が子供に一晩中騒がれた。
(例(3)・(4)・(5)再掲)

図二　立場Aの下位分類と立場Bの下位分類との位置関係

<table>
<tr><td>立場A</td><td colspan="2">〈まとも〉</td><td>〈はた迷惑〉</td></tr>
<tr><td>例文</td><td>(46)</td><td>(47)</td><td>(48)</td></tr>
<tr><td>立場B</td><td>〈無影響〉</td><td colspan="2">〈被影響〉</td></tr>
</table>

「受身文」諸タイプに現れる意味を立場Aの観点から見ると、「次郎が娘に高い服を買われた」など、例(48)(=例(5))タイプ(間接受身文)では、ガ格の「太郎」は文に述べられている事態「娘が高い服を買った」には直接関与しておらず、また〈はた迷惑〉という特別な意味を帯びる。しかし、「会議が議長によって招集された」

など、例（46）（＝例（3））タイプ（直接受身文・非情物主語・《行為者》ニヨッテ表示）や、「太郎が先生にほめられた」など、例（47）（＝例（4））タイプ（直接受身文・有情者主語・《行為者》ニ表示）には、そのような特殊な意味が現れない（〈まとも〉）。一方、「受身文」の意味を立場Ｂの観点から見る場合、例（48）タイプ（「次郎が娘に高い服を買われた」など）と例（47）タイプ（「太郎が先生にほめられた」など）は、主語者（「次郎」「太郎」）が「娘が高い服を買った」「先生が太郎をほめた」という事態から何らかの影響を被ること（〈被影響〉）を表していると言えるが、例（46）タイプ（「会議が議長によって招集された」など）にはそのような意味は現れない（〈無影響〉）。

なお、「太郎が先生にほめられた」など、例（47）タイプ（直接受身文・有情者主語・《行為者》ニ表示）は、〈はた迷惑〉を帯びないという点で例（46）タイプ（「会議が議長に招集された」など）と共通の特徴を有し、一方、意味的に〈被影響〉であるという点で例（48）タイプ（「次郎が娘に高い服を買われた」など）と共通の特徴を有する。そのため、例（46）〜（48）の諸タイプは、例（47）のタイプをいわば要として、例（46）、例（48）も含め、一つのまとまりをなしているかのように見える。従来、例（46）〜（48）をひとまとめにして「受身文」という一つのラベルを張り、そのことに何ら問題を感じていないのは、このような了解が成り立つからだろう。

しかし、厳密に意味的特徴によって受身文を規定しようとすれば、例（46）・（47）の間に見られる共通性（つまり、意味的に〈まとも〉であること）と、例（47）・（48）の間に見られる共通性（〈被影響〉の意味を帯びること）とのいずれかに着目して規定せざるを得ない。すなわち、意味的特徴に基づいた受身文規定にあたっては、立場Ａによる観点か、立場Ｂによる観点かのいずれかに決定的に立つことが要請されるのである。

このように、受身文を厳密に意味的特徴によって規定するという要請のもとでは、本来「受身文の下位分類」

をめぐる二つの立場であった立場A・立場Bが、「受身文の定義」をめぐる二つの立場として改めて位置付けられることになる。

立場Aは、基本的に英語などの受動文に受身文の典型を求め、それに対応しない一部の日本語受身文を異質なものと見る立場であった。Aの立場で受身文を意味から定義すれば、「〈まとも〉な受身文」（例（46）・（47）タイプ）こそが受身文であるということになる。本章では、「〈まとも〉な受身文」の意味的特徴について、議論の都合上〈はた迷惑〉との対照にのみ注目し、〈はた迷惑〉という特別な意味を〝帯びない〟という消極的な規定を与えていた。しかし、直接受身文（その多くは「〈まとも〉な受身文」）の意味的特徴を、対応する能動文との対立において「動詞の表す動作・作用等の方向」に見る論者もある。すなわち、能動文の場合は主語（《行為者》）から非主語（《対象》）へ動作・作用が向かうのに対し、受身文の場合は非主語（《行為者》）から主語（《被影響者》《対象》）へ動作・作用が向かうのであって、この点が、受身文の意味的特徴であると考えるのである。川端善明（1978）、野村剛史（1990）、井島正博（1988）、Tsuboi, E.（2000）などの受身文理解は、事実上この立場に立っていると言える。近時では柴谷方良（2000）が、伝統的な西洋文法における受動文の規定を参照しつつ、明確にこの立場を打ち出している。その他、いわゆる「普遍文法」や、「受動文の通言語的特徴」などへの関心から日本語受身文を見る論者は、自然に立場Aに立つことになろう。

一方、立場Bは日本語（固有の）受身文をまとまりのある一つの文類型と見て、それとは異なる新タイプの受身文を異質なものと見る態度であった。Bの立場で受身文を意味から定義すれば、〈被影響〉の受身文（例（47）・（48）タイプ）こそが受身文であるということになる。〔ラレル〕形述語文の多義の構造や、日本語受身文の歴史に注目する場合は、当然立場Bに立つことになろう。すでに何度か言及した山田孝雄（1908）、三矢重松（1908）、松下大三郎（1924, 1928, 1930）、Kuroda（1979）、黒田（1985）、益岡隆志（1982, 1991, 2000）、金水敏（1991, 1992a, 1993）、Kinsui（1997）などはこの立場に立つ議論であり、近時では尾上圭介（1998a, 1999, 2000, 2003）が明確にこの立場に立った議論を展開している。

A・Bどちらの立場に立って受身文を定義するにしても、従来言われている「受身文」の一部は、再定義された受身文からははじき出されてしまうことになる。すなわち、立場Aによる定義に従う場合は、〈はた迷惑〉を帯びる受身文（「次郎が娘に高い服を買われた」など、例（48）タイプ）は意味的に〈まとも〉でないから受身文とは言えず、受身文からの二次的拡張だということになる。川端（1978）、野村（1990）、井島（1988）などには、間接受身文を直接受身文からの二次的拡張と見る言説が認められるし、最近の議論では、Tsuboi（2000）、柴谷（2000）などに同趣旨の主張が見られる。また、nonuniform theory の論者は（受身文を意味から規定していたわけではないけれども）事実上同様の主張をしていたことになる。

一方、立場Bによる定義に従う場合、「会議が議長によって招集された」など、例（46）のタイプ（非固有の非情物主語受身文）は、意味的に〈被影響〉ではないから受身文とは言えず、受身文の構文的特徴（能動文ヲ格項の主語化）を流用して二次的に拡張したものだと位置付ける。こうして、非固有の非情物主語受身文を受身文から排除することになる。松下（1930）、金水（1991, 1993）などはまさにこの立場を取っている。

さらに、二・五・四・三②―1で取り上げた、「パジャマが廊下に脱ぎ捨てられている」（例（20）b）、「所せき御装束の下襲ひきちらされたり」（枕　104段　例（21）b）など、「発生状況描写」タイプのものは、古代語にも存在する（固有の）受身文だが、「〈無影響〉の受身」である（このことは二・五・六で確認した）。したがって、立場Bによる定義に従えば、「発生状況描写」タイプもまた受身文から切り離し、受身文とは別タイプの

〔ラレル〕形述語文として位置付ける必要がある。例えば、尾上(2003)の〔ラレル〕形述語文の用法分類では、この種の文を「受身用法」から切り離して「発生状況描写用法」という別種の用法として位置付ける。

以上確認すると、受身文を「意味」によって定義しようとすると、立場A・立場Bのいずれかに立たざるを得ず、また、どちらの立場に立つかによって、〈はた迷惑〉を帯びる受身文、または〈無影響〉の受身文を受身文から除かざるを得なくなる、ということである。そして、立場A・立場Bのいずれに立つかは、受身文をめぐる問題関心のあり方と決定的に結びついている、ということである。

二・七・二　「受身文」の再規定——研究史見なおしの成果として——

本書はA・Bどちらの立場で受身文を規定することになるのか。今までの叙述で半ば明らかではあるが、改めて確認する。

結論から言うと、本書は基本的にBの立場に立った受身文規定を行う。すなわち、二・五・五における検討に基づき〈被影響〉を「有情の主語者が感じる被影響感」と規定した上で、「〈被影響〉を表す〔ラレル〕形述語文」を〝受身文〟と定義する。

受身文：〔ラレル〕形述語を持つ文のうち、「(有情の)主語者が感じる被影響感」としての〈被影響〉を表すもの

その帰結として、二・七・一で述べたように、非固有の非情物主語受身文を受身文規定から除く。そして、従来議論のあった「発生状況描写」タイプの受身文については、二・五・六の検討に基づいて受身とは解釈せず、

尾上圭介（2003）の主張に従って、受身文から切り離し、ラル形述語文の別種の一用法として位置付ける（三・二・六）。

本書が右のような受身文規定を選択する事情は、以下のとおりである。

本章の問題意識の出発点は、日本語受身文が〔ラレル〕形述語文の一下位類であり、同じく動詞〔ラレル〕形を述語とする自発文や可能文などと相並ぶものとしてある以上、受身文の過不足ない規定のためには、意味的特徴による必要があるというものであった。Ｂの立場に基づく「〈被影響〉を表す〔ラレル〕形述語文」という規定は、自発文や可能文などから受身文を積極的に区別できるものであり、問題なく本章の課題を満足する。

ただし、立場Ａに立つ場合でも、右の要請を満足させることは可能である。すなわち、柴谷方良（2000）などが主張するように、直接受身文（あるいは〈まとも〉な受身文）を「非主語（《行為者》）から主語者（《被影響者》《対象》）へ動作・作用が向かうことを表す〔ラレル〕形述語文」と規定する（二・七・一で言及した）場合でも、自発文や可能文などは「動作・作用の方向」には無関心な文類型であるから、やはり受身文を他の〔ラレル〕形述語文から積極的に区別することができる。他の動詞〔ラレル〕形述語文から区別できる受身文規定を与える、という要請に対する有効性そのものについては、立場Ａと立場Ｂとの間に特別な優劣の差はない。

そのことを了解しつつ、本書が敢えて立場Ｂに基づく受身文規定を選択するのは、研究史の整理から直接に出てくる要請というよりは、本書が古代語ラル形述語文を主たる議論の対象とすることからくる要請による。

後に三・二で詳しく論ずるが、古代語ラル形述語文では、少なくとも中古には間接受身文（あるいは〈はた迷惑〉の受身文）が確実に存在し、上代にも間接受身文は存在したと見てよい（〈はた迷惑〉の受身文が存在したかどうかは不詳）。また、非情物主語受身文について言えば、（近代以降一般化した）非固有の受身文はもちろん存在しない上に、二・五・六ですでに確認したように、非情物主語受身文の述語動詞の形態が～ラレタリにほぼ局限されている（つまり「発生状況描写」タイプに限定されている）。そこで、古代語ラル形述語文の用法記述（第三章で行う）や、ラル形述語文の多義の検討（第四章で行う）の際には、間接受身文を受身文に含める一方、「非固有の受身」と「発生状況描写」タイプとをともに（少なくとも典型的な）受身文から除くような規定が求められる。

立場Aは、そもそも直接受身文（あるいは「〈まとも〉な受身文」）をこそ受身文と見て、間接受身文（あるいは「〈はた迷惑〉の受身文」）を受身文規定から除く立場である。また、主語の有情・非情や歴史的な新旧には関心を持たない。したがって、古代語ラル形述語文をめぐる右の要請に応じることはできない。それに対して、立場Bは、「〈被影響〉の意味を表す」という点に受身文の本質を見出すので、間接受身文を問題なく受身文に含めることが可能であると同時に、〈被影響〉の意味を表さないものは受身文から除くことができる。本書のように、Bの立場に立ち受身文を「〈被影響〉を表す〔ラレル〕形述語文」と規定してこそ、ラル形述語文研究をめぐる右の要請を満足させることができるのである。

なお、同じBの立場に立つ議論でも、「発生状況描写」タイプを「〈被影響〉の受身」と見る議論（山田（1908）ほか）もあるが、この議論は、すでに二・五・六で検討したように、「〈被影響〉」の内実が混質的になるという問題点があるとともに、「発生状況描写」タイプの述語の形態が（ことに主文述語としては）タリ形に局限されることの説明に窮する。本書では、むしろ「〈被影響〉」の内実を有情者主語受身文特有の意味であると狭く規定すると同時に、「発生状況描写」タイプを受身に含めないことによって、山田（1908）等の問題点を回避している。

少なくとも、受身文、あるいは〔ラレル〕形述語文の歴史的研究をはじめ、「固有の受身」を積極的なひとまとまりの文類型として扱うことが要請される場においては、本書の受身文規定が最も妥当だということができる。

さて、本書が受身文の再規定にあたって立場Ｂに立つ動機は、直接には古代語ラル形述語文をめぐる用法記述や多義の構造をめぐる検討の側からくる要請に拠っていた。けれども、古代語ラル形述語文を論ずる際に立場Ｂに立つことが適切だと了解すること、具体的な再規定の中身を「〈被影響〉を表す〔ラレル〕形述語文」とすること、またその際に〈被影響〉の内実を従来の議論よりも踏み込んで規定することなどは、意味的特徴をめぐる研究史の整理なしには不可能である。すなわち、意味的特徴から見た日本語受身文の下位分類をめぐってどのような立場があるか、受身文の諸タイプはそれぞれどちらの立場で注目されるのか、そして、それぞれの立場が抱える問題点がどこにあるか、といったことへのきめ細かい検討・確認の上に立って初めて、本章の結論を導き出すことができる。本書の受身文規定は、本章で展開した、意味的特徴をめぐる言説に注目した研究史の全面的見なおしがあってこそ、可能なのであった。

最後に、本書の受身文規定の直接の先行研究を取り上げ、その研究史上の位置を確認し、本書との位置関係について述べる。

すでに何度か言及している尾上圭介（1998a, 1999, 2000, 2003）は、動詞〔ラレル〕形述語文の多義の構造をめぐる一連の議論の一環として、「受身用法」を意味的特徴から規定している（二・五・五で言及した）。

> 他者の行為や変化（典型的には他者の意志と他者の力の発動）の結果、あるものが自らの意志とは関係なく（いやおうなく）ある立場に立つことになるという事態把握のあり方（尾上 1999: 88）

その際、いわゆる「固有の受身」を検討の対象とし、「非固有の受身」は「受身用法」の規定からは除く。また、尾上（1999）までは、古代語に見られる非情物主語受身文（本書の言う「発生状況描写」タイプ）をも「受身用法」の中に含めていたが、尾上（2000, 2003）では、古代語の非情物主語受身文を「発生状況描写用法」という〔ラレル〕形の別用法として立て（二・五・六で言及した）、「受身用法」を有情者主語に限定する。

尾上氏の議論は、直接には動詞〔ラレル〕形述語文の多義の構造をめぐる議論であるが、受身文研究史に位置付けるならば、Bの立場に立つ議論の一つであって、立場Bにおける二つの論点について、積極的な主張を行ったものということになる。第一に、従来精密な規定がなされていなかった〈被影響〉の意味について、初めて自覚的な内実規定を行ったこと、第二に、立場Bの議論において位置付けが困難であった「発生状況描写」タイプを受身文から切り離したことである。

本書は、立場Bに立って受身文を再規定するにあたり、尾上氏の論を立場Bの最前線に立つ議論と了解し、右に掲げた尾上氏の二つの積極的主張を受け継いでいる。第一の主張、すなわち、尾上氏の〈被影響〉規定からは二点について示唆を受けた（〈被影響〉の内実を「主語者の被影響感」であると見る点、「主語者の被影響感」を「話者の事態把握の仕方」の結果現れる意味であると捉える点。二・五・五で述べた）。また、第二の論点、すなわち、「発生状況描写」タイプを受身文から切り離すという主張については、そのまま従っている。

注

1　本章は川村（2011）を川村（2003, 2004, 2008a）の記事を用いて大幅に加筆増補したものである。

2　一部の論者は、受身文主語と非受身文のカラ格名詞（太郎は次郎に会費を徴収された。↔次郎は太郎から会費を徴収した)やト格名詞(太郎は次郎に絶交された↑↓次郎は太郎と絶交した)との対応関係も認める。

3 直接受身文「太郎が次郎に殺された」のような文も「悪影響」を表しているといえるが、その際の「悪影響」とは、対応する非受身文「次郎が太郎を殺す」にも認められるタイプのものである。この種の「悪影響」は〈はた迷惑〉とは言わない。

4 用語「はた迷惑」「まとも」は、三上章(1953)の「はた迷惑の受身/まともな受身」からの借用である。ただし、三上氏自身の「はた迷惑の受身/まともな受身」は、受身文の意味の観点ではなくて、能動文との対応関係の有無の観点から定義されている。

5 「会議が議長に招集された」のように《行為者》項を敢えてニで表示すると、当該受身文で述べられている事柄の成立にともなって、文中には表れない有情者(益岡隆志(1991)「潜在的受影者」)が何らかの影響を被るという意味を帯びてしまう(川村 2003, 2004)。例えば、「会議が議長に招集された」であれば、「議長と話し合って会議の招集は延期するよう申し合わせたのに、議長が勝手に会議を招集してしまった」などの含みが読み取られる。「潜在的受影者」の存在が読み取れるタイプの受身文については、二・五・四・三①—2で述べる。

6 ただし佐久間氏は、他動詞のニ格目的語が主語に立つものをも間接受身文の一種とする(佐久間(1951)も同様)。佐久間氏の論を受ける三上(1953)では、ニ格目的語が主語に立つものを「まともな受身」(直接受身文)に含める。

7 本書では紹介を割愛するが、直接受身文と間接受身文の構文上の異質性を示唆する文法現象がいくつか指摘されている。例えば「自分」の先行詞解釈をめぐる現象(Kuno 1973、McCawley 1972a, 1972b)など。その他、川村(2008a)、今井新悟(2010)に整理がある。

8 Wierzbicka(1979a)については、清海節子(2001)にも紹介がある。

9 山田(1908)はここで「影響」という用語を極めて広い意味で用いており、本書が後に「「発生状況描写」タイプ」と呼び、「〈無影響〉」だとするもの(例(21))も、モノが影響を受けていることを傍観者的に描写するものだと述べている(同 pp. 377f, 380)。

10 以下に挙げる諸タイプとは別に、《行為者》が《場所》としても解釈されるためにニ表示が許容される非情物主語受身文もある(工藤真由美(1990)など)。栗原由加(2005)は、このタイプの受身文を「定位のための非情物主語ニ受身文」と呼び、「オーストラリアで見られる全ての景色が、この島に凝縮されています。」など四つのタイプの存在を指摘する。

11 「*」は、当該の語句または文が不適格であることを示す。判定は、特に断らない限り筆者川村による。

12 「属性叙述受動文」に〈被影響〉を認めようとする議論もある(井上知子(1996)、杉本武(2000: 35)、天野みどり(2001a, 2001b)、坪井栄治郎(2002))。一方、これらの説への反批判として和栗夏海(2005)がある。

13 擬人化タイプ、「潜在的受影者」タイプ、「発生状況描写」タイプの三種に収まらない例文も近世以前の資料にないではないが、それらには漢文訓読の影響が指摘できる(金水敏(1991)、岡部嘉幸(未公刊))。

i　優曇華の一切に皆愛楽(せ)らエ、天人に希れらに有(り)と(せ)所《らえ》て(山田本妙法蓮華経方便品古点、大坪併治(1981: 688)例(一九)により訓み下し)

ii　……、はては、嵐にむせびし松も千年を待たで薪にくだかれ、古き墳はすかれて田となりぬ。(徒然　30段　岩波書店「日本古典文学大系」)

例えば右の例(i)のように、漢文訓読文では、モノの属性を叙述するとみられる例など、他のタイプの非情物主語受身文も見られる(金水1991: 7)。また、例(ii)の『徒然草』の一節には、岡部(未公刊)も言及しているように、「古墓犂為田松柏摧為薪」(『文選』十五 122「古詩十九首」の一節)の影響が認められる(小学館「日本古典文学全集」の注など)。漢文訓読体とは一種の外国語直訳体であるから、和文では例外的な用例が存在してもおかしくない。

14 なお、古代語から存在する(「固有の受身」の)非情物主語受身文には、「発生状況描写」タイプのほかに、擬人化タイプと「潜在的受影者」タイプもある(二・五・四・三)が、後の二タイプは事実上有情者主語の受身文に準じるものとして扱ってよい。

15 なお、山田孝雄(1908)は、古代日本語に非情物主語受身文が存在することを指摘した上で、「非情物が文主たりとも現に吾人の見る所によれば確に非情物甲が乙なる物の影響をうけてありと吾人が認めたる時」(同 pp. 377f)には受身文が成立するのだと述べている。ここで山田氏が非情物主語の受身文としているものは、本書が「「発生状況描写」タイプ」と呼ぶものである。そこで山田氏が言う「影響」とは「物理的被作用」のことであって(次の二・五・六でも触れる)、本書が今問題にしている「主語者(典型的には有情者)の感じる被影響感」とは別のものである。

16 ここで尾上(1999)がいう「あるもの」には、有情者だけではなく、非情物(「発生状況描写」タイプの場合の主語)が含まれている。尾上氏は後に、尾上(2000, 2003)で、「発生状況描写」タイプを意味としての受身を表さないものと位置付け、「受身用法」とは別の〔ラレル〕形述語文の一用法(発生状況描写用法)として位置付ける。この結果、尾上氏の言う「あるもの」とは、有情者に限定されることとなった。

17 後に益岡氏は、益岡(1991)において、「この町は日本軍に破壊された」というタイプの文は「潜在的受影者」が存在する受身文(つまり、事実上有情の被影響者が存在する文)であるとし、「物理的受影性」による説明を事実上撤回する。

18 Campbell, K. (1983) Passive Sentences with an Inanimate Subject in Japanese. Presented at the Conference on Japanese and Korean Linguistics and Language Teaching, May 6–8,1983, Harvard University. (久野(1986)による)

第三章　ラル形述語文の諸用法

三・一　本章の課題と記述の方針

本章では、第一章で掲げた本書の三つの課題のうち、第二の課題を扱う。すなわち、古代語和文に見られる動詞ラル形述語文の諸用法を再確認し、必要に応じて新規に用法を認定する。また、諸用法を意味・文法の両面にわたって記述する(1)。

検討の出発点として、従来知られている受身・自発・可能・尊敬の四用法をまずは認める。先行研究からも、筆者による用例の検討の結果からも、受身など四用法の存在を否定する根拠は出てきていない。ただし、この後に述べる検討の結果から、さらに二用法を新規に認める。

諸用法の定義の仕方については、従来、自発・可能・尊敬の三用法がそれぞれ(表現上現れる)意味的特徴によって認められるものであることから、本章における各用法の定義も、受身用法の場合を含め、表現上の意味的特徴によるものとする。受身用法を意味的特徴によって再定義することの必要性、また、具体的にどのような意味的特徴によって定義するかということについては、第二章において検討したところである。

定義に用いる意味規定は、可能な限り精密に施すこととする。例えば自発用法なら自発用法とされる文全体に共通する意味規定であり、かつ、少なくとも定義レベルでは他の用法の意味規定と明確に区別できるような規定を目指す(2)。このことは、本章の課題である諸用法の記述のために不可欠であるのみならず、第四章において多義の構造を検討する際に議論の混乱を避けるためにも必要である。この方針に立つ結果、例えば「受身用法」の再定義によって、いわゆる「受身文」の一部を「発生状況描写用法」として別立てすることとなる。(このことは第二章ですでに述べた。古代語ラル形述語文における具体的な検討は三・二で行う。)またいわゆる「可能文」の相当部分は「意図成就用法」として再定義され、その残余が「可能用法」となる（三・四で論ずる）。

一方、ラル形述語文に見られる格体制を中心とした文法的諸特徴は、用法ごとに異なっている。意味と格体制との間に対応関係はあるのか、当然確認の必要がある。本章では、ラル形述語文の諸用法の整理に当たって、格体制をはじめとする文法的な諸特徴についても記述してゆく。

三・二　受身用法・発生状況描写用法

三・二・一　「受身文」をめぐる検討点

第二章では、いわゆる「受身文」を〔ラレル〕形述語文の一タイプとして捉えなおそうとする限り、受身文は意味的特徴から規定する必要がある、という問題意識の下に、受身文の意味的特徴をめぐる研究史を詳しく整理した。そして、従来「影響」「受影性」などと呼ばれている意味的特徴、すなわち〈被影響〉の内実を、（話者の事態把握としての）「主語者の感じる被影響感」と再定義した上で、改めて〝受身文〟を「〈被影響〉を表す〔ラレル〕形述語文」と規定した。

右の結論は、もちろん受身文研究史の詳細な検討の上に立って初めて導き得たものであったが、受身文を右のように規定した直接の要請は、本書が古代語ラル形述語文を主たる議論の対象とするということにあった。

二・七・二において予告的に述べたことだが、再度確認する。古代語ラル形述語による「受身文」には、すでに（遅くとも中古には）間接受身文（「次郎が三郎に先を越された」などに相当する）が存在する。それに対して、「会議が議長によって招集された」などの「非固有の受身」は、近代以降一般化したものだから、もちろん古代語には存在しない。また、古代語に存在する非情物主語受身文は非常に限定されたあり方をしている。すなわち、擬人化タイプ（「秋の野の露に置かるる女郎花」（後撰275）など）、「潜在的受影者」タイプ（「大和魂の世に用ゐらるる方」（源氏　少女）など）という、事実上の「〈被影響〉の受身」を除くと、非情物主語受身文は（特に主文末の場合）述語動詞の形態が〜ラレタリにほぼ局限され（「下襲ひきちらされたり」（枕　104段）など）、状況描写表現を行うものばかりである。古代語の「受身文」に見られるこのような状況を適切に捉えるためには、一方では間接受身文を問題なく受身文に含めることができ、一方では（〈無影響〉の）非情物主語受身文の特殊なあり方を適切に位置付けられるような受身文規定が必要である。第二章で示した、〈被影響〉による受身文規定は、その要請に適うのである。

ただし、第二章では受身文規定に際して必要な範囲で古代語のいわゆる「受身文」の概略を提示しただけで、実例に基づいた詳細な記述を示したわけではない。

本節三・二では、第二章で示した〝受身文〟規定を要請した文法的事実を中心に、古代語和文のいわゆる「受身文」の記述を行っていく。

まず、「受身文」の格体制を確認し、次いで直接受身文（「太郎が先生にほめられた」に相当）の存在を当然のことながら確認する。その後、第二章における受身文規定の直接の動機となった二つの事項について詳しく述べる。すなわち第一に、間接受身文の存在を確認し、その種類を記述する。その際、〈はた迷惑〉という意味の存否もあわせて検討する。第二に、非情物主語受身文の下位類について、どのタイプがいつから存在するかを確認し、その意味的特徴等も記述する。最後に、〈被影響〉という意味的特徴から受身文を規定することが、いわゆる「受身文」の状況を適切に捉えることを再確認し、改めて「受身用法」を定義する。そして、いわゆる「受身文」のうち、新たに定義された「受身用法」からはじき出されるもの（「発生状況描写」タイプ）を「発生状況描写用法」として新たに位置付ける。

なお、これ以降三・二・五の末尾まで、「受身文」という記法は、特に断らない限り「いわゆる受身文」の意味で用いる。

三・二・二　格体制

受身文では《被影響者》あるいは《対象》が主語に立つ。格助詞によって表示される場合はガ・ノが現れる。一方《行為者》が文中に現れる場合はニで表示される[3]。

(1) a 【薫は】わが、かく、人にめでられんとなりたまへるありさまなれば、……(源氏　匂宮)

b 「いと便なきことなれど、かの宇治に住むらむ人は、はやうほのかに見し人の行く方も知らずなりにしが、大将【=薫】に尋ねとられにける、と聞きあはすることこそあれ。……」(匂宮—大内記)(源氏　浮舟)

c わざとにはあらで時々物言ひふれ侍ける女の、心にもあらで人に誘はれて、まかりにければ、宿直物に書きつけてつかはしける(後撰613　詞書)

d あをやかなる御簾の下より、几帳の朽木形いとつややかにて、紐の風に吹きなびかされたる、いとをかし。(枕　89段)

e ある人のもとに、新参りの女の侍けるが、月日ひさしくへて、正月のついたちごろに、前ゆるされたりけるに、雨のふるを見て(後撰4　詞書)

f　二郎が【大夫監に】語らひとられたるも、【乳母】いと恐ろしく心憂くて、この豊後介をせむれば、……（源氏　玉鬘）

g　「例の、心なしの、かかるわざをしてさいなまるるこそ、いと心づきなけれ。……」（少納言）（源氏　若紫）

h　おぼつかなきもの……。物もまだいはぬちごの、そりくつがへり、人にもいだかれず泣きたる。（枕　70段）

i　「……。荒れたる所は、狐などやうのものの、人をおびやかさんとて、け恐ろしう思はするならん。まろあれば、さやうのものにはおどされじ」（源氏―右近）（源氏　夕顔）

右の例（1）a・bは《被影響者》（「わ」「はやうほのかに……なりにし」）がガ、《行為者》（「人」「大将」）がニで表示されたものである。例（1）cは《被影響者》（「わざとにはあらで時々物言ひふれ侍ける女」）がノ、《行為者》（「人」）がニで表示されている。例（1）dは《対象》（「紐」）がノ、《行為者》（「風」）がニで表示されたものである。同様に、例（1）e・fは《被影響者》ガ表示の例、例（1）g・hは《被影響者》ノ表示の例、例（1）h・iは《行為者》ニ表示の例である。

三・二・三　直接受身文

「太郎は山田先生にほめられた」など、いわゆる「対応する能動文」を有する受身文、すなわち直接受身文は、言うまでもなく古代語にも存在する。前節三・二・二で示した例（1）はいずれも直接受身文であるが、さらに用例を追加する。例（2）a～dは有情者主語、例（2）e～hは非情物主語のものである。

（2）a　「あな恐ろしや、春宮の女御のいとさがなくて、桐壺更衣の、あらはにはかなくもてなされにし例もゆゆしう」（藤壺母君）（源氏　桐壺）

b　「……。人の品たかく生まれぬれば、人にもてかしづかれて、隠るること多く、自然にそのけはひこよなかるべし、……」（頭中将―源氏）（源氏　帚木）

c　「……。されど、かしこしとても、一人二人世の中をまつりごちしるべきならねば、上は下に助けられ、下は上になびきて、事ひろきにゆづらふらん。……」（左馬頭―君達）（源氏　帚木）

d　「……。【男から身を隠す女は】「心深しや」など、ほめたてられて、あはれ進みぬれば、やがて尼になりぬかし。……」（左馬頭―君達）（源氏　帚木）

e　つとめて、その家の女の子ども出でて、浮海松の浪によせられたる拾ひて、いゑの内に持て来ぬ。（伊勢　87段）

f　すぎにしかた恋しきもの　……。二藍・葡萄染などのさいでの、おしへされて草子の中などにありける見つけたる。（枕　30段）

g　香染のひとへ、もしは黄生絹のひとへ、くれなゐのひとへ、袴の腰のいとながやかに、衣の下よりひかれ着たるも、まだとけながらなめり。（枕　36段）

h　蓬の車に押しひしがれたりけるが、輪の廻りたるに、近うちかかりたるもをかし。（枕　223段）

有情者主語の受身文については、意味的に〈被影響〉であると言ってよい。ただし、〈はた迷惑〉の意味が出る場合の有無については、議論の便宜上、間接受身文とあわせて次節三・二・四で検討する。非情物主語の受身文には、タイプによって意味的に〈被影響〉のものと〈無影響〉のものがある。詳細は三・二・五で検討する。

三・二・四　間接受身文、〈はた迷惑〉の受身文

三・二・四・一　古代語の間接受身文をめぐる検討点

「次郎は娘に高い服を買われた」「次郎は子供に泣かれた」などの間接受身文は、「対応する能動文」を持たず、また、（多くの場合）「主語者が文に述べられた事態から間接的に悪影響を被る」（〈はた迷惑〉）という特別な意味を表すという点で、直接受身文とは異質である。受身文の下位分類や受身文規定をめぐる議論においては、間接受身文を直接受身文から切り離して別タイプの文類型と見なすか、あるいは、間接受身文を直接受身文と共に一まとまりの文類型をなすと認めるか、ということが、一つの大きな論点であった。（以上のことは第二章で詳しく述べた。）古代語ラル形述語文に間接受身文（あるいは「〈はた迷惑〉の受身文」）の例が存在するのか、また、存在するとすればどのような下位類型が存在するのかは、記述上の論点の一つであるのみならず、古代語において受身文という文類型をどう規定すべきかを検討する際の注目点の一つでもある。

近世およびそれ以前の間接受身文（あるいは〈はた迷惑〉の受身文）の類型をめぐって、堀口和吉（1982, 1983, 1990）は次のような指摘を行っている。三上章（1953）の言う「はた迷惑」の意味が出る受身文の種類が、中世までは現代よりも限られているというのである。堀口氏の議論の主な主張のみを本書の用語で適宜言い換えながら整理すれば次のようになる。

イ　古代語のいわゆる「自動詞の受身」(「(雪に)降らる」「(風に)吹かる」「(人に)騒がる」など)は、対応する非受身文に「～ニ」の項の存在を想定できる「直接の受身」(本書の直接受身文)である。意味的には〈まとも〉である。(堀口 1983: 41)

川竹の風に吹かれたる、(枕　119段)←→「風ガ川竹ニ吹ク」

この騒がれし女の兄どもなむ、(大和　168段)←→「女ニ、世人、騒グ」

ロ　他動詞の間接受身文は、中世までは次の二種類である。

i　主体に属するものに対する受身：意味的には〈まとも〉。(同 pp. 42–45による。鈴木重幸(1972)「もちぬしのうけみ」に当る)

薪伐りほとほとしくに手斧取らえぬ(万葉 1403)

【女に】名残思ひいでられんとことばをつくして出づるに、(枕　180段)

ii　主体が行為の対象としたいものや、主体が占有したいもの(しかしまだ主体に属していないもの)に対する受身:〈はた迷惑〉の意味が出る。(同 pp. 45–48による。堀口(1990)では「競合の受身」と呼ぶ)

「……、【連中が清少納言に】呉竹の名をいととくいはれて、往ぬるこそいとほしけれ。……」(枕　137段)

ハ　イ・ロに指摘したもの以外の間接受身文は近世以降の成立である。

（堀口（1982: 86）、同（1983: 47）による）

堀口氏は、古代語に間接受身文がなかったとも、「〈はた迷惑〉の受身」が存在しなかったとも言っているわけではない。堀口氏は、〈はた迷惑〉の意味を帯びる間接受身文は、近世以前はロのii（競合の受身）に限定されていた、と言っているのである。特にハの指摘は重要で、自動詞による「〈はた迷惑〉の受身」はロのiiの類を経由して近世以降に成立したことを示唆している（堀口 1983: 48）。

堀口氏の主張のうち、イについては、後に井島正博（1988）・柴谷方良（2000）も同様の指摘を行っている。すなわち、古代語の「自動詞の受身」には、「沫雪に降らえて咲ける梅の花」（万葉 1641）のように、述語動詞の表す動きが事実上主語者に及んでいると言えるものが多く、「〈はた迷惑〉の受身」と言えるものに乏しい、という。しかし、古代語の間接受身文全般について、堀口氏の指摘を検証したものは、管見では見当たらない。

本節三・二・四では、右の堀口（1982, 1983, 1990）の主張を検証する形で間接受身文の検討を行う。議論の便宜として、まず比較的用例の豊富な中古において、「もちぬしのうけみ」タイプなどの他動詞による間接受身文の類型を確認し、〈はた迷惑〉の意味の有無を検討する。次いで同じく中古における自動詞による間接受身文の類型を検討する。最後に、用例の慎重な検討を要する上代について、間接受身文の存否、〈はた迷惑〉の受身文の存否について検討する。

なお、堀口氏は、間接受身文に限って〈はた迷惑〉の意味の有無を問題にしているが、二・四・三・二で述べたように、〈はた迷惑〉の意味が出るのは間接受身文に限らない。直接受身文であっても、「僕は彼に見られた」

（第二章例（6）a）「小沢さんは鈴木さんに二時間も待たれた」（第二章例（6）b）のように、〈はた迷惑〉の意味が出る場合がある。以下の検討に際しては、このことに留意し、間接受身文のみならず、〈はた迷惑〉の意味を表す直接受身文の有無にも目配りする。

三・二・四・二　中古の他動詞ラル形による間接受身文、〈はた迷惑〉の受身文

中古和文には間接受身文の用例が存在する。ただし、現代語に比べてタイプの広がりに乏しい。いわゆる「もちぬしのうけみ」タイプのものは、身体部位など、直接の動作対象が主語者と分離不可能な場合（例（3）a〜d）も、衣服など、直接の動作対象と主語者が分離可能な場合（例（3）e〜h）も、いずれも例が認められる。

（3）a　年をへて生けるかひなき我が身をば何かは人に有と知られん（後撰 940）

b　古代の人の指貫着たるこそ、いとたいだいしけれ。……猿の手結はれたるやうにほどき立てるは、とみのことにいでたつべくも見えざめり。（枕　272段）

c　……、【薫は】心にまかせてはやりかなるすき事をさを好まず、よろづの事もてしづめつつ、おのづからおよすけたる心ざまを人にも知られたまへり。（源氏　匂宮）

d　……、【夕顔は】なかなか恥ぢかかやかんよりは罪ゆるされてぞ見えける。（源氏　夕顔）

e　石川の高麗人に帯を取られて（於比乎止良礼天）からき悔する（催馬楽　呂　石川）

f　……かいまみの人、隠れ蓑とられたる心地して、あかずわびしければ、……（枕　104段）

g　……、牛飼童、なりいとつきづきしうて、牛のいたうはやりたるを、童はおくるるやうに綱引かれて遣る。（枕　203段）

h　……己が子を鷹に捕られて（於乃加古乎太加尓止良礼天）泣く鳩の目には見えずて音のさやけさ（風俗歌　たのしりはやし）

「もちぬしのうけみ」タイプ以外の、他動詞を用いた間接受身文の確実な例は、調査範囲では次の例が指摘できる程度である。

（4）a　「……。御前の竹を折りて、歌よまむとてしつるを、おなじくは職にまゐりて、女房など呼び出できこえてと、もて来つるに、呉竹の名をいととくいはれて、往ぬるこそいとほしけれ。……」（行成―少納言）（枕　137段）

b　【薫に返歌】……と書きたる手、ただかたそばなれどよしづきて、おほかためやすければ、誰ならむ、と【薫】見たまふ。今【明石中宮の所へ】参うのぼりける道に、ふたげられてとどこほりゐたるなるべし、と見ゆ。（源氏　蜻蛉）

これらの間接受身文に、〈はた迷惑〉の意味は認められるだろうか。

まず、例（3）の、「もちぬしのうけみ」タイプの場合、主語者である《被影響者》の被る影響は利・害いずれでもある。また、恩恵・被害の意味は、文に述べられている事柄の種類によって決まっている。例えば例（3）a

の言う「……我が身をば何かは人に有と知られん」の場合、「自分の存在を他者が知る」ことは、受身文の主語者にとって利・害いずれでもあり得る（が、歌の詠者は「知られたくはない」と言う）。例（3）cの言う、「およすけたる心ざまを人に知らる」という事態や、例（3）dの「罪ゆるさる」は、主語者（薫・夕顔）にとって利益である。一方例（3）b「猿の手結はれたる」の場合は主語者「猿」にとっての被害を表していると言えるが、それは「何者かが猿の手を縛る」という事柄自体が、「猿」にとっては害になる種類の事柄だからである。同じく主語者にとって被害を表す例（3）e・f・hも同様であって、文の表す事柄自体が受身文主語者に何らかの害を与える事態なのである。例（3）gの「綱引かる」は、利・害いずれでもない。このように、「もちぬしのうけみ」タイプは〈被影響〉の意味を表しているとまでは言えるが、明確に〈はた迷惑〉を表していると判定できるものに乏しい（例外は、この後例（6）・（7）として挙げる）。

次に、例（4）aは、ある殿上人が、定子に仕える女房たちの前に竹を差し出し、竹に関する気の効いた歌を詠んで女房達を感心させようとしたところが、作者が竹を見るや否や、漢詩に出てくる竹の別名「此君」を踏まえて「おい、この君にこそ」と呼び掛けたため、出鼻をくじかれて退散した、というくだりである。この「呉竹の名をいととくいはれて」は明らかに〈はた迷惑〉の受身である。また、例（4）bでは、薫が、自分の歌にすぐさま返歌をした女房について、「（歌の主は）中宮のもとに参上する途中で、道を塞がれてここに留まっているのであろう」と推測している。やはり、「〈はた迷惑〉の受身」と見てよい。

ところで、例（4）aにおける直接の動作対象「呉竹（の名）」は、主語者（殿上人）が歌に詠もうとしていたものであったが、作者が先に口にしてしまったものであった。また、例（4）bでは、受身文の主語者（歌の主である女房）が通ろうとしていた通路を、何者かが「ふたげ」た、という。この二例はいずれも、堀口（1990）の言う

「競合の受身」（主張ロⅱ　三・二・四・二）のタイプであると言える。

以上、中古和文の間接受身文の中で、明確に〈はた迷惑〉を表していると認められるものが「もちぬしのうけみ」タイプに認めがたく、〈はた迷惑〉が出る間接受身文は「競合の受身」タイプに留まるという傾向は、ほぼ三・二・四・一に示した堀口（1982, 1983, 1990）の主張ロのとおりである。

しかし、調査範囲で〈はた迷惑〉の意味を表す受身文が例（4）以外に皆無かというと、そうとも言えない。堀口氏は、直接受身文が〈はた迷惑〉を表す可能性を認めていない[4]が、次のような「見る」行為を表す動詞による受身文については、直接受身文の場合でも、「〈はた迷惑〉の受身」となる場合を認めてよいと思われる。

（5）a　【浮舟】夜となれば、人に見つけられず出でて行くべき方を思ひまうけつつ、ねられぬままに、心地もあしく、みな違ひにたり。（源氏　浮舟）

b　【薫に】見つけられたてまつらじ、しばし、【浮舟の】御はてをも過ぐさず心浅しと見えたてまつらじ、と【侍従】思へば隠れぬ。（源氏　蜻蛉）

「あっ、ジョンに見られた」（二・四・三・四、例（12）b）など、現代語における受身の「見られる」は直接受身文であっても〈はた迷惑〉の意味が現れる。久野暲（1983）のインヴォルヴメント仮説によれば（二・四・三・四②）、一般に主語者が受身文の表す事態にインヴォルヴされて（つまり、関与して）いる度合が低いほど、〈はた迷惑〉が現れやすいのだが、「見られる」の場合は、「「見ル」という動詞が表す動作が、その目的語を直接的にインヴォルヴしないから」（久野 1983: 207）〈はた迷惑〉が現れやすいのである。「見る」行為が対象を直接インヴォルヴしないタイプの行為であることは古代でも変わらない。したがって、「見られる」事態を表す右の例(5)のようなものには、(文に述べられている事態が与害的であるかどうかとは無関係に)〈はた迷惑〉の意味を認めてよいと思われる。(ただし、「見られる」事態を表す受身文がすべて〈はた迷惑〉の意味になるというわけではない。後に例(9)として挙げる。)

右の了解に立てば、次の、「見る」行為を表す動詞による間接受身文(実例は「もちぬしのうけみ」タイプのみ)も、述語動詞の種類を根拠に「〈はた迷惑〉の受身」だと言ってよいであろう。

(6) a 「懸想人のいとものげなき足もとを見つけられてはべらん時、からくもあるべきかな」(惟光―源氏)(源氏　夕顔)

b 「いと軽々しき隠れ処見あらはされぬるこそねたう」と、【源氏】いたうからがりたまふ。(源氏　松風)

c 「かかるありさまを御覧じはてらるるより外の報は、いづこにかはべらむ」(空蝉―源氏)(源氏　初音)

「聞く」行為も、「見る」行為と同様、対象者を直接インヴォルヴしないタイプの行為である。久野(1983)は、日本語の「聞く」行為を表す動詞による受身文に直接言及してはいないが、英語のhearによる受動文に関する分析で、hearの目的語が「聞く」という行為に直接インヴォルヴしないことを認める(同p. 204)。久野氏の議論は、日本語の「聞く」行為を表す動詞による受身文が〈はた迷惑〉の意味を帯びることを示唆していると言える。

このことから、古代語ラル形述語文の「聞かれる」事態を表す受身文には〈はた迷惑〉を認めてよいと思われる。実例は「主語者が自分に関する噂などを聞かれる」という事態を述べるものばかりで、「もちぬしのうけみ」タイプの間接受身文と解釈できる。

（7）a　かやうの人につけて、見しわたりに行き通ひ、おのづから世にありけりと、誰にも誰にも聞かれたてまつらむこと、いみじく恥づかしかるべし。（浮舟の心境）（源氏　手習）

b　かくてこそありけれと【薫に】聞きつけられたてまつらむ恥づかしさは、人よりまさりぬべし。（浮舟の心境）（源氏　手習）

c　【自分の死後】うきさまに言ひなす人もあらむこそ、思ひやり恥づかしけれど、心浅くけしからず人わらへならんを【薫に】聞かれたてまつらむよりは、など【浮舟】思ひつづけて、……（源氏　浮舟）

以上、中古には他動詞による間接受身文が存在することを確認した。また、〈はた迷惑〉の意味になる受身文として、「呉竹の名をいととくいはれて」などの「競合の受身」タイプ（例（4））のほかに、「見る」「聞く」行為を表す動詞による受身文（直接受身文・間接受身文）が認められることを述べた。

なお、現代語との関係で、次の一点を補足しておく。

現代語では、直接受身文で〈はた迷惑〉の意味が現れるものとして、「見られる」のほかに、「小沢さんは鈴木さんに二時間も待たれた」などの「待たれる」も知られている（二・四・三・二①で触れた）。しかし、本書の調査範囲では、（上代も含め）〈はた迷惑〉の意味になる受身用法の「待たる」の例は確認できない。

（8）a　【源氏】御装ひなどひきつくろひたまひて、いたう暮るるほどに、待たれてぞ渡りたまふ。（源氏　花宴）

b　「かく、待たれたてまつるほどまで、参り来ざりけること」（薫―大君）（源氏　総角）

調査範囲で受身用法の「待たる」と考えられるものは右の二例のみである。例（8）aは、源氏が右大臣に招待された宴に遅くなってから行く場面である。例（8）bは、薫が病気の大君に久しく訪問しなかったことをわびる場面である。いずれも主語者「源氏」「薫」が右大臣や大君の「待つ」行為によって間接的悪影響を受けたという含意があるとは読めない。つまり、例（8）は〈はた迷惑〉の意味を表していない。

右の二例に〈はた迷惑〉の意味が認めがたいのは、現代語の「待たれる」の表すものとは異なる事態を表していることと関係がありそうである。現代語の「待たれる」の場合、例えば「小沢さんは鈴木さんに二時間も待たれた」ならば、「小沢さん」が頼みもしないのに「鈴木さん」が一方的に待っていた場合を指して用いられるのが普通である。しかし、例（8）a・bの場合、主語者である源氏・薫は、《行為者》である右大臣や大君が待っていることを（半ば）認識しつつ、すぐには右大臣や大君のもとへ行かなかったのである。その意味で、この場合の「待たれる」は、主語者がひきおこした事態、少なくとも主語者に責任がある事態だと言える。（現代語であれば、このような事態は通常、使役表現「待たせる」で表すところである。）文で表されている事態の生起の責任が主語者に帰せられるという意味で、この場合の主語者は文の表す事態へのインヴォルヴメントの度合が高く、したがって〈はた迷惑〉の意味が出ないと解釈される。

先に「見る」行為を表す動詞による受身文に〈はた迷惑〉を表す場合があることを指摘したが、その「見られる」ことについても、古代語では、主語者が《行為者》の目に留まることを積極的に画策する事態、また、《行為者》に「自分の姿をさらす、会う」事態を表す場合がある。（現代語であれば「見せる」「見てもらう」などと表現するところである。）その場合もやはり、〈はた迷惑〉の意味は出ない。

（9）a　我もいかで、人より先に、深き心ざしを【源氏に】御覧ぜられんとのみ思ひきほふ男女につけて、高きをも下れるをも、人の心ばへを【源氏】見たまふに、あはれに思し知ること、さまざまなり。（源氏　蓬生）

b　「よろこびなどは、心にはいとしも思ひたまへねども、まづ御覧ぜられにこそ参りはべれ。……」（薫—玉鬘）（源氏　竹河）

三・二・四・三　中古の自動詞ラル形による間接受身文

古代語における自動詞を用いた間接受身文の研究は、あまり進んでいるとは言えない。古代語動詞が実際にどのような名詞項を要求するのかについての調査が進んでいないために、ある受身文が「自動詞の受身」なのかどうかという認定自体が難しいためである。ここでは暫定的に、「自動詞と推定される動詞」による受身文を検討することにする。

堀口（1983）は、古代語のいわゆる「自動詞の受身」（「川竹の風に吹かれたる」など）は、対応する非受身文の「〜ニ」の項（「風、川竹に吹く」など）が主語となった「直接の受身」であると主張する（三・二・四・一）。堀口氏の論は、古代語の「自動詞の受身」の全てについて、対応する非受身文に構文上ニ格名詞項を想定しようとしているのかどうか、必ずしも明確ではない。しかし、「自動詞の受身」の主語者が、事実上文に述べられている事態に直接的な関係を有している、と理解する点は、結論を先取りして言えば、基本的に妥当である。すなわち、自動詞（と推定される動詞）による受身文では、主語者である《被影響者》や《対象》が、述語動詞の表す物理的な動きを直接に被ったり、心理的態度の対象となるものに集中する。また、その内の少なからぬものは、対応する非受身文に、作用の行き先が格成分として現れる。それゆえ、明確に〈はた迷惑〉を表すと言える用例は（後述「閉ぢらる」の例を除き）存在しない。

以下、述語動詞の意味的特徴に注目して大きく二タイプに分け、それぞれ検討する。

①　モノの物理的な動きなどを表す自動詞によるもの

第一のタイプは、（雪）降ル、（風）吹クなど、自然現象を中心に、広く「モノの物理的な動き」を表す自動詞によるものである。

(10) a　秋の野の露に置かるる女郎花はらふ人無み濡れつつやふる（後撰 275）

b　「霞にたちこめられて、筆のたちども知られねば、あやし」（兼忠女―道綱母（消息））（蜻蛉　下　天禄三年二月）

c　あはれなるもの……夕ぐれ・あかつきに、川竹の風に吹かれたる、目さまして聞きたる。（枕　119段）

d　【左近衛府番長から右衛門府府生に転任し】今は野山しちかければ　春はかすみにたなびかれ　夏は

うつせみなき暮し　秋は時雨に袖をかし　冬は霜にぞせめらるる（古今1003）

右の諸例では、主語者は露に濡れ、風に揺れ、（比喩的な意味で）霞に視界を覆われるなど、直接的な物理的作用を被っている。その意味で、主語者の当該事態へのインヴォルヴメント（関与性）（久野1983）の高さが認められるものばかりである。例（10）dの「たなびかれ」は、解釈が難しいが、「冬は霜にぞせめらるる」との対比から、霞が身辺を漂うさまを、霞から自らへの作用と受け取った表現と見られる[5]。

先にも触れた久野氏のインヴォルヴメント仮説によれば（二・四・三・四②）、主語者が文に述べられている事態にインヴォルヴされて（関与して）いる度合が高い場合には〈はた迷惑〉の意味が出ない。実際、例（10）c以外の諸例は有情の主語者が「被害」を被っている（例（10）aの主語者「女郎花」は人間の女性の喩えである）が、その「被害」の意味は、述べられている事態がそもそも主語者に対する与害的な事態であることによってもたらされている。したがって、「〈はた迷惑〉の受身」というべき例ではない。また、例（10）c「川竹の風に吹かれたる」は利害に関して無色である。「風に吹かれる」という受身文は、現代でも、間接受身文でありながら〈はた迷惑〉の意味が出ないものとして注目されているタイプの文である。

さらに、これらの例文の述語動詞の用例を検討すると、風が吹き付ける先などが（それが「目的語」であるとは言いがたいにしても）格成分として文中に現れる場合がある。

例（10）aには次のように「露、〇〇に置く」という非受身文が認められる。例（10）aは、「露」の接触対象であるニ格名詞を主語に立てた直接受身文とも考えられる。

(11)　夕占問ふ我が衣手に置く露(夜占問吾袖尓置露)を……(万葉 2686)

例(10)bの動詞立チ込ムは、能動文の例が調査範囲に見出しがたいが、語構成からすれば、「(霞などが)立って何かを取り囲む」という意味を表し得る(6)。調査範囲外であるが『宇津保物語』に他動詞用法の例がある。ただし、この資料は本文に問題が多いので、この用例の位置付けも慎重に検討する必要がある。

(12)　めづらしき君に会ふ夜は春霞天の岩戸を立ちも込めなむ(宇津保　あて宮　室城秀之編『うつほ物語　改訂版』)

例(10)cのような「風に吹かる(吹かれる)」という文には、対応する能動文として「風が○○を(に)吹く」を想定する直接受身文解釈が早くから存在した(原田信一(1977(2000 再録版 pp. 552f))、森田良行(1973: 23))。小泉保ほか編(1989: 452)は、「[風]{が/は}[ほお・人]を吹く」という構文を認め、例文「春風がほおを吹く」を挙げる。目的語となる斜格名詞句を表示する「風が太郎を(に)吹く」といった文は特殊な表現と思われるが、実例は古代語で指摘できる(7)。

(13)a　住の江の松を【筋切・元永本「に」】秋風吹からにこゑうちそふる沖つしらなみ(古今 360)

b　我がやどのいささ群竹吹く風(伊佐左村竹布久風)の……(万葉 4291)

c　秋風のをぎのはをふくおときけばいよいよ我も物をこそ思へ(古今和歌六帖 3722　『新編国歌大観』)

d　みづのうへにうきたるあはをふくかぜのともにわがみもきえやしなまし（重之集312『新編国歌大観』）

鷲尾龍一（2008）は、（風）吹クの他動詞用法（「風（が）X（を）ふく」）が（一定の制約はあるものの）存在することを、古代語から現代語にかけての実例（右の例（13）a・bを含む）や他言語のデータをもとに論じている[8]。以上見てきたように、自然現象を表す自動詞による間接受身文には、「〈はた迷惑〉の受身」といえるものに乏しい。

ただし、管見では、次に挙げる「閉ぢらる」は「〈はた迷惑〉の受身」と見てよさそうである。

（14）a「……。さて世にありと人に知られず、さびしくあばれたらむ葎の門に、思ひの外にらうたげならん人の閉ぢられたらんこそ限りなくめづらしくはおぼえめ、……」（左馬頭—君達）（源氏　帚木）

b　冬の池の上は氷にとぢられていかでか月の底に入らん（拾遺241）

c　鳰鳥の氷の関に閉ぢられて玉藻の宿を離れやしぬ覧（拾遺1145）

d　冬の夜のめさへこほりにとぢられてあかしがたきをあかしつるかな（和泉式部日記）

e　まだ夕暮の、霧にとぢられて内は暗くなりにたるほどなり。（源氏　夕霧）

右の諸例での述語動詞閉ヅは、「モノが、開いていた空間を閉鎖するように動く（あるいは出現する）」という意味の自動詞として用いられているようである。例（14）aは、女人が人に知られず家に籠って暮らしている様子を、「葎の門」が閉じている結果、女人が外に出られなくなった状態として捉えているようである。例(14)b・cは、池の上に氷が張った結果、月が水の底に沈めなくなったり、鳰鳥が巣に戻れなくなったことを述べている。例(14)dは一夜眠れずに過ごしたことを、涙が凍って目が閉じられなくなったためだ、と詠っている。例(14)eは、霧が立ち込めたことに対する、室内の人の「被影響感」を述べている。「門(氷・霧)閉づ」という事柄自体は、いずれも受身文の主語者に対して直接物理的作用を及ぼす事態ではないが、主語者は何らかの悪影響を被っている。したがって例(14)の諸例は〈はた迷惑〉を表していると言ってよい。ただし、例(14)の表す事態は、主語者が通ろうとする場所や、閉じようとする目などが、何かによって塞がる、というものであり、事実上「競合の受身」(「呉竹の名をいととくいはれて」(枕　137段　三・二・四・二、例(4)a)など)の特殊タイプであるとも位置付けられそうである。もしそう見てよければ、例(14)は堀口氏の主張の決定的な例外だとは言えないことになる(9)。

② ヒトの(感情に突き動かされた)行為に関する自動詞によるもの

第二のタイプは、騒グなど、何らかの感情に突き動かされたヒトの行為を表す動詞によるものである。

(15)a 「昨日のおぼつかなさを。悩ましく思されたなる、よろしくは参りたまへ。久しうもなりにけるを」などやうに【明石中宮】聞こえたまへれば、【匂宮】騒がれたてまつらむも苦しけれど、まことに御心地もたがひたるやうにて、その日は参りたまはず。(源氏　浮舟)

b　くるしげなるもの　夜泣きといふわざするちごの乳母。思ふ人二人もちて、こなたかなたふすべらる

る男。(枕　157段)

例(15)aの述語動詞騒グについては、対応する「〜に(を)騒ぐ」という非受身文を確認することはできない。(「さくらゆゑ風にこころのさわぐかな」(源氏　竹河)という、《原因》を表すニ格名詞を取る例はある。)しかし、この場合の騒グは「ある人物の行状をめぐって他の人々があれこれ言う、不平を言う」などの意味を表す。したがって、主語者は騒グという行為の一種の「対象」であると言えそうである。

例(15)bの述語動詞フスブは、「何かを燃やして煙を上げる」意から、「相手に対して嫉妬の黒煙を上げる」という意味に転じたもののようである。この、「嫉妬する」の意味の場合のフスブについても、対応する「〜に(を)ふすぶ」という非受身文を確認することはできない。しかし、この場合のフスブは、ある人物に対する感情に突き動かされて、当該の人物へ向けてある感情的態度を示す行為であると言える。その限りで、主語者はフスブという行為の一種の「対象」であると言えそうである。

このほか、自動詞とも見られる動詞には笑フ・ムツカルなどもあるが、これらはいずれもヲ格を取る他動詞としての例が認められる。したがって、次の諸例は、他動詞による間接受身文というべきである。いずれもヲ格に来るのは、「ある人物の行状」であり、「もちぬしのうけみ」タイプと認められる。

(16)a　さるは、いといたく世を憚り、まめだちたまひけるほど、なよびかにをかしきことはなくて、交野の少将には、笑はれたまひけむかし。(源氏　帚木)

(←→これら【=舟人の歌】をひとのわらふをききて、うみはあるれども、こころはすこしなぎぬ。(土

佐　一月九日））

b【小君、空蝉に】「いで、およすけたることは言はぬぞよき。さば、な参りたまひそ」とむつかられて、「召すにはいかでか」とて、参りぬ。（源氏　帚木）

（←→「さりや、誰かその使ひならいたまはむをばむつからん。うるさき戯れ言いひかかりたまふを、わづらはしきに」など言ひあへり。（源氏　玉鬘））

以上、自動詞（と見られる動詞）による（間接）受身文の多くは、当時の格体制が明らかなものもそうでないものも、主語者に物理的作用が及ぶ事態を表したり、事実上主語者が心理的態度等の対象となる事態を述べており、〈はた迷惑〉の意味が認めがたいものである。唯一「閉ぢらる」の例には〈はた迷惑〉が認められる。しかし、「競合の受身」の一種と解釈できそうであり、堀口（1983ほか）の主張の例外とは言いがたい。

三・二・四・四　上代における間接受身文

上代には、他動詞による間接受身文らしい例はあるものの、確実な例がない。また、「〈はた迷惑〉の受身」と言える例も見当たらない。

まず、他動詞による間接受身文について。該当例かと思われるもの（『古事記』散文の例を含む）の全例を次に挙げる。

（17）a　み幣取り三輪の祝が斎ふ杉原　薪伐りほとほとしくに手斧取らえぬ（手斧所取奴）（万葉1403）

b　夏の野の繁みに咲ける姫百合の知らえぬ恋（不所知恋）は苦しきものそ（万葉1500）

c　因生此子、美蕃登【訓注略】見炙而病臥在。（訓読：此の子を生みしに因《よ》りて、みほとを炙《や》かえて病み臥して在り）（記　上　神代）（同趣旨の神話が述べられている延喜式祝詞「鎮火祭」（成立年不詳）の一節では、「みほとを焼かれましき（御保止乎所焼坐支）」と、ヲが表記される。）

d　故、其菟、従八十神之教而、伏。爾、其塩随乾、其身皮、悉風見吹析。（訓読：故《かれ》、其の菟、八十神《やそかみ》の教に従ひて、伏せりき。爾《しか》くして、其の塩の乾く随《まにま》に、其の身の皮、悉く風に吹き析《さ》かえき）（記　上　神代）

e　故、其猿田毘古神、坐阿耶訶【訓注略】時、為漁而、於比良夫貝【訓注略】其手見咋合而、沈溺海塩。（訓読：故《かれ》、其の猿田毘古《さるたびこ》の神、阿耶訶《あざか》に坐《いま》しし時に、漁為《すなどりし》て、ひらぶ貝に其の手を咋《く》ひ合はさえて、海塩《うしほ》に沈み溺《おぼほ》れき。）（記　上　神代）

これらはいずれも《対象》項に相当する「手斧」「恋」などを格表示していないため、「手斧」「恋」などを主語とした非情物主語受身文である可能性（その場合は、「潜在的受影者」タイプということになる）を完全に排除はできず、間接受身文かどうか断言はできない。しかしながら、例(17)cは、祝詞の同趣旨の例でヲ格が明示されることから「もちぬしのうけみ」タイプの間接受身文と見てよいと思われるし、他の例も「もちぬしのうけみ」タイプと見てよさそうである。

「もちぬしのうけみ」タイプの間接受身文と見た場合、例(17)の諸例は意味的に〈まとも〉であると見た方がよさそうである。すなわち、例(17)b以外の諸例では主語者が「被害」を被ってはいるが、その「被害」は、いずれも述べられている事態が主語者に対する与害的な事態であることによってもたらされている。したがって「〈はた迷惑〉の受身」だとは言いがたい。残る例(17)bは「自分の恋心を相手が知る」ことは、明らかに自分にとっての利益であるから、「〈はた迷惑〉の受身」ではない。

次に、自動詞による間接受身文について。該当例と言えるものは、次の一例のみである。

(18)　沫雪に降らえて咲ける梅の花(沫雪尓所落開有梅花)君がり遣らばよそへてむかも(万葉1641)

「(雨・雪に)降らる・降らゆ」は、自動詞の受身と了解されるのが普通だが、右の例では、主語者に当たる「梅の花」は雪をかぶっており、現に直接的な物理的作用を被っている。また、「梅の花」が、動詞降ルの取るニ格名詞(「我がやどの君松の木に降る雪(吾屋戸乃君松樹尓零雪)の」(万葉1041)など)相当であることからも、主語者の当該事態へのインヴォルヴメント(関与性)(久野1983)の高さが認められる。主語者が文に述べられている事態にインヴォルヴされている度合が高い場合には〈はた迷惑〉の意味が出ないとされる(二・四・三・四②)が、実際、例(18)を叙景歌と見る場合は、そこに〈はた迷惑〉の意味を認めることはできない[10]。(ただし、「梅の花」を人扱いした擬人化タイプと見る了解もある。)

以上の検討の結果、次のことを確認した。他動詞による間接受身文は上代にも存在していたと思われるが、現存の例はいずれも「もちぬしのうけみ」タイプ相当であり、〈はた迷惑〉の意味が認めがたいものである。自動詞の受身と見られるものも、事実上主語者が直接物理的作用を被っており、「〈はた迷惑〉の受身」とは言いがたい。

三・二・四・五　まとめ

以上の検討から、次のことを確認した。

イ　間接受身文は古代語和文に存在する。「もちぬしのうけみ」タイプを中心とした他動詞によるタイプも、自動詞によるタイプも、中古には確実に存在するし、上代にもそれと目される例が存在する。

ロ　ただし、それらの間接受身文の多くは、主語者が文に述べられた物理的動きを直接被ったり、心理的態度等の対象となっているもの、あるいは主語者の所有物・関係者が動作対象となるものである。少なくとも、現代語では許容される「娘に交通事故を起こされる」「子に泣かれる」「親に死なれる」などに相当する例、また、家の中から外を見て「こう大雨に降られては花がだめになってしまう」とつぶやくような例は存在しない。

ハ　そのことと連動して、明らかに〈はた迷惑〉を表すと言えるものは上代には見出しがたく、中古でも、知覚行為によるものを除けば限られたものしかない。

右の三点のうち、イは、文献上遡り得る日本語のもっとも古い時代から間接受身文が存在するということを示しており、間接受身文を（直接受身文と共に）受身文という文類型の中に積極的に含めるべきことを強く示唆する。古代語の間接受身文の例は、上代のものも中古のものも、「〈はた迷惑〉の受身」か否かにかかわらず、ほぼすべて有情者（または有情者扱いの非情物）が主語に立ち、〈被影響〉の受身であると言えるから、〈被影響〉という意味的特徴に注目して受身文を定義すれば、間接受身文を受身文に含めることが可能である。なお、非情物主語の例(10)c「川竹の風に吹かれたる」(枕　119段)と例(18)「沫雪に降らえて咲ける梅の花」(万葉1641)は「〈無影響〉の受身」だが、この二例の位置付けは、それぞれ後の三・二・五・二・三、三・二・五・三で再度検討する。

次のロ・ハは、「〈はた迷惑〉の受身」が上代には存在しなかった(中古以降の成立である)という可能性を示唆する。ただし、上代の言語資料は中古に比べ圧倒的に乏しく、〈はた迷惑〉の意味が出る受身文の例が上代の文献資料に見つからないからといって、直ちに「〈はた迷惑〉の受身」が上代に存在しなかったと断定することもできない。

なお、ハの事実は、本書第二章の結論、すなわち、〈被影響〉という意味特徴で受身文を再定義することが有効だとする主張にとって、一見問題となりそうである。〈被影響〉は、(有情の)直接受身文と間接受身文(あるいは、〈はた迷惑〉の受身文)とに共通の意味特徴として注目されてきたものである。構文上の「間接受身文」が上代から存在するとしても、〈はた迷惑〉の受身文が上代に認められないとしたら、古代語の受身文を〈被影響〉という意味特徴で定義することの必然性が多少なりとも失われるかに見える。

しかし、結論から言うと、たとえ上代に〈はた迷惑〉の受身文がなかったとしても、〈被影響〉をもって受身文を再定義するという本書の立場は問題なく維持される。そもそも、〈被影響〉という意味特徴によって受身文を規定するという本書の立場は、まずは、「自発文」や「可能文」が混入しないような受身文の定義を行うことを目的として要請されたのであった(二・七・二)。日本語史上ある時期に仮に間接受身文が存在しなかったとしても(三・二・四・四で見たとおり、あったとほぼ考えられるのだが)、〈被影響〉によって受身文を定義する必要性は依然として存在する。また、〈はた迷惑〉は〈被影響〉の特殊タイプであるにすぎない。〈被影響〉という意味特徴によって受身文を定義する場合に、特殊タイプである〈はた迷惑〉を表す受身文があるかどうかということは、直接問題にはならないのである。

三・二・五　非情物主語受身文の類型

三・二・五・一　古代語の非情物主語受身文をめぐる検討点

「パジャマが廊下に脱ぎ捨てられている」などの非情物主語受身文は、古代語和文でも一定数存在するものの、有情者主語受身文と比較すると決して多くはない。用例の解釈によって数値は相当上下するが、例えば、筆者の集計によると、『源氏物語』では受身文の例六六九例のうち非情物主語七一例（一〇・六％）、『枕草子』（東京外国語大学卒業生徐銀英氏が二〇一〇年度卒業研究で作成したデータベースを使用）では受身文の例一三〇例のうち非情物主語三〇例（二三・〇％）という結果を得ている[11][12]。

また、二・五・四・三で述べたように、古代語和文の非情物主語受身文は三種（擬人化タイプ、「潜在的受影者」タイプ、「発生状況描写」タイプ）に限られ、現代語に比べてバリエーションに乏しい。このことは、岡部嘉幸（未公刊）が近世およびそれ以前の文学作品一六点から多くの用例を挙げて検証している（ただし、上代は『万葉集』、中古は『源氏物語』『今昔物語集』のみ）。

これら非情物主語受身文を有情者主語の〈被影響〉を表す）受身文と同列に扱うか否かによって、古代語受身文規定のあり方は大きく左右される。非情物主語受身文をめぐる記述が、間接受身文と並んで受身文規定をめぐる注目点になる所以である。

以下では、議論の便宜として、まず比較的資料の多い中古の例によって非情物主語受身文の三タイプの存在を確認し、それぞれの意味的特徴等を確認する。そして、例外と見られるいくつかの例について、その位置付けを検討する。次いで、上代の用例の吟味を行うこととする。

三・二・五・二　中古における非情物主語受身文

三・二・五・二・一　擬人化タイプ

修辞的に非情物を人間扱いして表現する受身文の例は上代語から存在する。ここでは中古の例を挙げる。まずは歌の例である。

(19) a　世の中はいかに苦しと思らむここらの人に怨みらるれば（古今 1062）
　　b　君にだにとはれでふれば藤の花たそがれ時も知らずぞ有ける（後撰 139）
　　c　秋の野の露に置かるる女郎花はらふ人無み濡れつつやふる（後撰 275）（＝二・五・四・三、例(16)b）
　　d　行く方もなく塞かれたる山水のいはまほしくも思ほゆる哉（後撰 590）（＝同、例(17)）
　　e　隠れ沼の底の下草水隠れてしられぬ恋はくるしかりけり（大和　138 段）

例(19)aは主語者「世の中」を「苦しと思」う心を持つ主体として描く。例(19)bは、主語者「藤の花」を「たそがれ時」の訪れを知り得る主体として描く。例(19)cの「女郎花」は女性の喩えに用いられている。例(19)dの序詞「行く方もなく塞かれたる山水」は、自分の恋心を相手に告げることができない詠み手の心境と重ね合わされている。例(19)eも序詞の例であるが、「隠れ沼の底の下草」は、恋心を相手に知ってもらえない詠み手の状況と重ね合わされている。

次は、散文中の例である。

(20) a　花ざかりは過ぎにたるを、「ほかの散りなむ」とやをしへられたりけむ、おくれて咲く桜二木ぞいとおもしろき。（源氏　花宴）

b　……、女君【＝雲居雁】も目を覚まして、風の音の竹に待ちとられてうちそよめくに、雁のなきわたる声のほのかに聞こゆるに、幼き心地にも、とかく思し乱るるにや、「雲居の雁もわがごとや」と、独りごちたまふけはひ、若うらうたげなり。（源氏　少女）

例(20) aは「桜」を、教えを受け得る意志的主体として述べる。例(20) bは「風の音」が竹に迎えられる、という擬人化表現である。

このタイプは主語者が事実上有情者扱いされているから、言うまでもなく（「主語者の感じる被影響感」という意味（二・五・五）での）〈被影響〉を表す。

三・二・五・二・二　「潜在的受影響者」タイプ

構文的には非情物が主語に立つが、文外に人格的な被影響者（益岡隆志（1991）「潜在的受影響者」）が想定できるタイプである。中古には確実に存在する。

(21) a 「……。なほ、才をもととしてこそ、大和魂の世に用ゐらるる方も強うはべらめ。……」(源氏―大宮)(源氏　少女)(＝二・五・四・三、例(19))

b ……、【六条御息所】かやうに待ちきこえつつあらむも心のみ尽きぬべきこと、なかなかもの思ひのおどろかさるる心地したまふに、御文ばかりぞ暮つ方ある。(源氏　葵)

c 「……。大将【＝薫】もいかに思はんとすらん。さるべきほどとはいひながら、あやしきまで昔より睦ましき中に、かかる心の隔ての知られたらむ時、恥づかしう、……」(匂宮―浮舟)(源氏　浮舟)

d ……、【藤壺】御衣をすべしおきて、ゐざり退きたまふに、心にもあらず、御髪の取り添へられたりければ、いと心うく、宿世のほど思し知られて、いみじと思したり。(源氏　賢木)

e うれしきもの……もののをり、もしは、人といひかはしたる歌の聞えて、打聞などに書き入れらるる。(枕　276段)

右の例は、主語者である《対象》項がノ表示されており、非情物主語受身文であることは確実である。そのうち、例(21)aは、構文上「大和魂」が主語に立っているが「世」(朝廷)がある人の大和魂を用いる」ことで、文には表れない「大和魂の持ち主」が影響を被る、という意味が読み取れる。例(21)bは、六条御息所の「もの思ひ」が、なまじ源氏に逢ったことで掻き立てられ(「おどろかさ」れ)、そのことで御息所が影響を被るという意味が読み取れる。例(21)cは、話者匂宮が薫に対して抱く「かかる心の隔て」を薫が知ることで、(文外の)匂宮が影響を被る、という意味が読み取れる。例(21)dは、藤壺の「御髪」が脱ぎ捨てた衣服と一緒に源氏に握られたことで、藤壺自身が源氏に捕まったのである。例(21)eは、自分の「歌」が評判になって、打聞などに「書き入れ」られることによって、文外の「我」が影響を受ける（この場合は好影響）という意味が読み取れる。《対象》項に被影響者が修飾語として明示される、次のような例も、当該タイプの確実な例と見てよい。現代語で言えば、「太郎の論文が山田先生に認められた」などの文に相当する。

(22) a　この大臣【＝左大臣】の御おぼえいとやむごとなきに、母宮、内裏のひとつ后腹になむおはしければ、いづかたにつけてもいとはなやかなるに、この君【＝源氏】さへかくおはし添ひぬれば、春宮の御祖父にて、つひに世の中を知りたまふべき、右大臣の御勢は、ものにもあらずおされたまへり。（源氏　桐壺）

b　御土器などはじまりて、ものおもしろくなりゆくに、求子舞ひてかよる袖どものうち返す羽風に、御前近き梅のいといたくほころびこぼれたる匂ひのさとうち散りわたれるに、例の、中将【＝薫】の御かをりのいとどしくもてはやされて、いひ知らずなまめかし。（源氏　匂宮）

c　かの明石の舟、こ【＝源氏の住吉参拝】の響きにおされて、過ぎぬる事も聞こゆれば、……（源氏　澪標）

d　「……、生ける限りの世に、心をとどめて造り占めたる人の家ゐのなごりなくうち棄てられて、世のならひも常なく見ゆるは、いとあはれに、はかなさ知らるるを、……」（夕霧）（源氏　匂宮）

例えば例(22)aは、右大臣の権勢が左大臣方に圧倒されたことを述べる。実質的な被影響者は「右大臣」である。この文を「もちぬしのうけみ」タイプの間接受身文と見て、対応する非受身文として例えば「右大臣、右大臣の御勢をおされたまふ」といった文を想定することは困難であり、飽くまでも非情物主語の受身文と見ざるを得ない。例（22）bでは、中将（薫）の体臭が引き立てられることは薫自身にとっての好影響であり、例（22）cでは、明石上一行の乗った船が、折から住吉に参詣していた源氏一行に圧倒されて住吉に立ち寄らずじまいになってしまうことの実質的な被影響者は明石上らである。例（22）dの場合、「うち棄てられ」た家の背後に、愛着をもってその家を造り、住んだ元の住人が実質上の被影響者として存在する。

以上の説明で明らかなように、この「潜在的受影者」タイプでは、文外の「潜在的受影者」が感じる（はずの）ものとしての〈被影響〉の意味が現れる。

なお、「潜在的受影者」タイプに当たるかと思われるものの多くは、次のように《対象》項の格助詞がないため、「もちぬしのうけみ」タイプの間接受身文との判別がつかないことが多い（このことは岡部（未公刊）がすでに指摘している）。

（23）a　くるしくこころもとなければ、ただひのへぬるかずを、けふいくか、はつか、みそかとかぞふれば、およびもそこなはれぬべし。（土佐　一月二十日）

b　「かの空蝉の、うちとけたりし宵の側目には、いとわろかりし容貌ざまなれど、もてなしに隠されて口惜しうはあらざりきかし。……」（源氏内話）（源氏　末摘花）

c　【女】簾のうちより茵さしいでたり。【良岑宗貞】引き寄せて居ぬ。簾もへりは蝙蝠にくはれてところどころなし。内のしつらひ見いるれば、昔おぼえて畳などよかりけれど、口惜しくなりにけり。（大和　173段）

d　【牛車の】榻などもみな押し折られて、すずろなる車の筒にうちかけたれば、またなう人わろく、悔しう何に来つらん、と【御息所】思ふにかひなし。（源氏　葵）

e　にげなきもの……靫負の佐の夜行すがた。狩衣すがたも、いとあやしげなり。人におぢらるるうへのきぬは、おどろおどろし。（枕　45段）

三・二・五・二・三　「発生状況描写」タイプ

他者の動作を受けたモノについて、その身の上に起きている状況を描写する非情物主語受身文である。中古には確実に存在する。

(24) a　せばき縁に、所せき御装束の下襲ひきちらされたり。（枕　104段）（＝二・五・四・三、例(21) b）

b　つとめて、その家の女の子ども出でて、浮海松の浪によせられたる拾ひて、いゑの内に持て来ぬ。（伊勢　87段）（＝例(2) e、二・五・四・三、例(21) c）

c　あをやかなる御簾の下より、几帳の朽木形いとつややかにて、紐の風に吹きなびかされたる、いとおかし。（枕　89段）

d　すぎにしかた恋しきもの　……。二藍・葡萄染などのさいでの、おしへされて草子の中などにありける見つけたる。（枕　30段）（＝例(2) f）

e　心にくきもの……よう打ちたる衣のうへに、さわがしうはあらで、髪の振りやられたる、長さおしはからる。（枕　201段）

f　あはれなるもの……夕ぐれ・あかつきに、川竹の風に吹かれたる、目さまして聞きたる。（枕　119段）（＝例（10）c）

g　内にも人の寝ぬけはひしるくて、いと忍びたれど、数珠の脇息にひき鳴らさるる音ほの聞こえ、……（源氏　若紫）（＝二・五・四・三、例（21）d）

h　庭燎の煙のほそくのぼりたるに、神楽の笛のおもしろくわななき吹きすまされてのぼるに、歌の声もいとあはれに、いみじうおもしろく……（枕　142段）

i　観音院の僧正、ひんがしの対より、二十人の伴僧をひきゐて御加持まゐり給ふ足音、渡殿の橋のとどろとどろと踏みならさるるさへぞ、ことごとのけはひには似ぬ。（紫式部日記　寛弘五年七月）

金水敏（1991: 3）が注意するように、多くは視覚的な状況描写であり、「動作の結果が存続するところの静的な表現」である（例（24）a～e）。ただし、金水（1991）が同時に指摘するように、聴覚的な状況描写の例もある（例（24）f～i）。その場合は、必ずしも動作の結果の持続を表しているとは言えない。聴覚的な状況は、それを引き起こす動作の終結とともに消失し、結果状態を残さないためであろう。なお、例（24）fは自動詞による間接受身文として先に検討した（三・二・四・三①）が、非情物主語であり、意味としては「発生状況描写」タイプと見るべきものである。

さて、先に検討した二タイプ、すなわち、擬人化タイプと「潜在的受影者」タイプは、事実上有情の被影響者が存在し、「主語者の感じる被影響感」という意味での〈被影響〉の意味を表すといえる。しかし、この「発生状況描写」タイプは、人格的な被影響者が存在せず、意味的に〈無影響〉である。

また、二・五・六で触れたが、このタイプの文のラル形述語動詞の形態は著しく限定されており、主文末の場合は～ラレタリ形のみである（例(24)ａ）。従属句述語に範囲を広げても、～ラル形が加わるのみである。～ラレキ／ラレケリ／ラレヌ／ラレムといった形は見られない（尾上圭介(2003: 35)に指摘がある）。同じ非情物主語受身文でも、他のタイプであれば、「みな人に折られにけりと菊の花」（後撰436　「潜在的受影者」タイプ）のような例が見つかる。

そして、このタイプの受身文の《行為者》項で、文中に現れるのは「浪」（例(24)ｂ）「風」（例(24)ｃ・ｆ）「脇息」（例(24)ｇ）など、非人格的存在に限られる。《行為者》が有情者である場合は文中に現れない（金水(1991: 9f)が指摘している）。この点についても、非情物主語受身文の他のタイプであれば、「ここらの人に」（古今1062　例(19)ａ　擬人化タイプ）、「世に」（源氏　少女　例(21)ａ　「潜在的受影者」タイプ）のように、有情の《行為者》項が文中に現れ得る。

以上のような、意味、動詞述語の形態、文中に現れ得る《行為者》項をめぐる特徴は、他の受身文（有情者主語のものも非情物主語のものも含め）と相当に異なる。このことは、「発生状況描写」タイプの文を他の受身文から切り離し、別タイプのラル形述語文として位置付けるべきことを強く示唆する。

なお、「発生状況描写」タイプの表す「物理的被作用」を「被影響」の一種と了解し、本タイプを「被影響の受身」に含める議論もある（山田孝雄(1908)など）。しかし、すでに二・五・六で検討したように、この立場に立つと、「被影響」の内実が混質的になる。また、「被影響」を表現の内実とするラル形述語文において、なぜ述語動詞の形態が～ラレタリにほぼ局限されるのかということの説明に窮することになる。

三・二・五・二・四　問題となる諸例

古代語和文の非情物主語受身文は、これまで検討した擬人化タイプ・「潜在的受影者」タイプ・「発生状況描写」タイプの三種だけだと言ってよいのであるが、そのように結論付ける際に問題となる諸例を挙げ、どのように位置付けるかを確認する。以下、三つのタイプに分けて検討する。

① 行事の実施などを表す例

行事の実施などについて述べるラル形述語には、現代人の目から見ると「〈無影響〉の非情物主語受身文」とも読める例がある。

(25) a 「京にも、この雨風、いとあやしき物のさとしなりとて、仁王会など行はるべしとなむ聞こえはべりし。……」(使―源氏)(源氏　明石)

b その年返りて、男踏歌せられけり。(源氏　竹河)

これらについては、伝統的に尊敬の例と解されている。本書もこの伝統的了解に従う(三・五・二で検討する)。

② 生産動詞ラル形述語の例

「作る」「建てる」など、新たにモノを作り出す意味の動詞(生産動詞)による受身文は、現代語では《行為者》ニヨッテ表示が義務的である(「金閣は義満{*に／によって}建てられた」など。寺村秀夫(1982))。そのため、生産動詞による受身文は「非固有の受身」であると考えられている(金水敏 1993)。

しかし、古代語の生産動詞を用いたラル形述語には、現代人の目から見ると「〈無影響〉の非情物主語受身文」とも読める例がある。

(26) a 「けふ雪の山作らせ給はぬところなんなき。御前のつぼにも作らせ給へり。春宮にも弘徽殿にも作られたりつ。京極殿にも作らせ給へりけり」(源忠隆―少納言)(枕 87段)

b 常の御念誦堂をばさるものにて、ことに建てられたる御堂の西の対の南にあたりて、少し離れたるに【藤壺】渡らせたまひて、とりわきたる御行ひせさせたまふ。(源氏 賢木)

しかし、これらの例は例外なく《行為者》が上位待遇される人物であり、上位待遇されない人物が《行為者》となる例(例えば庶民の家を指して「建てられたる家ども」などと述べる例)を見出しがたい。これらの例は通常尊敬を表す例と解釈されており、本書もその理解に従う(このタイプも三・五・二で再度取り上げる)。なお、生産動詞の非情物主語受身文の例が見つからないことは、すでに金水(1993: 494)に言及がある。

③「属性叙述受動文」とも思われる例

「この雑誌は、一〇代の若者によく読まれている」など、主語に立つモノの属性を叙述するタイプの受身文(「属性叙述受動文」、二・五・四・三②―2)は「非固有の受身」であると思われるが、調査範囲には「属性叙述受動文」とも読める例が二例存在する。

(27)　楠の木は、木立おほかる所にも、ことにまじらひたてらず、おどろおどろしき思ひやりなどうとましきを、千枝にわかれて恋する人のためしにいはれたるこそ、たれかは数を知りていひはじめけんと思ふにをかしけれ。……椎の木、常磐木はいづれもあるを、それしも、葉がへせぬためしにいはれたるもをかし。（枕　40段）

例(27)中の第一例は、楠が「恋する人のたとえ」として歌に詠まれていると述べているもので、第二例は、椎が「常緑樹の代表」として歌に詠まれていることを指摘したくだりである。どちらも、「楠の木」「椎の木」の「歌における詠まれ方」という属性を述べていると了解できなくはない。ただし、このくだりが「歌で詠まれる樹木」という関心で楠や椎に言及しているのであれば、楠について「恋する人のためし」とあるように、ここでは、歌の中で人事と重ね合わされる存在としての楠や椎に注目していることになる。その意味で、ここでの「楠の木」「椎の木」は、広義の人格的存在として言及されている（つまり、擬人化タイプの例）と言ってよいのではないかと思われるが、なお検討したい。

三・二・五・三　上代の非情物主語受身文

上代の非情物主語受身文と見られる例は、慎重な検討を要する例が少なくないので、節を改めて検討する。

上代の非情物主語受身文と見られる例は『万葉集』にしか現れない。（宣命、祝詞などにも受身文の例は見られるが、有情者主語の例ばかりである。）多くは次のように、明らかに擬人化タイプと分かる例である。

(28) a　我がやどに生ふる土針心ゆも思はぬ人の衣に摺らゆな（不想人之衣尓須良由奈）（万葉 1338）
b　南淵の細川山に立つ檀弓束巻くまで人に知らえじ（人ニ不所知）（万葉 1330）
c　我が思ひかくてあらずは玉にもがまことも妹が手に巻かれむを（妹之手ニ所纒乎）（万葉 734）
d　水を多み上田に種蒔き稗を多み選らえし業そ（比要乎多擇擢之業曽）我がひとり寝る（万葉 2999）

例(28)aは「土針」（染物に用いられる草の名）を人扱いして呼び掛けている（自分の娘を寓しているという）。例(28)bは岡部（未公刊）も注意するように、巻七「比喩歌」「寄弓」の中の一首で、恋人を弓に喩えたものであることは明らかである。例(28)cは「玉になって恋人の手に巻かれたい」と希求しており、当然「玉」は「我」に重ね合わされている。例(28)dは助動詞ユを訓み添える例である。「私の独り寝は、田の稲の間にたくさん生えた稗がより分けて抜き捨てられる、そのようなものだ」と嘆く歌。抜き捨てられる稗に「我」が重ね合わされている。

また、次の例は、本書の了解では「潜在的受影者」タイプと見られるものである。

(29)　白玉は人に知らえず（白珠者人尓不所知）知らずともよし 知らずとも我し知れらば知らずともよし（万葉 1018）

「十年戊寅元興寺之僧自嘆歌一首」。左注に「右の一首、或は云はく、元興寺の僧独覚にして智多し。未だ顕聞あらねば、衆諸狎侮る。此に由りて、僧この歌を作り、自ら身の才を嘆く、といふ。」とあり、僧が世に知られていない自分の能力を「白玉」に喩えて嘆いたものである。擬人化タイプかとも見られるが、「我し知れらば」と言っているので、「白玉」に喩えているのは僧自身ではなくて僧の「智」であろう。

奥津敬一郎(1988)は、古代日本語にも非情物主語受身文が存在するという主張の一環として『万葉集』の受身文を分析し、例(28)・(29)のようなタイプを除いた上で、非情物主語受身文として六例を認めた。しかし、子細に検討すると、その内の多くはやはり擬人化タイプ、あるいは「潜在的受影者」タイプと見るべきもののようである。以下、奥津氏の挙げた六例を挙げて再吟味する。

(30)　この花の一よの内は百種の言持ちかねて折らえけらずや(所折家良受也)(万葉1457)

藤原広嗣の「この花の一よの内に百種の言そ隠れる凡ろかにすな」(万葉1456)という歌を贈られた女性が和した歌。「一よ」をめぐって解釈が分かれるが、「一枝」の意味だとすれば、「この花の一枝の中には、たくさんのお言葉が込められて、その重みにたえかねて、折られて(あるいは、折れて[13])しまったではありませんか」という意味になろう。「持ちかねて」という不可能表現を含むことから、「この花」を意志的行為の主体、すなわち有情者扱いしているものと読める。すなわち、この例は擬人化タイプと見られる。

(31) a　たらちねの母に知らえず我が持てる心(足千根乃母尓不所知吾持留心)はよしゑ君がまにまに(万葉2537)

b　夏の野の繁みに咲ける姫百合の知らえぬ恋(不所知恋)は苦しきものそ(万葉1500)(=例(17)b)

例(31)aは、「あなたの母親にも知られぬまま、ひそかに抱く私のあなたへの恋心」について詠う。主語相当の「我が持てる心」に被影響者の「我」が含まれているので、三・二・五・二・二で検討した例(22)の諸例(「……右大臣の御勢は、……おされたまへり」など)と同様、「潜在的受影者」タイプの例と見てよい。また、例(31)bは、先に三・二・四・四で「もちぬしのうけみ」タイプの間接受身文として解釈する可能性を指摘したが、非情物主語受身文である可能性も排除できない。その場合は、「我が恋」とは明記していないものの、「私の恋心」が恋人に知ってもらえないことを嘆く歌で、文外の「我」を事実上の被影響者とする「潜在的受影者」タイプと解釈できる。

(32)　八千桙の神の御代より百舟の泊つる泊まりと八島国百舟人の定めてし敏馬の浦は　朝風に浦波騒き夕波に玉藻は来寄る　白砂清き浜辺は行き帰り見れども飽かず　うべしこそ見る人ごとに語り継ぎ偲ひけらしき　百代経て偲はえ行かむ清き白浜(所偲将往清白浜)(万葉1065)

海上交通の要地であった敏馬の浦を賛美する歌。当時、旅に当たっては、通過する峠などに手向を捧げ、地霊を鎮め、加護を祈った。『摂津国風土記』逸文には、ミヌメとは神の名で、神功皇后の新羅遠征を加護し、遠征からの帰路当地に祭られた、という伝承が伝えられており、当地は通過に当たって加護を祈る信仰の地であったようである。右の歌は当地を「神代以来多くの舟が停泊する港」と讃え、風光の美を描写した上で、「清き白浜は永遠に賞美されてゆくだろう」と詠いあげるが、そのことは敏馬の土地の神を賛美することにほかならない。この歌は敏馬の神を事実上の被影響者とする「潜在的受影者」タイプと解釈できる[14]。

（33）　昔こそ難波ゐなかと言はれけめ（所言奚米）今は都引き都びにけり（万葉312）

知造難波宮事を勤めた藤原宇合が難波宮造営に当たって作った歌。作歌時期については造営作業の前とも後とも言われる。自ら責任者として造営にたずさわる（あるいは、たずさわった）新京への思い入れが「この地は昔こそ（都人から）難波田舎と言われただろうが（今は違う）」という表現に読み取れるとすれば、この歌は作者宇合を事実上の被影響者とする「潜在的受影者」タイプと解釈できる。なお、難波も古来交通の要地で、被影響者を土地の神と見る可能性も考慮すべきかと思われるが、土地の神への賛美の姿勢が見られず、今はその了解を取らないでおく。

このように、奥津氏が「非情の受身」として挙げた六首のうち五首は、擬人化タイプあるいは「潜在的受影者」タイプとして、事実上人格的被影響者が存在するものと了解できた。

上代で、人格的被影響者が存在しない、「発生状況描写」タイプに当たりそうなのは、奥津氏の挙げた六首のうちの残りの一首、すなわち次の例のみである。

（34）　沫雪に降らえて咲ける梅の花（沫雪尓所落開有梅花）君がり遣らばよそへてむかも（万葉1641）（＝例（18））

先に三・二・四・四で、上代唯一の自動詞による受身文として取り上げた例である。上句、下句ともに解釈に諸説あるが、叙景と見るならば、梅の花に雪が降りかかる状況の描写、あるいは、梅の枝に積もった雪を花に見立てたもので、いずれの解釈の場合も「発生状況描写」タイプということになる。ただし、この歌についても、「自家の梅を擬人化し」たとする解釈（小学館「日本古典文学全集」）が存在し、擬人化タイプである可能性を排除できない。

以上の検討の結果、上代の非情物主語受身文の多くは、擬人化タイプや「潜在的受影者」タイプなど、事実上人格的被影響者が存在すると解釈できるものであり、「発生状況描写」タイプと見られるものは一例に留まることが明らかになった。

三・二・五・四　まとめ

以上の検討から、次のことを確認した。

イ　非情物主語受身文は古代語和文に存在する。

ロ　ただし、古代語和文の非情物主語受身文は①擬人化タイプ、②「潜在的受影者」タイプ、③「発生状況描写」タイプの三種に限られる。

ハ　①擬人化タイプ、②「潜在的受影者」タイプは事実上有情の被影響者が存在する「〈被影響〉の受身」であるが、③「発生状況描写」タイプは「〈無影響〉の受身」である。また、動詞ラル形述語の形態や、文中に現れる《行為者》項をめぐる制約を有する点からも、③「発生状況描写」タイプは〈被影響〉を表すことを内実とする）他の受身文とは別タイプの文と見る方が適当である。

ニ　③「発生状況描写」タイプは中古には確実に存在するが、上代にはそれと目される例が一例のみであって、かつ擬人化タイプである可能性も排除できない。

イはすでに山田孝雄（1908）、三矢重松（1908）以来多数の論者が指摘してきたことである。ロは岡部嘉幸（未公刊）の調査における指摘を、岡部（未公刊）の調査外の資料も用いて再確認したものである。ハは、「発生状況描写」に関する尾上圭介（2003）の主張を、文中に表示し得る《行為者》項をめぐる制約（金水敏（1991）の指摘）も指摘しつつ再確認したものである。最後のニは、本書独自の積極的指摘といえようか。なお、すでに岡部（未公刊）は『万葉集』の用例について検討しているが、例（30）以降の六例中例（31）aを除く五例について、すべて「主語が擬人化されているもの」とする。

ニは、「発生状況描写」タイプの文（意味的には〈無影響〉）が上代には存在しなかったか、あまり使用されなかった可能性を示唆する。ただし、上代の言語資料が中古に比べ圧倒的に乏しいことから、上代における「発生状況描写」タイプの存在如何について、断定的なことは何も言えない。

三・二・六　「受身用法」の再定義

以上の検討から明らかなように、古代語和文のいわゆる「受身文」では、その大半が、（間接受身文を含め）有情者主語の受身文であるか、事実上有情の被影響者が存在する非情物主語受身文（擬人化タイプ、「潜在的受影者」タイプ）であり、かつ、それらはすべて「〈被影響〉の受身」である。一方、〈被影響〉という意味的特徴を持たない（つまり、〈無影響〉の）「受身文」は少数で、かつ文末述語動詞の形がラレタリにほぼ局限され、文中に明示できる《行為者》項は非情物に限られている（「発生状況描写」タイプ）。この二つの事実を適切に位置付けるためには、「〈被影響〉という意味特徴を有するもの」をもって〝受身文〟であると規定して、そうでないものを〝受身文〟とは別種の文であると認めることが必要である。両者の間に意味面で共通性を認めることは不可能である。第二章で示した、「〈被影響〉を表す〔ラレル〕形述語文」を〝受身文〟だとする規定は、古代語の状況を捉える上で妥当なものであることが、実例の詳細な検討を通して改めて確認された。

本書では、改めて古代語ラル形述語文の「受身用法」を次のように定義する。

受身用法：ラル形述語の用法のうち、主語者が、自分の意志とは関係なく、事態（他者の行為や変化）から何らかの影響を被ったと感じること〈被影響〉を表すもの

受身用法をこのように定義する結果、非情物主語の受身文のうち「発生状況描写」タイプは「受身用法」からはじき出されることになる。それを改めて「発生状況描写用法」とし、次のように定義する。

発生状況描写用法：ラル形述語の用法のうち、他者の何らかの行為の結果、主語に立つモノにおいて生じた状況を描写するもの

すでに尾上圭介(2000, 2003)は、〔ラレル〕形述語文の「受身用法」を、本書の言う〈被影響〉を表すという点に注目して定義し、それに伴って「発生状況描写用法」を「受身用法」から切り離している。ただし、尾上(2000, 2003)は、古代語のラル形述語文による「受身文」の状況に目配りしつつも、主に現代語ラレル形述語文に

ついて議論している。本節三・二は、古代語ラル形による「受身文」の了解にとっては尾上 (2000, 2003) の説が最適であるということを、古代語の詳細な検討を通して主張したことになる。

三・三　自発用法

三・三・一　「自発文」をめぐる検討点

本節では、自発用法、すなわち、いわゆる「自発文」について記述する。

古代語のラル形述語文自発用法は、使用される動詞の種類や格体制という文法的特徴と、意味の下位類の広がりという点において、現代語ラレル形述語文自発用法と著しく異なる。特に文法的諸特徴については、現代語の自発用法が「受身文」の一種と見なされるのに対して、古代語の自発用法はむしろ可能用法などと共通の特徴を示す。以下の記述に当たっては、古代語自発用法の文法的特徴や意味的特徴が明らかになるよう、現代語と対照させながら進める。

三・三・二　定義

古代語の「自発文」とは、例えば次のようなものである。

(35)【柏木】うち臥したれど目もあはず、見つる夢のさだかにあはむことも難きをさへ思ふに、かの猫のありしさま、いと恋しく思ひ出でらる。(源氏　若菜下)

「かの猫のありしさま」が、敢えて思い出そうともしないのに自然に心に浮かんでくる、そういう事態を述べている。このような、「その気がないのにそうしてしまう」という事態を表すものが「自発文」である。これを本書では改めてラル形述語文の「自発用法」と呼ぶ。

自発用法（自発文）は伝統的に意味から定義されている。本書では、次のように定義する。

自発用法：ラル形述語の用法のうち、行為実現へ向けた行為者の意志がないにもかかわらず当該行為が実現することを表すもの

「自発 spontineity, spontaneous」という用語は、しばしば無意志自動詞（溶ケルなど）の表す語彙的意味一般（「おのづから然る」、「自然発生」とでも言うべきか）を指して用いられることがある。しかし、〔ラレル〕形述語文の一用法として従来指摘されている〈自発〉は、それらと全く無関係とも言えないものの、明らかに別物である。すなわち、「本来意志的な行為であるはずのものが、その行為を実現しようという行為者の意志を欠いて実現する」ことを表すのが〔ラレル〕形述語による〈自発〉である。つまり、無意志自動詞の表す「モノの動き・変化等」というよりは、意志的行為の特殊な実現の仕方の表現と見るべきものである。

三・三・三　使用される動詞、格体制

現代語ラレル形述語文の自発用法は、次のように、文法上著しく限定されたあり方をしている。

a　述語動詞が知覚・感情・認識に関するものに限定されている(森山卓郎 1988: 128)。例えば「居眠りしている者がちらほら見られる」「あの時の選択が悔やまれる」「故郷の事が思い出される」など。その他の行為動詞(言ウ、読ム、フリムクなど)は普通用いられない。

b　述語動詞が他動詞に限定されている(森山 1988: 130)。泣ク、笑ウなどの自動詞は普通用いられない。

c　《対象》の項目が現れる場合は、《対象》はガ格であり、ヲ格になることは通常ない。《行為者》はニ格の場合と、格助詞なし(「〜は」など)で表示される場合とがある。

右の特徴のうち、**b**・**c**は、直接受身文の構文と同じであるともいえそうである。このことから、ラレル形述語による自発文は、いわゆる「受身文」の一種とされることがある(仁田義雄(1997a)など)。しかしこれは、現代語だけに注目して初めて得られる主張である。古代語のラル形述語文自発用法には、このような制限が存在しない。

まず、**a**については、知覚・感情・認識以外の行為動詞を用いた自発用法の例も認められる(ただし、知覚・感情・認識に関する動詞によるものが圧倒的に多い)。

(36) a 「……。内裏わたりの旅寝すさまじかるべく、気色ばめるあたりはそぞろ寒くやと思うたまへられしかば、【先日喧嘩別れした女は】いかが思へると気色も見がてら、雪をうち払ひつつ、なま人わるく爪食はるれど、……」(左馬頭―君達)(源氏　帚木)

b 「……。【女性の、漢字の多い消息は】心地にはさしも思はざらめど、おのづからこはごはしき声に読

みなされなどしつつ、ことさらびたり。……」（左馬頭―君達）（源氏　帚木）

c　【葵上】御髪の乱れたる筋もなく、はらはらとかかれる枕のほど、ありがたきまで見ゆれば、年ごろ何ごとを飽かぬことありて思ひつらむと、【源氏】あやしきまでうちまもられたまふ。（源氏　葵）

d　【紫上】手習などするにも、おのづから、古言も、もの思はしき筋のみ書かるるを、さらばわが身には思ふことありけり、とみづからぞ思し知らるる。（源氏　若菜上）

e　【妹尼の消息】めづらしからぬも見どころなき心地して、【中将】うち置かれけんかし。（源氏　手習）

次に、**b**については、他動詞を用いた例がある（例えば先に掲げた例(35)・(36)の諸例）ことはもちろん、自動詞を用いた例も存在する。

(37) a　【源氏は】いみじき武士、仇敵なりとも、見てはうち笑まれぬべきさまのしたまへれば、えさし放ちたまはず。（源氏　桐壺）

b　御ぐしも痛く、身も熱き心地して、いと苦しく、まどはれたまへば、かくはかなくて我もいたづらになりぬるなめり、と【源氏】思す。（源氏　夕顔）

c　「紅の花ぞあやなくうとまるる梅の立ち枝はなつかしけれど　いでや」と、【源氏】あいなくうちうめかれたまふ。（源氏　末摘花）

d　あはれと思ひきこえたまふふしぶしもあれば、【源氏】うち泣かれたまひぬ。（源氏　須磨）

e　【浮舟】いとはしたなくおぼえて、いよいよ引き入られて、人に顔も見あはせず。（源氏　夢浮橋）

最後に**c**について。《対象》（ヲ格名詞相当）は格助詞なしの形（以下、「格助詞φ」と呼ぶ）で現れることが多いが、格助詞で表示される場合にはガ・ノを伴う場合もあれば、元のヲ格表示のまま現れることもある（ただし、上代には格助詞φの例しか認められない）。次はガ・ノを伴う場合である。例（38）a～eがガ表示の例、例（38）f～jがノ表示の例である。

（38）a　女御とだに言はせずなりぬるが、【帝】あかず口惜しう思さるれば、いま一階の位をだにと、贈らせたまふなりけり。（源氏　桐壺）

b　さるは、限りなう心を尽くしきこゆる人【＝藤壺】に、【紫上が】いとよう似たてまつれるが、まもらるるなりけり、と【源氏】思ふにも涙ぞ落つる。（源氏　若紫）

c　【源氏】年ごろ思し絶えたりつる筋さへ、いま一たび【藤壺に】聞こえずなりぬるがいみじく思さるれば、近き御几帳のもとによりて、御ありさまなどもさるべき人々に問ひ聞きたまへば、親しきかぎりさぶらひて、こまかに聞こゆ。（源氏　薄雲）

d　【匂宮の訪問】ほど経にけるが【中君】思ひいれられたまはぬにしもあらぬに、なかなかにてうち過ぎたまひぬるを、つらくも口惜しくも思ほゆるに、いとどものあはれなり。（源氏　総角）

e　なほかく忍ぶる筋を、聞きあらはしけり、と【薫】思ひたまはんが【明石中宮】いとほしく思され、……（源氏　手習）

f　おほひれ山もをかし。臨時の祭の舞人などのおもひ出でらるるなるべし。（枕　13段）

g　「命長さの、いとつらう思ひたまへ知らるるに、松の思はむことだに、恥づかしう思ひたまへはべれ

ば、ももしきに行きかひはべらむことは、ましていと憚り多くなん。……」（更衣母―靫負命婦）（源氏　桐壺）

h　おほかたに花の姿をみましかば露も心のおかれましやは（藤壺）（源氏　花宴）

i　いろいろに身のうきほどの知らるるはいかに染めける中の衣ぞ（雲居雁―夕霧）（源氏　少女）

j　山里の雪間のわかな摘みはやしなほおひさきの頼まるるかな（妹尼―浮舟）（源氏　手習）

次は元のヲ格表示のまま現れる例である。古代語ラル形述語文自発用法に、動作対象をヲで表す例のあることは、すでに三矢重松（1908）、此島正年（1973b）の指摘がある。

(39) a　「……、【更衣が】よこさまなるやうにて、つひにかくなりはべりぬれば、かへりてはつらくなむ、かしこき御こころざしを思ひたまへられはべる。……」（更衣母―靫負命婦）（源氏　桐壺）

b　【大弐一行】おもしろき所どころを見つつ、……、京の方を思ひやらるるに、返る波もうらやましく心細きに、……（源氏　玉鬘）

c　……、【兵部の君】ただ松浦の宮の前の渚と、かの姉おもとの別るるをなむ、かへりみせられて、悲しかりける。（源氏　玉鬘）

d　「……。さべき人々にもたち後れ、世の末に残りとまれるたぐひを、人の上にて、いと心づきなしと見はべりしかば、出で立ちいそぎをなむ、思ひもよほされはべるに、……」（大宮―源氏）（源氏　行幸）

e　花どものしをるるを、いとさしも思ひしまぬ人だに、あなわりなと思ひ騒がるるを、……（源氏　野

分）

なお、動詞驚クについては、次の例（40）ａのように、《対象》というよりは心的経験の機縁というべき項（「かの古人のほのめかしし筋など」）がノで表示されたと見られる例があり、例（40）ｂにあるようにφ表示される例もある。対応する非自発文ではニ格表示される（「例ならぬ事に驚きはべるなり」（源氏　明石）など）。例（40）ｃは、元のニ格のまま現れたものである。これらの例の位置付けについてはさらに検討したい。

（40）ａ　【薫の】心のうちには、かの古人【＝弁】のほのめかしし筋などの、いとどうちおどろかされ【大島本「うちおどろかれ」】て物あはれなるに、……（源氏　橋姫）

ｂ　こころときめきするもの……待つ人などのある夜、雨のおと、風の吹きゆるがすも、ふとおどろかる。（枕　29段）

ｃ　秋きぬと目にはさやかに見えねども風のをとにぞおどろかれぬる（古今169）

自発用法の《行為者》を格助詞で表示した確実な例はない（此島（1973b）の指摘がある）。文中に現れる場合は必ず格助詞φである。先に掲出した例（39）ｅも《行為者》は格助詞φで現れている。

（41）ａ　遠音にも君が嘆くと聞きつれば音のみし泣かゆ相思ふ我は（哭耳所泣相念吾者）（万葉4215）

ｂ　右近、大夫のけはひ聞くに、はじめよりのことうち思ひ出でられて泣くを、……（源氏　夕顔）

c　若君【＝紫上】は、いとむくつけく、いかにすることならむ、とふるはれ給へど、さすがに声立ててもえ泣き給はず。（源氏　若紫）

d　「……。さうざうしきに、何とはなくとも聞こえあはせ、我も心づかひせらるべきあたり、ただこの一ところ【＝朝顔】や、世に残り給へらむ」（源氏―紫上）（源氏　朝顔）

e　【浮舟が失踪した。】乳母は、なかなかものもおぼえで、ただ、「いかさまにせむ、いかさまにせん」とぞ言はれける。（源氏　蜻蛉）

f　……、【源氏】御手もうちわななかるるに、乱れ書きたまへるいとうつくしげなり。（源氏　夕顔）

g　六条の女御の御腹の一の宮、坊にゐたまひぬ。さるべきことかねて思ひしかど、さしあたりてはなほめでたく、目おどろかるるわざなりけり。（源氏　若菜下）

最後の例（41）f・gは、「手、うちわななく」「目、おどろく」という事態を自発表現にしたものである。この場合の「御手」「目」を《行為者》というのは馴染まないが、述語動詞の表す動きの主体であり、また実態上の行為者の身体部位であるということを重視して、《行為者》項の特殊な一類として了解しておく。

なお、以下に挙げる二タイプの例は、一見《行為者》を格表示しているかのようであるが、確実な例ではない（川村（1993）注2で述べた）。

イ　「宮」「内裏」「御前」「上」など、存在場所起源の人物呼称にニが下接する例は、《行為者》をその存在場所で間接的に示した例であると考えられる（杉崎一雄（1979）に議論がある）。これら「宮に」「内裏に」などは、述語が動詞ラル形でなくとも《行為者》の表示として現れ得る（「内裏にも聞こしめし嘆くこと限りなし」（源氏　夕顔）など）ので、自発用法における《行為者》ニ表示の例とはしがたい。

(42) a　宮【＝女三宮】には、事のけしきにても【薫が】知りけりと思されん、かたはらいたき筋なれば、……（源氏　匂宮）

b　内裏にも、母宮の御方ざまの御心寄せ深くて、【薫】いとあはれなるものに思され、后の宮、はた、もとよりひとつ殿にて、宮たちももろともに生ひ出で遊びたまひし御もてなしをさをさ改めたまはず。（源氏　匂宮）

ロ　「身に」「胸に」「心に」など、身体（の一部）をニ表示する例も、《行為者》ニ表示の例とはしがたい。

(43) a　「……。かかるほどのありさまに身をやつすは口惜しきものになんはべりけると、身にも思ひ知らるるを、この君【＝浮舟】はただまかせきこえさせて、知りはべらじ」（浮舟母―中君）（源氏　東屋）

b　いへばえにいはねば胸にさはがれて心ひとつに嘆くころ哉（伊勢　34段）

c　「……。いにしへの例などを聞きはべるにつけても、心におどろかれ、思ふより違ふふしありて、世を厭ふついでになるとか、それはなほわるき事とこそ。……」（明石上―源氏）（源氏　幻）

以上述べた、古代語ラル形述語文の自発用法の文法的諸特徴を、現代語ラレル形述語文の自発用法と対照する形で再度まとめる。

a’　述語動詞は知覚・感情・認識に関する動詞に限らず、他の行為動詞も用いられる。
b’　述語動詞には自動詞も用いられる。
c’　《対象》項がヲ（・ニ）のまま文中に現れることがある。《行為者》項が格表示される例はない。

この文法的諸特徴は、受身用法よりはむしろ可能用法などの文法的特徴（三・四・四で述べる）と一致する。

三・三・四　〈自発〉の下位類型

自発用法の表す意味が（三・三・二で定義した）〈自発〉であることは言うまでもない。しかし、前節三・三・三で触れたように、古代語ラル形述語文の自発用法には、現代語ラレル形述語文の自発用法よりも多様な述語動詞が用いられ得ることから、同じ〈自発〉でも、古代語ラル形述語文の表す〈自発〉の方が、現代語ラレル形の場合よりも多様な内実を有すると言える。そのことが明確になるように、古代語における〈自発〉の下位類型を三類に分けて整理する。

①　知覚・感情・認識の、意図を伴わない成立

知覚・感情・認識を表す動詞を述語とする場合の〈自発〉である。現代語の自発用法は、ほぼこの意味だけを表している。

(44)a いといたく荒れて、人目もなくはるばると見わたされて、木立いと疎ましくもの古りたり。(源氏　夕顔)

b 水の音なひなつかしからず、宇治橋のいともの古りて見えわたさるるなど、霧晴れゆけば、いとど荒ましき岸のわたりを、……(源氏　総角)

c 白拷の衣うつ砧の音も、かすかに、こなたかなた聞きわたされ、空とぶ雁の声、とり集めて忍びがたきこと多かり。(源氏　夕顔)

d 前の前栽の花どもは、心にまかせて乱れあひたるに、水の音いと涼しげにて、山おろし心凄く、松の響き木深く聞こえわたされなどして、……(源氏　夕霧)

e 郭公ながなくさとのあまたあれば猶うとまれぬ思ものから(古今 147)

f 世中のうきはなべてもなかりけり頼む限ぞ怨られける(後撰 1061)

g 瓜食めば子ども思ほゆ栗食めばまして偲はゆ(斯農波由)……(万葉 802)

h のどやかなる夕月夜に、海の上曇りなく見えわたれるも、【源氏】住み馴れたまひし古里の池水に思ひまがへられたまふに、言はむ方なく恋しきこと、……(源氏　明石)

② 生理現象、情動、感情に触発された不随意的行為

「くしゃみをする」などの生理現象、「泣く」「笑む」などの情動といった、意志のコントロールの働きにくい行為は、現代語ラレル形自発用法で表現することは稀である(「泣ける」「笑える」などのいわゆる可能動詞形によって表現される場合がある)が、古代語では幅広く用例を見ることができる。また、恐ろしさからつい「退い

てしまう」といった、感情の波立ちに触発されて「思わずしてしまう」行為を表す用例も、古代語ではバリエーションが多様である。三・三・三に掲出した例(36)・(37)の諸例や、例(38)b「まもらる」、例(39)c「返り見す」、例(41)a「泣かゆ」・(41)c「ふるはる」・(41)e「言はる」・(41)f「うちわななかる」がそれにあたるが、さらに例を追加する。

(45)a　あかねさす昼は物思ひぬばたまの夜はすがらに音のみし泣かゆ（祢能未之奈加由）（万葉 3732）

b　日ごろ、なやましうて、しはぶきなどいたうせらるるを、……（蜻蛉　上　応和二年七月）

c　「……、近くて見ん人の聞きわき思ひ知るべからむに、語りもあはせばやと、うちも笑まれ、涙もさしぐみ、もしは、あやなきおほやけ腹立たしく、心ひとつに思ひあまることなど多かるを、何にかは、聞かせむと思へば、うち背かれて、人知れぬ思ひ出で笑ひもせられ、あはれとも、うちひとりごたるるに、何ごとぞなど、あはつかにさし仰ぎゐたらむは、いかがは口惜しからぬ。……」（左馬頭―君達）（源氏　帚木）

d　……、馬のあがりさわぐなどもいとおそろしう見ゆれば、引きいられてよくも見えず。（枕　3段）

e　来めやとは思物からひぐらしのなくゆふぐれは立ち待たれつつ（古今 772）

f　なげきこる山とし高くなりぬればつらづゑのみぞまづ突かれける（古今 1056）

g　【和泉式部は】口にいと歌の詠まるるなめりとぞ見えたるすぢに侍るかし。（紫式部日記　消息文）

③　偶発的行為

少数であるが、①②と異なり、行為自体は意志的とも言えるが、不注意や、行為者のあずかり知らない何らかのめぐりあわせの結果、「気がついたらこのようなことをしていることになっている」という事態を表す例がある。

(46) にくきもの ……すずりに髪の入りてすられたる。また、墨の中に、石のきしきしときしみ鳴りたる。
(枕　28段)

この例は、しばしば非情物主語受身文（本書の分類では発生状況描写用法）の例として扱われることもある。しかし、「すずりに落ちてすられた髪の毛のありさま」を表現していると見るよりは、「すずりに落ちた髪の毛に気づかずにすってしまった」ことの不快感に表現の力点があるように思われる。

(47) にくきもの……、しのびくる所に、長烏帽子して、さすがに人に見えじとまどひ入るほどに、物につきさはりて、そよろといはせたる。伊予簾などかけたるにうちかづきて、さらさらと鳴らしたるも、いとにくし。帽額の簾は、まして、こはじのうちおかるるおといとしるし。それも、やをらひきあげて入るは、さらに鳴らず。(枕　28段)

この例も、非情物主語受身文（発生状況描写用法）の例として扱われることがある。しかし、ここは、暗い室内を女のもとに忍んでくる男が、いろいろなものに触れては音を立てることの憎らしさを描いている。「こはじのうちおかるる」は、「こはじ」（簾の下端の、木や竹でできている部分）が下長押などに当たって音が鳴る、その音を闇の中で聞く状況を描写しているとも考えられるが、その前の「そよろといはせたる」「さらさらと鳴らしたる」が男の行為に注目した表現になっていることに注目するならば、当該個所も、男の行為を描いていると見てもよさそうである。すなわち、「不注意で音を立てる」行為を表現しているものと思われる。

(48)【源氏】そのわたり近きなにがしの院におはしまし着きて、預り召し出づるほど、荒れたる門の忍ぶ草茂りて見上げられたる、たとしへなく木暗し。（源氏　夕顔）

「見上げると「荒れたる門の忍ぶ草茂」るさまを認識することになってしまった」というものである。見上げる行為自体は無意志的ではない（「思わず見上げた」ということではない）が、図らずもある内容を認識することになった、というものである。

(49) あしたに、女のもとより、／吹く風になびく草葉とわれは思ふ夜半におく露のきもかれずな／かかれば、「いとくちをしうちぎられぬること」と言ひて、男、返し……（平中　9段）

一晩物越しに話をしただけの女から、翌朝、「何があっても離れないでください」と求めてくる趣旨の歌が届いた。将来について先に釘をさされてしまった男は「図らずも将来を約束することになってしまって不本意だ」と言っている。岩波書店「日本古典文学大系」の頭注に「残念なことに、約束させられたことよ」、小学館「日本古典文学全集」の訳に「残念だ。女に前もって誓わせられるとは」とあるなど、「使役＋受身」で訳しているが、使役形式は原文に存在しない。

（50）【母が寺で亡くなった。】里にも急がねど、心にしまかせねば、今日みな出で立つ日になりぬ。来し時は、膝にふし給へりし人【＝母】を、いかでか安らかにと思ひつつ、わが身は汗になりつつ、さりともと思ふこころそひて、たのもしかりき、こたみは、いと安らかにて、あさましきまでくつろかに乗ら【古本系七種「こ」】れたるにも、道すがらいみじうかなし。（蜻蛉　上　康保元年秋）

本文に問題があるが、この例も挙げておく。病気の母を寺で亡くし、家に戻るときの感慨。牛車に乗ると、母がいないので、図らずも広々とした状態で乗ることになってしまったというのである。これも、乗車の行為自体は無意志的ではない。

なお、現代語諸方言には、受身形式とは別に自発（や状況可能）を専門に表す形式（動詞のサル形）を有する方言がある（北海道、栃木等）。そうした方言の「自発」形式の中には、③タイプの用法を有することが報告されているものがある。このことも、③タイプを自発の一種と見ることの傍証になろう。

（51）a　コーラを買おうと思ったのに、知らないうちに緑茶のボタンが押ササッタ（北海道方言　円山拓子（2007）、例（1c）） b　キョーワウズノミヤデヒンセーイギアサッチッタ（今日は宇都宮で先生に出会ってしまった）（栃木県宇都宮方言　加藤昌彦（2000）、例（28））

c　ゴジニ ツクハズダッタン ヨイアンバイニ ハヤク ツカーサッタ（5時に着くはずだったが良い塩梅に早く着いた）（静岡県井川方言　中田敏夫（1981（1996））、例（23））

最後に、次の点を補足する。古代語には次のような「自発」の例はない。

（52）a　公示をきっかけに選挙運動は一段と盛上りをみせると予想される。（土屋信一（1962）、例①による）

b　また同調査会会長には早大教授島田孝一氏が有力視されている。（同、例②による）

これらは、欧文直訳体の影響で広まった新タイプの「受身文」（非固有の受身）の一種であることがすでに指摘されている（土屋信一 1962, 1964）。「《対象》項が主語に立つ」という格配置にのみ注目すれば（非固有の）「受身文」とも取れるが、「予想する」「有力視する」という行為が「そうしようと思わないのに成立する」という事態を表している点に注目すれば、「自発文」だということになる。「受身文」か「自発文」かを厳密に判別することもできなくはない。現代語の場合、「自発文」はル形で現在の個別一回的事態を述べることができるのに対し、「受身文」は通常の運動動詞述語と同様、現在の個別一回的な事態を語る場合にはテイル形をとるのが普通である（杉本和之 1988）。そのことを基準にすれば、例えば例（52）aが「自発文」、例（52）bが「受身文」の例だということになる。しかし、本質的には、土屋（1964）が（52）a・bを区別することなく「自然可能的な受身」と呼ぶ（「自然可能」とは本書の言う〈自発〉の意）ように、受身か自発かを区別することに意味がない新タイプの文と考えられる。

三・四　意図成就用法・可能用法

三・四・一　「可能文」をめぐる検討点

三・四では、いわゆる「可能文」について記述する。検討内容は次のとおりである。

いわゆる「可能文」と呼ばれる文には著しく異なる二種類の意味（〈可能〉と〈意図成就〉）が現れることが知られている。このことをまず確認した上で、それぞれの意味を表す場合を「可能用法」「意図成就用法」と名付ける。次いで、古代語ラル形述語文のいわゆる「可能文」にも、「可能用法」「意図成就用法」がそれぞれ存在することを確認する。第三に、可能用法・意図成就用法の文法的諸特徴について整理する。その上で、可能用法・意図成就用法の文法的諸特徴が、三・三・三で整理した自発用法の文法的特徴と同一であることを指摘する。

三・四・二　「可能文」の表す意味の類型——〈可能〉と〈意図成就〉——

〔ラレル〕形述語に限らず、日本語で「可能」を表すとされる形式には、通常異質な二種類の意味が現れる。一つは本来の意味での〈可能〉、もう一つは〈意図成就〉である。以下、現代語を例に用いて説明する。

(53) a　太郎は百キロのバーベルが持ち上げられる。

b　今日は忙しくて昼御飯が食べられない。

c　この魚は食べられる。

d　この補聴器は小さい音{が／を}聞き分けられる。

e　このベッドは相撲取りが寝られる。

右の例はいずれも「潜在的な行為実現可能性」としての〈可能〉を表していると言える。厳密に定義すれば、次のとおりである。

〈可能〉：「動作主がその行為をしようという意図を持った場合にその行為が実現するだけの許容性、萌芽がその状況の中に存在する。」（尾上圭介 1998b: 93）

尾上（1998b）に述べられているとおり、例えば例（53）a に認められる「太郎が百キロのバーベルを持ち上げようとすれば、その行為が意図どおり実現するだけの許容性がこの状況の中に存在する」という主張が〈可能〉であり、例（53）b に認められる「昼御飯を食べようと意図してもそれが実現する許容性、萌芽がこの状況の中に存在しない」という主張が〈不可能〉である。この意味での〈可能〉（または〈不可能〉）を表す用法を「可能用法」とする。

〈可能〉には必要に応じて様々な下位類が指摘される。方言研究でよく知られているのが、行為者の能力を述べる「能力可能」（例（53）a）と、行為者をとりまく状況のもたらす可能・不可能を述べる「状況可能」（例（53）b）である（渋谷勝己（1993）ほか）。先の〈可能〉の定義に基づいて説明すれば、これは、行為実現の許容性、萌芽の所在を、主に行為者の能力に求めているか、主に行為者の周囲の状況に求めているかの違いだ、ということになる。また、許容性、萌芽の所在を対象物や道具、場所の特性に求めて語る場合が例(53)c・d・eということになろう。ただし、ある行為が実現するか否かは、常に行為者の能力と周囲の状況との相互作用によるものであり、どちらか一方だけで決まる、などということはない。能力可能と状況可能とを形式で表現し分ける方言ならばともかく、形式上の区別がない方言や古代語和文などでは、能力可能か状況可能かを全ての例文で一々判別することは不可能である。

一方、〈意図成就〉とは、次のような例が表す意味である。

(54) a　今朝は、目覚まし時計なしでも朝六時に起きられた。
　　b　耳を澄ますと、二階の物音がはっきりと聞き分けられた。

これらは、「やろうとしたその行為が、首尾よく実現した」こと、すなわち「意図した行為の意図どおりの実現」を表している。先の〈可能〉が一種の非現実性の意味であるのとは明らかに異質であり、別の意味だと認めざるを得ない。

この種の意味が存在することの早い指摘は鈴木重幸(1965(1972再録版p. 279))にある。その後、論者によって「困難な事態の実現」(森田良行1977)、「遂行可能(結果可能)」(渋谷勝己1986)、「実現」(奥田靖雄1986)、可能表現の「アクチュアルな用法」(高橋太郎1991)、「実現系可能」(渋谷1993)などと呼ばれている。ここでは尾上圭介(1999ほか)の用語法により、〈意図成就〉と呼ぶ。厳密に定義すれば、次のようになろう。

〈意図成就〉：行為者が実現を目指して仕掛けた行為が、行為者の意図どおり実現する

右の意味での〈意図成就〉（あるいはその否定としての〈意図不成就〉）を表す用法を「意図成就用法」とする。

　意図した行為がそのとおり実現することは、対応する非〔ラレル〕形述語文でも表せる（「今朝は、目覚まし時計なしでも朝六時に起きた」など）。では、意図成就用法の〔ラレル〕形述語文は非〔ラレル〕形述語文と何が異なるのか。非〔ラレル〕形述語文（「……起きた」）が、「行為者の意志的行為」として事態を述べているのに対し、意図成就用法の〔ラレル〕形述語文（「……起きられた」）は、行為を構成する諸側面のうち、「行為者が意図的に行為を仕掛けた」という側面を背景に押しやり、もっぱら「行為の実現」如何の側面に光を当てる表現だ、と言える。現実の世界では、意図的に仕掛けた行為が常に意図どおり実現するとは限らない。そこで、行為が意図どおり実現するか否かという点に特に光を当てる表現が要請される余地がある。意図成就用法は、まさにそのような要請を満たすものであるということになる。

　ところで、意図成就表現が用いられるような、「行為の実現如何が特に問題になる状況」とは、典型的には、当該行為の実現に困難を伴う場合をはじめ、実現をめぐって危惧あるいは強い期待が持たれている場合である。例えば「苦労の末、やっと論文を書き上げられた」「思いきってブルーチーズを食べてみたら、おいしく食べられた」などがそれに当たる。森田（1977）が〈意図成就〉を「困難な事態の実現」と規定するのは、その傾向の反映であろう。筆者もかつて川村（2005）で、〈意図成就〉を「実現が危惧されたり強く期待されていた行為が、行為者の意図どおり実現する」と規定した。しかし、〔ラレル〕形述語文の意図成就用法が現れる場面は、必ずしも実現困難な場合や、実現をめぐる「危惧あるいは強い期待」が伴うものばかりではない。先に挙げた例（54）

a「今朝は、目覚まし時計なしでも朝六時に起きられた」という文が用いられる場面では、当該行為の実現が行為者にとって好ましく、その実現が期待されている必要はあるだろうが、行為実現へ向けてことさら努力していたり、行為実現をめぐる「危惧あるいは強い期待」が存在する必要は、必ずしもない。そこで、本書では、「実現が危惧されたり強く期待されている」ということを、〈意図成就〉の規定そのものには盛り込まないでおく。

　さて、〈可能〉〈不可能〉は「行為実現の許容性、萌芽の有無」を問題にする非現実性の意味であるのに対し、〈意図成就〉〈意図不成就〉は「行為が現実に実現する／しない」ということだから、両者は「現実性」をめぐって百八十度異なる。〈可能〉（〈不可能〉）と〈意図成就〉（〈意図不成就〉）とは別種の意味だと言わざるを得ない。しかし、否定述語の場合を中心に、一つの文が両様に読める場合が少なくない。この点について以下検討する[15]。

　可能用法と意図成就用法とは、大まかに言うと次に述べるように「相補分布」の関係にある（尾上（1998b: 94f）によりつつ若干説明の仕方を改変する）。

(55) a　この魚は焼いたら食べられた。
　　 b　この魚は焼けば食べられる。
　　 c　この魚は食べられない。
　　 d　この魚は焼いても食べられなかった。

〈意図成就〉が現れるのは、例(55)aのような「現実における事態の成立」を表す場合である。それに対して、〈可能〉（〈不可能〉）が現れるのは、仮定の事柄であったり、一般論的事態・非個別的事態など、「個別一回的でない」という意味で「非現実界」（尾上1998b: 94）の事態である場合（例（55）b・c）か、あるいは不成立の場合（例（55）c・d）である。要するに、現実における事態成立を述べているのではない場合に、〈可能〉〈不可能〉が現れる、ということになる。

当の事態が現に「実現した」場合は、当該行為の実現如何をめぐる意味である〈意図成就〉が現れるのは当然である。また、実現済みの行為をめぐっては、当該行為が実現するだけの許容性が状況の中にあったか否かといったことは通常問題にならないから、〈可能〉の意味は現れにくい。それに対して、当の事態が「実現した」というのではなくて、「まだやっていないけれども、やればできる」「やってもできない」という場合は、直ちに「当該行為が実現するだけの許容性、萌芽がある（ない）」ということを問題にすることになるから、〈可能〉の意味が現れる。また、仮定された行為や、非実現の行為は、当の事態が「実現した」わけではないから、通常〈意図成就〉は現れない[16]。

しかし、〈意図成就〉（〈意図不成就〉）〈可能〉（〈不可能〉）のいずれに解釈できるかは、常に截然と判断できるわけではない。特に例（55）d「この魚は焼いても食べられなかった」のような、現実における一回的な行為の不成立を表す場合、確かに〈不可能〉の意味が現れるが、この場合は直接には「やってみたが、意図どおり実現しなかった」という〈意図不成就〉を述べているというのが正しい了解だろう。「ある行為を試みたが、意図どおり実現しなかった」ということは、容易に「当該行為が実現するだけの許容性、萌芽がこの状況に欠けていた」ということを想像させる。そのことから、〈意図不成就〉を述べる文はほとんど直ちに〈不可能〉の意味をも表すことになる。すなわち、〈意図不成就〉を表す例は、「意図成就用法」でもあると同時に（二次的に〈不可能〉を表すから）「可能用法」でもある、ということになるのである。

ただし、このことは、〈意図不成就〉と〈不可能〉という二つの意味自体が連続しているということを意味するわけではない。ここで起きていることは、〈意図不成就〉を表す文は、その原因の解釈として聞き手（読み手）に「行為実現の許容性、萌芽の欠如」を想像させるために〈不可能〉をもあわせて表すことになる、ということなのである。

なお、例(55)a「この魚は焼いたら食べられた」のような肯定の〈意図成就〉を表す場合も、行為が意図どおり成就したからには、その状況に「行為実現の許容性、萌芽」があったはずで、論理的には〈可能〉の意味をも表してよさそうである。例えば、「ブルーチーズを食べるのは初めてだったが、口にしてみると案外おいしく食べられた」などの文では、〈意図成就〉の背後に「私はブルーチーズが食べられる（そのことに気づいた）」といった〈可能〉の意味を、無理をすれば読み取れないことはない。しかし普通は、実現済みの行為について、その事態を実現せしめた状況の許容性まで一々問題にはしない。だから、肯定の〈意図成就〉を表す場合には、通常〈可能〉の意味は表面化しないのである（尾上(1998b: 95)に指摘がある）。

可能用法と意図成就用法の両様に解釈できる場合はほかにもあり得る。しかし、〈可能〉（〈不可能〉）と〈意図成就〉（〈意図不成就〉）とが本質的に異質な意味であること、しかし、「現実における個別一回的な事態の不成立」の場合を中心に、どちらの意味をも表す場合があることは、これで示し得たと思う。

三・四・三　古代語における意図成就用法・可能用法

前節三・四・二での考察を踏まえ、古代語のいわゆる「可能文」の表す意味〈可能〉〈不可能〉と〈意図成就〉〈意図不成就〉）の種類とその分布について検討する。概略を先取りして述べれば、次のとおりである。

古代語のいわゆる「可能文」の例は圧倒的に否定述語の場合（反語文を含む）に偏る。そのことから、古代語のラル形述語文が「可能」を表すのは否定述語の場合に限られる、と言われることもある。しかし、自発用法との判別が時に紛らわしいものの、少数ではあるが肯定の〈意図成就〉〈可能〉を表す例も認めてよいと思われる。すでに中西宇一（1978）は、古代語ラル形述語文の、肯定の「可能文」の例を掲出している。

また、否定述語の場合に現れる「可能」の多くは、一回的な行為の非実現、つまり直接には〈意図不成就〉の表現である（それが直ちに〈不可能〉をも表す）。純然たる一般論、モノの属性としての〈不可能〉を表す例は少数である。

以下、順に用例を挙げて説明する。

①〈意図不成就〉（→〈不可能〉）（用法名としては「意図成就用法・可能用法」）

一回的な意志的行為について「やってみたが実現しない（しなかった）」（〈意図不成就〉）という事態を表す場合である。「ある行為をしようとしたが、思いどおり実現しない（しなかった）」ということの中には、「当該行為が実現するだけの許容性、萌芽がこの状況に存在しない（しなかった）」ということが容易に想像されることから、直ちに〈不可能〉の読みが出る。調査範囲におけるいわゆる「可能文」の多くが、このタイプである。特に上代では、このタイプ以外の確実な用例を見ない。

(56) a　若の浦に袖さへ濡れて忘れ貝拾へど妹は忘らえなくに（妹者不所忘尓）（万葉 3175）

b　……、夜は風のさわぎに寝られざりければ、……（枕　200段）

c　……、まづこの人【＝夕顔】いかになりぬるぞと思ほす心騒ぎに、【源氏】身の上も知られたまはず、添ひ臥して、ややとおどろかしたまへど、ただ冷えに冷え入りて、息はとく絶えはてにけり。（源氏　夕顔）

d　……、【源氏、惟光を】召し入れて、のたまひ出でんことのあへなきに、ふとものも言はれたまはず。（源氏　夕顔）

e　「いかなる行き触れにかからせたまふぞや。述べやらせたまふことこそ、まことと思ひたまへられね」（頭中将―源氏）（源氏　夕顔）

例えば、例(56) aは、「恋人のことを忘れようとして、忘れ貝を拾ったが、忘れることは成就しない」（〈意図不成就〉）、と述べているが、そのことは直ちに、「忘れることが成就するような許容性・萌芽が、そもそも（行為者自身の内的状況も含め）状況の中に存在しない」（〈不可能〉）ことを述べているに等しい。例(56) bは、「寝ようとしたものの、大風のせいで寝ることが成就しなかった」（〈意図不成就〉）、と述べているが、そのことで「寝ることが成就するような許容性・萌芽が、状況の中に存在しなかった」（〈不可能〉）ということを述べている。

②　〈不可能〉（用法名としては「可能用法」）

個別一回的な事態の不成立ではなく、一般論、あるいは物事の属性としての「当該行為実現に関する許容性、萌芽の欠如」を表す場合である。

(57)a　目には見て手には取らえぬ月の内の楓(目二破見而手二破不所取月内之楓)のごとき妹をいかにせむ(万葉632)

b　ほととぎすの声もきかず。もの思はしき人は寝こそ寝られざなれ、あやしう心よう寝らるるけなるべし。(蜻蛉　下　天禄三年五月)

c　「……。おほかたの世につけてだに、心苦しきことは見聞き過ぐされぬわざにはべるを、……」(源氏—藤壺)(源氏　澪標)

d　「酔のすすみては、忍ぶることもつつまれず、ひが事するわざとこそ聞きはべれ。いかにもてないたまふぞ」(薫—玉鬘)(源氏　竹河)

e　「こののたまふ宿世といふらむ方は、目にも見えぬことにて、いかにもいかにも思ひたどられず、知らぬ涙のみ霧りふたがる心地してなむ。……」(大君—薫)(源氏　総角)

例えば、例(57)aは、「月に生えているという桂の木(「楓」)は、手に取ることができない」という超時的な事態を、「楓」の属性として述べている。例(57)bは、「悩みの多い人は眠れない(そうだ)」という一般論を述べている。①に比べて少数であり、管見では、例えば『万葉集』の該当例は右の例(57)a一例のみ、『源氏物語』の該当例は(57)c・d・eのほか数例程度である。かつ例(57)a・c・dのように名詞(形式名詞を含む)に対して連体修飾の位置で現れるものが多い。

③　(肯定の)〈意図成就〉(用法名としては「意図成就用法」)

「やってみたらそのとおり行為が実現した」という場合である。自発用法との違いは、行為実現に際して行為者の意志があったことを読み取れるかどうかにかかっており、しばしば自発用法との区別が困難であるが、少数ながら用例の存在は認めてよさそうである。

(58) a 【少納言】「されど、門のかぎりをたかう作る人もありけるは」といへば、【生昌】「あな、おそろし」とおどろきて、「それは于定国が事にこそ侍るなれ。ふるき進士などに侍らずは、うけたまはり知るべきにも侍らざりけり。たまたま此の道にまかり入りにければ、かうだにわきまへしられ侍る」（枕 8段）

b ……、【源氏】西ざまに見通したまへば、この際に立てたる屏風も端の方おし畳まれたるに、紛るべき几帳なども、暑ければにや、うちかけて、いとよく見入れらる。（源氏　空蝉）

c ……、【紫上】何心もなくゐたまへるに、【源氏】手をさし入れて探りたまへれば、なよよかなる御衣に、髪はつやつやとかかりて、末のふさやかに探りつけられたる、いとうつくしう思ひやらる。（源氏　若紫）

d 「……、【須磨で】四方の海の深き心を見しに、さらに思ひ寄らぬ限なくいたられにしかど、筆のゆく限りありて、心よりは事ゆかずなむ思うたまへられしを、……」（源氏―蛍兵部卿宮）（源氏　絵合）

e 「……。やうやうかう起きゐられなどしはべるが、げに限りありけるにこそ、とおぼゆるも、うとましう心憂くて」（中君―大君）（源氏　椎本）

例(58)a・bのような認識・知覚行為の例は自発用法との区別が紛らわしい(尾上(1998b)注5にも指摘がある)。しかし、当該例の場合は、少納言の発言の含意を理解しようという生昌の意志や、奥の方を覗こうという源氏の意志(「見通したまへば」とある)があったことを表現しており、「その気がないのに分った・見えた」といった〈自発〉の意味は表していないと思われる。例(58)c・d・eは、「探りつく」など意志的行為について述べており、「その気がないのにそうしてしまった」という読みはますます難しい。

④　(肯定の)〈可能〉(用法名としては「可能用法」)

さらに用例の認定が難しいが、肯定の〈可能〉と見るべき例もありそうである。ただし、連体修飾の場合、あるいは未実現事態について述べる場合に限られる。

(59) a　「かけまくはかしこけれどもそのかみの秋思ほゆる木綿襷かな　昔を今に、と思ひたまふるもかひなく、とり返されむもののやうに」(源氏―朝顔(消息))(源氏　賢木)

b　忍ばむに忍ばれぬべき恋ならばつらきにつけて止みもしなまし(拾遺940)

c　「……なほ、【私の気持ちを】すこし思し知るばかり【浮舟に】教へなさせたまへ。忍ばれぬべくは、すきずきしきまでも、何かは」(中将―妹尼(消息))(源氏　手習)

d　前栽の花いろいろ咲き乱れ、おもしろき夕暮に、海見やらるる廊に出でたまひて、たたずみたまふ【源氏の】さまの、ゆゆしうきよらなること、所がらはましてこの世のものと見えたまはず。(源氏　須磨)

e　……、なほこれ【＝葵上】こそは、かの人々の捨てがたくとり出でしまめ人には頼まれぬべけれ、と【源氏】思すものから、……（源氏　帚木）

f　……、【薫は】過ぎにし方【＝大君】の忘られればこそはあらめ、なほ、紛るるをりなく、もののみ恋しくおぼゆれば、……（源氏　宿木）

例(59)aは、朝顔あての源氏の消息。あたかもかつて関係があったかのような口ぶりで、「あなたとの間柄を「昔を今に(なすよしもがな)」と存じますのもかいがなく、しかしまた、あたかも取り返せるもののように(思われまして)」と書いている。自発用法その他の解釈は考えがたい。例(59)bは「人に知られないよう忍んで忍びきれる恋ならば」と述べており、また、例(59)cは「恋情をこらえられるものならば、このような好色がましいふるまいまでも、どうしてしてしましょうか」と述べている。いずれも〈自発〉とは読めない。この三例以外は、管見では知覚・認識行為の動詞によるものばかりで、自発用法との判別が難しいが、少なくとも例(59)d・e・fは、行為主体にとって好ましく、積極的に実現を望む種類の事態であるという点で、意志の存在を読み込みやすく、可能用法と認めてよいのではないかと思われる。例(59)dは、「海が遠くまで見える渡り廊下」という自発用法の例とも取れるが、「(見ようと思えば)海を遠くまで見ることができる渡り廊下」という可能用法の読みも可能である。例(59)eは、葵上に対する源氏の批評。「頼まる」には自発用法の例があり、ここも「実のある女として、今後自然と頼りにされるだろう」という自発用法の例とも読めなくはないが、むしろ、「実のある女として、今後頼りにすることができるだろう」という可能用法の例と解釈する方が自然ではないか。例(59)fも「亡き大君のことが自然と忘れられていくならいいのだが」という自発用法の解釈を施すよりは、「亡き大君のことが忘れられればいいのだが」という可能用法の解釈の方がより自然のように思われる。

このように、解釈上肯定の〈可能〉を表すと見ざるを得ない例が、調査範囲で少なくとも三例は存在することは否定しがたい。

以上、古代語のいわゆる「可能文」は、〈意図不成就〉を表す（二次的に〈不可能〉の意味を表す）場合が圧倒的に多い。しかし、（一般論、モノの属性としての）〈不可能〉や、さらには肯定の〈意図成就〉〈可能〉を表す場合も、少数ながら中古には存在することを確認した。

なお、（一般論としての）〈不可能〉〈可能〉を表す例は少数で、連体修飾の場合や非現実事態を述べる場合に集中し、主文末の例に乏しい。このことは、ラル形述語文における〈不可能〉〈可能〉が、歴史的には〈意図不成就〉を表す場合に二次的に読み込まれる意味として発生し、定着していった可能性を示唆する。（〈意図不成就〉を表す文が〈不可能〉をも表すことになる事情は、すでに三・四・二で述べたところである。）

三・四・四　使用される動詞、格体制

ここでは、意図成就用法・可能用法の文法的特徴について検討する。特に、古代語ラル形述語文の自発用法に見られる文法的諸特徴との類似に注目したい。すでに三・三・三で述べたが、古代語ラル形述語文の自発用法には、用いられる動詞の種類や格体制の面で、意図成就用法・可能用法との類似がみられるのである。三・三・三で整理した自発用法の文法的特徴との対照がしやすいよう、ここでも次の三点について整理する。

a　意味から見た述語動詞の種類
b　要求する名詞項の意味的立場から見た述語動詞の種類（すなわち自動詞・他動詞）
c　格体制

なお、前節三・四・三で確認したとおり、古代語ラル形述語文の可能用法の例は、一回的な行為不成立の場合、つまり直接には〈意図不成就〉を表す（意図成就用法というべき）ものに集中しており、純然たる（一般論としての）〈可能〉〈不可能〉を表す例は少数である。したがって、文法的特徴を検討する際に可能用法と意図成就用法とを区別することは実践上ほとんど無意味である。そこで、文法的特徴の検討に当たっては、意図成就用法と可能用法とを一括して扱う。この処置によって以後の議論に大きく影響が出ることはない。また、現代語でも右のa・b・c三項目に注目する限りは、意図成就用法と可能用法との間に違いは認められないことからも、この処置をとることに差支えはないと思われる。

以下、適宜現代語ラレル形述語文の場合にも言及しつつ記述を進める。

まずa、つまり述語動詞の種類について。意図成就用法・可能用法の述語動詞には、「意志的な行為動詞」であるという以外の特別な制約はないようである。この点は現代語でも同様である。

次にb、つまり述語動詞に自動詞・他動詞をめぐる制約があるかについてだが、他動詞を用いた例はもちろん、次の諸例のように、自動詞を用いた例も認められる。現代語でも、「起きられる」「寝られる」など、自動詞を用いた可能用法・意図成就用法の文が作れる。

（60）a　我が背子がかく恋ふれこそぬばたまの夢に見えつつ寝ねらえずけれ（寐不所宿家礼）（万葉639）

b　【帝】御胸つと塞がりて、つゆまどろまれず、明かしかねさせたまふ。（源氏　桐壺）

c　【明石上】なかなかもの思ひ乱れて臥したれば、とみにしも動かれず。（源氏　松風）

d　【浮舟の結婚】明日明後日と思へば、【浮舟母】心あわたたしく急がしきに、こなたにも心のどかにゐられたらず、そそめき歩くに、……（源氏　東屋）

e　いみじきこと【＝娘の死】に死なれはべらぬ命を心憂く思うたまへ嘆きはべるに、かかる仰せ言見はべるべかりけるにや、となん。（浮舟母―薫（消息））（源氏　蜻蛉）

最後に**C**、つまり格体制について。まず現代語ラレル形述語文の意図成就用法・可能用法の格配置の型を確認する。

（61）a　次郎にブルーチーズが食べられる（ことは誰でも知っている）。（＝一・二・二、例（9）a）

b　次郎がブルーチーズを食べられる（ことは誰でも知っている）。（＝同、例（9）b）

c　次郎がブルーチーズが食べられる（ことは誰でも知っている）。（＝同、例（9）c）

d　次郎が毎朝六時に起きられる（ことは誰でも知っている）。

e　この補聴器は小さい音{が／を}聞き分けられる。

f　このベッドは相撲取りが寝られる。／この道はトラックが通り抜けられる。

《対象》項が格表示される場合は、例(61)a・cのようにガの場合もあれば、例(61)bのように元の格(ヲ格)をとる場合もある。《行為者》項は例(61)aのようにニ表示の場合もあれば、例(61)b・c・dのようにガ表示の場合もある(例(61)dのように自動詞ラレル形の場合は、原則ガ格である)。例(61)e・fの「〜は」は、《道具》デ格、《場所》ニ格の主題化したものとも了解され得るが、《道具》《場所》が主語になっているという解釈も可能である。

古代語ラル形述語文における意図成就用法・可能用法の格体制は次のとおりである。

まず《対象》項(ヲ格名詞相当)が格助詞によって表示される場合は、ガ・ノで現れることもあれば、ヲ格のまま現れることもある。この点は現代語の格表示のあり方と同じであると言える。次の例(62)aはガ表示の例、例(62)b・c・dはノ表示の例である。

(62)a　……、【古今集の歌は】すべて、よるひる心にかかりておぼゆるもあるが、けぎよう申し出でられぬはいかなるぞ。(枕　23段)

b　長からじと思心は水の泡によそふる人の頼まれぬ哉(拾遺637)

c　【夕霧】心にかけて恋しと思ふ人【=雲居雁】の御事はさしおかれて、【紫上の】ありつる御面影の忘られぬを、……(源氏　野分)

d　夜を長み眠の寝らえぬに(伊能年良延奴尓)あしひきの山彦とよめさ雄鹿鳴くも(万葉3680)

最後の例(62)dは動詞ヌ(寝)の要求する同族目的語イ(眠)がノ表示されたものである。上代の意図成就用法・

可能用法で《対象》項をガ・ノ表示する例は「眠の寝らえぬ」（八例）のみである。

次は《対象》項がヲ表示のまま現れる例である。古代語ラル形述語文が「可能」を表す場合に、動作対象をヲで表す例があることについては、すでに三矢（1908）、松尾捨治郎（1928）の指摘がある。

（63）a　我が母の袖もち撫でて我が故に泣きし心を忘らえぬかも（奈伎之許己呂乎和須良延奴可毛）（万葉4356）

b　【雲居雁の返歌】かぎりとて忘れがたきを忘るるもこや世になびく心なるらむ　とあるを、【夕霧】あやし、とうち置かれず、かたぶきつつ見ゐたまへり。（源氏　梅枝）

c　「【掛け金を掛けた襖越しの応対は】いと若やかなる心地もするかな。年月のつもりをも、まぎれなく数へらるる心ならひに、かくおぼめかしきは、いみじうつらくこそ」（源氏―朧月夜）（源氏　若菜上）

d　宰相の君【＝柏木】は、【女三宮の】よろづの罪をもをさをさたどられず、……（源氏　若菜上）

e　【宿直人】心にまかせて身をやすくもふるまはれず、いとむくつけきまで人のおどろく匂ひを、失ひてばやと思へど、……（源氏　橋姫）

一方、《行為者》項を格助詞で表示した確実な例はない（此島1973b）。この点は現代語と異なる。

（64）a　しくしくに思はず人はあるらめどしましくも我は忘らえぬかも（吾者忘枝沼鴨）（万葉3256）

b　女【＝空蝉】も、【源氏から】さる御消息ありけるに、思したばかりつらむほどは浅くしも思ひなされ

ねど、……（源氏　帚木）

c　乳母はうちも臥されず、ものもおぼえず、起きゐたり。（源氏　若紫）

d　大学の君【＝夕霧】、胸のみ塞がりて、ものなども見入れられず、屈じいたくて、書も読までながめ臥したまへるを、心もや慰むと、立ち出でて紛れ歩きたまふ。（源氏　少女）

e　北の方あきれて、ものも言はれで、とばかり思ふに、……（源氏　東屋）

f　「物はすこし覚ゆれども、腰なん動かれぬ。……」（石上中納言―人々）（竹取）

g　【玉鬘一行】歩むともなく、とかくつくろひたれど、足の裏動かれずわびしければ、せん方なくて休みたまふ。（源氏　玉鬘）

なお、例(64)f・gは、「腰、動く」「足の裏、動く」という事態を意図成就表現（〈意図不成就〉）に持ち込んだものである。身体部位である「腰」「足の裏」を《行為者》というのは、厳密に言うと適当ではない。だが、述語動詞の表す動きの主体であること、また、実態上の行為主体である人物の一部であるという点を捉えて、《行為者》項の特殊な一類として位置付けておく。なお、自発用法の例にも同様に、身体部位を動きの主体とするものがあることについては、先に指摘した（三・三・三、例(41)f・g）。

なお、身体（の一部）をニ表示する次のような例は、《行為者》格表示の確実な例とは見なさない（川村(1993)注2）。

(65) a 「もし年ごろ御心に知られたまはぬ御子を、人のものになして、聞こしめし出づることや」（占者―内

大臣）（源氏　蛍）

b　【妹尼】年ごろいと心細き身に、恋しき人【＝亡き娘】の上も思ひやまれざりしを、かくあらぬ人【＝娘ではない人】ともおぼえたまはぬ慰め【＝浮舟】をえたれば、観音の御験うれしとて、返申だちて詣でたまふなりけり。（源氏　手習）

また、《行為者》をノで表示した例とも読める意図成就用法〈意図不成就〉の例が一例だけあるが、この例は、ノがその次の「夜は、～いざり出でたる」との同格関係の表示に用いられているとも考えられるので、やはり確実な例とはしがたい。

(66)　いと濃き衣のうはぐもりたるに、黄朽葉の織物、薄物などの小袿着て、まことしうきよげなる人の、夜は風のさわぎに寝られざりければ、ひさしう寝起きたるままに、母屋よりすこしゐざり出でたる、髪は風に吹きまよはされてすこしうちふくだみたるが、肩にかかれるほど、まことにめでたし。（枕　200段）

最後に、《道具》《場所》が主語に立ち得るか否かについて触れる。現代語ラレル形述語文の可能用法では、例(61)e・f（「この補聴器は小さい音｛が／を｝聞き分けられる」「このベッドは相撲取りが寝られる」）などのように、《道具》《場所》が主語位置に立つ例が存在する。しかし、古代語ラル形述語文には、確実な例が存在しない。強いて言えば、次のように《場所》などに当たる名詞を主名詞とする連体修飾の例のみである。

（67）前栽の花いろいろ咲き乱れ、おもしろき夕暮に、海見やらるる廊に出でたまひて、たたずみたまふさまの、ゆゆしうきよらなること、所がらはましてこの世のものと見えたまはず。（源氏　須磨）（＝例（59）d）

以上述べた古代語ラル形述語文の意図成就用法・可能用法の文法的特徴は次のようにまとめられる。これは、三・三・三でまとめた古代語ラル形述語文の自発用法の文法的特徴（三点）と完全に重なる。

a' 述語動詞は知覚・感情・認識に関する動詞に限らず、他の行為動詞も用いられる。

b' 述語動詞には自動詞も用いられる。

c' 《対象》項がヲ（・ニ）のまま文中に現れることがある。《行為者》項が格表示される例はない。

三・五　尊敬用法

三・五・一　定義、格体制

古代語ラル形述語文の尊敬用法は、上代には例がなく、中古から認められる。次のように規定される。

尊敬用法：ラル形述語の用法のうち、動きや状態の主体（主語者）を、話者が上位に待遇するもの

格配置は、対応する非ラル形述語文と同じである。動きや状態の主体が主語に立つ。格表示される場合はノを

伴う。

(68) a 「大納言の、外腹の娘を奉らるなるに、朝臣のいつき娘出だし立てたらむ、何の恥かあるべき」(源氏―惟光)(源氏　少女)

b 「……。中将【=夕霧】の恨めしげに思はれたる事【=雲居雁との一件】もはべるを、……」(大宮―源氏)(源氏　行幸)

c 「故六条院の踏歌の朝に、女方にて遊びせられける、いとおもしろかりきと、右大臣【=夕霧】の語られし。……」(冷泉院内話)(源氏　竹河)

三・五・二　尊敬用法の下位類型

ここでは、ラル形述語文尊敬用法の下位類型について概略を述べる。尊敬用法の運用の実際については、作品ごとに慎重に検討しなければならないことが多いが、本書ではそこまで踏み込めない。ただ、本書の目的にとって必要な範囲のことを指摘するに留める。

古代語のラル形述語文尊敬用法の例は、二つの場合に大別できる。第一に、いわゆる助動詞ル・ラルが他の尊敬語動詞に下接するもの、第二に、ル・ラルが尊敬語動詞以外の動詞に下接するものである。

第一の場合は、ル・ラルが尊敬語動詞に下接して「おほせらる」「おぼさる」「おぼしめさる」等の派生動詞を構成し、上位待遇の度合を強化するものである(ただし、「おほせらる」以外は、自発・可能等の用法で用いられる場合が多い)。この用法については、「おほせらる」「おぼさる」「おぼしめさる」全体で一個の尊敬語動詞と見るべきものと考えられる。本書ではこの用法にこれ以上踏み込まない。

第二の場合は、ル・ラルが尊敬語以外の動詞に下接して、尊敬語動詞を構成するものである。尊敬語たることの標識がル・ラルのみであることから、これを以下仮に「単独用法」と呼ぶ。変体漢文（の影響を受けた文体）に多く用いられるが、和文にも現れる。

単独用法の用例の多くは、身分のあまり高くない者や、話し手（日記などでは、書き手）と同等、あるいは話し手より下位の者を待遇の対象とするものである。先に挙げた例（68）の諸例がそれにあたるが、さらに用例を追加する。

（69）a　「御格子まゐりね。もの恐ろしき夜のさまなめるを、宿直人にてはべらむ。人々近うさぶらはれよかし」（源氏―女房たち）（源氏　若紫）

b　「いとほしく大臣【＝左大臣】の思ひ嘆かるなることも、げに。……」（帝―源氏）（源氏　紅葉賀）

c　「【葵上のこと】みづからはさしも思ひ入れはべらねど、親たちのいとことごとしう思ひまどはるるが心苦しさに、かかるほどを見過ぐさむとてなむ。……」（源氏―六条御息所）（源氏　葵）

第三者としての自分の親、夫などの言動に言及する場合にラル形が用いられる場合もある。

（70）a　……、この過ぎぬる人【＝母】、わづらひつる日ごろ、ものなどもいはず、ただいふこととては、【筆者が】かくものはかなくてありふるを夜昼なげきにしかば、「あはれ、いかにし給はんずらん」と、

しばしば息の下にものせられしを思ひ出づるに、かうまでもあるなりける。（蜻蛉　上　康保元年秋）

b　……、書に心入れたる親は、「口惜しう。【作者を】男子にてもたらぬこそ、さいわひなかりけれ」とぞ、つねになげかれ侍りし。（紫式部日記　消息文）

c　内裏よりはやがて車のしりに陵王【＝作者の甥】ものせて【夫の兼家】まかでられたり。（蜻蛉　中　天録元年三月）

d　「……、故大納言、いまはとなるまで、ただ、「この人の宮仕の本意、かならず遂げさせたてまつれ。我亡くなりぬとて、口惜しう思ひくづほるな」と、かへすがへす諫めおかれはべりしかば、……」（更衣母―靫負命婦）（源氏　桐壺）

親や夫は「同等あるいは目下」とは言いがたい。しかし、家族の言動に言及する場合、場面への顧慮から敬語の使用が抑制される場合のあることが森野宗明（1971: 119–121）などで指摘されている。例（70）b・dなどは、聞き手・読み手を意識したラル形使用かもしれない。日記の地の文の例（70）a・cについても、不特定の読み手を意識したためのラル形使用とまとめられるかもしれないが、なお検討したい。

このように、単独使用のラル形は、同僚あるいは目下の人物に話しかけたり、言及したりする場合、また、自分の身内に言及する場合に用いられることが多い。

その中にあって、それらとはかなり異なる一群の用例がある。すなわち、朝廷の行事など、公的活動（例（71）a～g）、あるいは貴族の主催する仏事・饗宴などの執行（例（71）h～k）について述べる場合である（三・二・

五・二・四①で言及した）。

(71) a　これより前の歌を集めてなむ、万葉集と名付けられたりける。（古今　仮名序）

b　かく、この度【和歌集を】集め選ばれて、山下水の絶えず、浜の真砂の数多く積りぬれば、今は飛鳥川の瀬に成る怨みも聞えず、細石の巌と成る喜びのみぞ有るべき。（古今　仮名序）

c　田村帝の御時に、斎院に侍ける慧子皇女を、母過ちありと言ひて、斎院を替へられむとしけるを、そのこと止みにければ、よめる（古今 885　詞書）

d　同じ御時、せられける菊合に、州浜を作りて、菊の花植へたりけるに加へたりける歌。（古今 272　詞書）

e　「……。朱雀院の行幸、今日なむ、楽人、舞人定めらるべきよし、昨夜うけたまはりしを、大臣にも伝へ申さむとてなむ、まかではべる。……」（頭中将—源氏）（源氏　末摘花）

f　「京にも、この雨風、いとあやしき物のさとしなりとて、仁王会など行はるべしとなむ聞こえはべりし。……」（使—源氏）（源氏　明石）（＝例(25) a）

g　その年返りて、男踏歌せられけり。（源氏　竹河）（＝例(25) b）

h　【明石中宮】蓮の花の盛りに、御八講せらる。（源氏　蜻蛉）

i　……、【源氏】験者など召し、御修法はいつとなく不断にせらるれば、僧どもの中に験あるかぎりみな参りて、加持まゐり騒ぐ。（源氏　柏木）

j　「……。かれは陽成院の御笛なり。それを、故式部卿宮のいみじきものにしたまひけるを、かの衛門督は、童よりいとことなる音を吹き出でしに感じて、かの宮の萩の宴せられける日、贈物にとらせたまへるなり。……」（源氏—夕霧）（源氏　横笛）

k　……、【源氏】唐めいたる舟造らせたまひける、急ぎさうぞかせたまひて、おろし始めさせたまふ日は、雅楽寮の人召して、船の楽せらる。（源氏　胡蝶）

宮廷の行事などについて述べる場合は、待遇の対象が誰と特定されないことが多いが、強いて言えば天皇が待遇の対象だということになる。貴族主催の仏事等の場合も、最終的な行為主体は高位の人物であり得る。例(68)・(69)の類とは、待遇の対象が相当に異なると言わざるを得ない。

この、例(71)のタイプで言及される宮廷行事や仏事などは、実現に多数の人間が関与するタイプの事態であるという点に特徴がありそうである。

生産動詞のラル形述語文は通常尊敬表現と理解される（三・二・五・二・四②で言及した）。行事・仏事などとは異質な事態ではあるが、屋敷の建設等、実現までに多数の人物が関与する種類の事態についてラル形が用いられるという点で、例(71)の諸例と共通の特徴が認められそうである。

(72) a　「けふ雪の山作らせ給はぬところなんなき。御前のつぼにも作らせ給へり。春宮にも弘徽殿にも作られたりつ。京極殿にも作らせ給へりけり」（源忠隆—少納言）（枕　87段）（＝例(26)a）

b　常の御念誦堂をばさるものにて、ことに建てられたる御堂の西の対の南にあたりて、少し離れたるに【藤壺】渡らせたまひて、とりわきたる御行ひせさせたまふ。（源氏　賢木）（＝例(26)b） c　【右大臣】新しう造りたまへる殿を、宮たちの御裳着の日、磨きしつらはれたり。はなばなとものしたまふ殿のやうにて、なにごとも今めかしうもてなしたまへり。（源氏　花宴）

d　天暦御時、大盤所の前に、鶯の巣を紅梅の枝に付けて立てられたりけるを見て（拾遺 1009　詞書）

桜井光昭（1963（1966））は、『今昔物語集』の尊敬用法の動詞ラル形が単独で用いられる場合について、二つの用法があることを指摘した。一つは、身分が余り高くない者や、話し手より下位の者を待遇の対象とする場合で、桜井氏は「一般尊敬」と呼ぶ。第二は、公を中心とした行事や、宮廷組織・主従関係を前提とした社会的行為について待遇するもので、待遇の対象が誰と特定されないことが多い。桜井氏はこのタイプを「公《おおやけ》尊敬」と呼ぶ。

『今昔物語集』の文体は、漢文訓読文や変体漢文の影響が指摘されているものである。したがって、そこでの尊敬用法ラル形述語の使用のあり方と、本書の調査対象である和歌集・物語等における尊敬用法ラル形述語の使用のあり方を直ちに同一視することには慎重でなければならない。しかし、少なくとも例（68）・（69）の諸例は桜井氏の「一般尊敬」にほぼ相当し、例（71）の諸例は、桜井氏の言う「公尊敬」に相当すると見てよい。ただし例（70）、例（72）の諸例については、少なくとも桜井（1963（1966））の議論からは、「一般尊敬」「公尊敬」のいずれに当たるのか、判然としない。なお検討したい。

さて、尾上圭介（2003）は、例（71）のタイプ（桜井氏のいう「公尊敬」）のうち、例（71）f「仁王会など行はるべし」（源氏　明石）などに注目し、欧州諸言語にある「非人称受動文」のように、「行為者を消去する」表現と見て、尊敬用法とは別用法と位置付け、「非人称催行」と名付けた。桜井氏の言う「公尊敬」の例が《行為者》項を明示しないという点に着目し、その表現意図を「動作主の消去」にあると解釈した尾上氏の見解は的確と思われる。しかし、それでもなお、「公尊敬」の例は、やはり上位待遇の対象となる朝廷や公家・寺社等の(組織としての)行為に限定され、例えばドイツ語の非人称受動文 Es wurde gestern getanzt.(昨日舞踏会があった)のように、ただ「事態があったこと」の表現一般を行っているわけではない。公事や行事等の場合、事態の実現に複数の人間が関与し、行為主体を誰と特定しがたいため、上位待遇を意識しつつも結果的に主語不明示になるということは、あり得ることである。したがって、本書では、「公尊敬」の例を尊敬用法の特殊な一角であるという位置付けに留めておく。

三・六　まとめ

三・六・一　諸用法と格体制の関係

三・五節まで、古代語ラル形述語の諸用法を一つ一つ定義しつつ、格配置を中心とした構文的諸特徴を記述してきた。ここでは、諸用法と格体制の関係についてまとめる。

諸用法について文中の《行為者》項と《対象》(あるいは《被影響者》)項の格表示例を整理すると、表一(次ページ)のようになる。対照のため、現代語のラレル形述語の諸用法について、同様の整理を施し、表二として掲げる(213ページ)。表の「ガ」「ノ」「ヲ」「ニ」は、《行為者》項や《対象》項が文中に現れた場合の格表示を示したものである(文中に必ず現れるということではない)。また、格助詞不使用の場合(名詞が裸で現れる場合、また、副助詞・係助詞のみが下接する場合)を「φ」で示す。

表一　古代語（和歌・物語など和文系統）ラル形述語文の格表示

用法	《行為者》	《対象》	備考
自発	ϕ	ϕ・ノ・ガ・ヲ	自動詞も可。また、知覚・感情・認識の動詞以外も可。
意図成就 可能			
発生状況描写	ニ	ϕ・ノ・ガ	主語である《対象》は非情物。
受身		ϕ・ノ・ガ	主語（ϕ・ノ・ガ格）は《対象》でもある《被影響者》（有情者）。
		ϕ・ヲ等 （間接受身）	間接受身文では、主語は《対象》ではない《被影響者》。
尊敬	ϕ・ノ	ϕ・ヲ等	

表二　現代語ラレル形述語文の格表示

用法	《行為者》	《対象》	備考
自発	φ・ニ	φ・ガ	知覚・感情・認識を表す他動詞のみ可。
意図成就	φ・ニ	φ・ガ	「この補聴器は小さい音{が／を}聞き分けられる」「このベッドは相撲取りが寝られる」などの例では、《道具》《場所》の項が主語。
可能	φ・ガ	φ・ヲ	
発生状況描写	ニ	φ・ガ	主語である《対象》は非情物。
受身	ニ・カラ	φ・ガ	主語（φ・ガ格）は《対象》でもある《被影響者》（有情者）。
		φ・ヲ等（間接受身）	間接受身文では、主語は《対象》ではない《被影響者》。
尊敬	φ・ガ	φ・ヲ等	
「非固有の受身」	ニ・カラ・ニヨッテ	φ・ガ	近代以降一般化したと見られる。

表一と表二との対照から、次の三点が指摘できる（川村2005）。

イ　古代語の場合、《行為者》の格表示のタイプに注目して、意味を三つの類に分けることができる。すなわち、自発用法・意図成就用法・可能用法が第一の類をなし、発生状況描写用法・受身用法が第二の類をなし、尊敬用法が第三の類をなす。第一の類では格助詞を伴う確例を見ない。第二の類は必ずニを伴う。第三の類は、格助詞で表示するとすればノである。

ロ　古代語の自発用法・意図成就用法・可能用法は全く同じ格体制である（現代語と異なる）。

ハ　現代語では、格表示の様式が相当変化しており、古代語に見られる三つの類の区分は明瞭ではない。しかし、現代語においても、第一の類は《行為者》の格表示に格助詞なしの場合もニを伴う場合もあるのに対して、第二の類では格助詞なしということはなく、必ずニ等を取る。第三の類では格助詞を取るとすれば必ずガである。このように、古代語と同様やはり三類に分けることができるのであって、現代語でも古代語にみられる大きな区分はなお見て取れる。

〔ラレル〕形述語文の諸用法はそれぞれ、取り得る格の体制が決まっている。しかも、複数の用法にまたがって共通の格体制の型が存在することも見て取れる。特に古代語では、《行為者》の格表示のタイプに注目することで、諸用法が三つの類に分かれる（イ）。とりわけ、自発・意図成就・可能の三用法の格体制が同じ型である（ロ）ということは、注目すべき事実である。

古代語ラル形述語文においては、どの意味を表すかということと、どの格体制を取るかということとの間に、明らかに密接な関係がある。ラル形述語文の多義の構造を論ずる際に、用法ごとの格体制の異同を無視するのは、適当ではあるまい。第四章ではラル形述語文の多義の構造について検討するが、その際には、用法ごとの意味の位置関係のみならず、格体制の異同についても適切な説明が可能な枠組を設定することが要請される。

三・六・二　古代語ラル形述語文における「主語」

本書はここまで、「主語」という用語を特段の規定なしに用いてきた。使用する場合は現代語の例の場合か、古代語でも受身用法・発生状況描写用法、尊敬用法の場合にほぼ限り、従来「主語」の認定に議論のある自発用法や意図成就用法・可能用法に対しては、「主語」が何であるかということを積極的に述べることを避けてきた。前節三・六・一において、古代語ラル形述語文の全用法について、格表示の実態を見渡し終えた。ここで改めて、何を指して古代語ラル形述語文の「主語」と言うか、ということについて述べておく必要があろう。

古代語ラル形述語文における「主語」の内実については、次章においてラル形述語文の多義の構造を検討する際に、尾上圭介氏の「出来文」説(尾上1998a, 1998b, 1999, 2000, 2003)に基づいて改めて規定することになる。ここでは、「主語」とされる名詞項を特定し、その内実に関しては暫定的な了解を示すに留める。

一言で言えば、本書の主語了解は、尾上(2003, 2004)に示された了解を古代語に準用するものである。この場で尾上氏の主語論の詳細には立ち入れないが、当面必要な事柄だけを紹介する。

尾上(2004)は、現代語における主語規定の仕方を検討の上、最終的に形態論的観点で規定するしかないとし、ガ格項を「主語」だとする(同p. 8)。その上で、ガ格項の共通性を「事態認識の中核項目」であるとする(同p. 9)。例えば「鳥が飛んでいる」の「鳥」などは、事態の同一性を保証し、また事態を把握する上でまず注目されるモノであるという意味で「事態認識の中核項目」である。「故郷が懐かしい」「水が欲しい」「明日の遠足がうれしい」などのガ格項は、「対象語」などと呼んで「主語」から除く議論もあるが、尾上氏はこれらのガ格項も(事態把握の際にまず注目される項目とは言いがたいが)「事態認識の中核項目」であることは変わらないと認め「主語」だとする(同 p. 14)。

この了解に準じ、本書では、ラル形述語文の取り得る名詞項のうち、いわゆる主語表示のガ・ノによって表示され得るものを、まずは「主語」とする。受身用法の《被影響者》、発生状況描写用法の《対象》、尊敬用法の《行為者》は、(すでにそう呼んでいるように)この規定によって「主語」だということになる。自発用法・意図成就用法・可能用法における《対象》項(「女御とだに言はせずなりぬるが、あかず口惜しう思さるれば」(源氏　桐壺)「ありつる御面影の忘られぬを」(源氏　野分)など)は、ガ・ノで表示され得るし、また、当該事態の中核に立ち現れるモノである、という意味で、当該事態における「モノ的中核」(尾上 2004: 15)であると言ってよい。そこで、ガ・ノ表示の場合は「主語」であると認める[17]。尾上(2004: 15)も、現代語の「太郎は納豆が食べられる」「この店はかき氷が食べられる」の「納豆」「かき氷」について「主語」であるとする。

古代語ラル形述語文の自発用法・意図成就用法・可能用法における《行為者》項(「我も心づかひせらるべきあたり」(源氏　朝顔)「乳母はうちも臥されず」(源氏　若紫)など)は、すでに指摘したとおり、格助詞が下接した例がない。それゆえ、形態上の特徴によっては主語であるともないとも言うことができない。だが、右の三用法における《行為者》項が、少なくともガ・ノ格名詞項と同様の「事態認識の中核ないし基盤」としての性格を共有していることは認めてよさそうである。実際、尾上氏も(結論だけ言えば、)現代語の「太郎は納豆が食べられる」「この店はかき氷が食べられる」の「太郎」「この店」を「事態生起の場」としての「主語」だとする

（尾上 2004: 15）。また、現代語ではガによる表示例を見出しがたい自発文の《行為者》項「私は中学時代のことが懐かしく思い出される」も「主語」と認める（同 p. 6）。

古代語の自発用法・意図成就用法・可能用法における《行為者》項を「主語」と認めてよいと思われるひとつの傍証として、当該名詞項が尊敬語による上位待遇の対象となり得る、という点を指摘しておく（詳細は第六章を参照）。

（73）a　【源氏の振る舞いに】若君【＝若紫】は、いとむくつけく、いかにすることならむ、とふるはれたまへど、さすがに声たてても泣きたまはず。（源氏　若紫）

b　君【＝源氏】は、とけても寝られたまはず。（源氏　帚木）

格表示によって規定され得る主語と同様、当該名詞項も尊敬語による上位待遇の対象となり得るということは、当該名詞項が主語的性格をもつことのひとつの現れであると言える（受身用法の《被影響者》項も、上位待遇の対象となる）[18]。

以上、本書では、古代語ラル形述語文における「主語」を、次のように規定する。

いわゆる主語表示のガ・ノで表示され得る（「事態認識の中核項目」を表す）名詞項、および、格助詞ϕの名詞項で、ガ・ノ格名詞項同様「事態認識の中核・基盤」を表すもの

ラル形述語文の諸用法をめぐる記述は、以上でひとまず終える。積み残された問題はまだあるものの、意味的特徴の面から諸用法を精密に定義・確定し、各用法における格体制を中心とした文法的特徴を記述するという本章の目標は果たし得た。また、その過程で、従来個別に指摘されてきた事項をできるだけ取り上げ、それぞれについて記述を一歩進め得たと考える。

注

1　本章は川村(2004)第一節〜第四節、川村(2005)第二節を元に、川村(1993, 2009a)などを用いて大幅に加筆したものである。

2　この主張は、自然言語において形式の「意味」が実際にも「必要十分条件」で規定されるようなあり方をしている、ということを主張しようというのではない。多義形式の分析に際しての実践上の必要を述べているだけである。また、この主張は、個々の例文について、自発用法か可能用法かを一つ一つ判定できるような定義を施すべきだ、と言っているのでもない。個別の例文が「自発」とも「可能」とも解釈できる場合があるとしても、意味的特徴としての〈自発〉なり〈可能〉なりの定義は、互いに明確に区別されるものでなければならない（そうしないと議論が混乱する）、という、いわば当然のことを言っているだけである。

3　漢文訓読の場合や、漢文訓読の影響を受けた文章では、《行為者》をノタメニで表示することがある（三浦法子(1973)、大坪併治(1981)、吉岡徳子(1993)、小田勝(2003)ほか）が、本書の調査範囲には存在しない。カラやニヨッテによる《行為者》表示の例は、古代語には存在しない。

i　石川丸大臣、孝徳天皇位につきたまての元年乙巳、大臣になり、五年己酉、東宮のためにころされたまへりとこそは。（大鏡　一　岩波書店「日本古典文学大系」）

ii　剰【あまっさへ】大将軍李少卿、胡王のためにいけどらる。（平家　二　岩波書店「日本古典文学大系」）

4　なお、堀口氏の議論では、直接受身文「にくまれる」などに現れる「悪影響」と間接受身文に現れる(本書の言う)〈はた迷惑〉とを同じ用語「〈迷惑〉」で呼ぶことがある。しかし、その場合でも、直接受身文に現れる「〈迷惑〉」と、間接受身文の「〈迷惑〉」すなわち本書の言う〈はた迷惑〉とは、明確に区別して論じている。

5　堀口(1983: 45)に言及されているように、「私の心は霞のようにたなびかれる」という意味の自発用法とみる解釈もある。

6　堀口(1983: 42)は、「たちこめらる」が本来「(雨に)ふりこめらる」と同様他動詞の受身であったのではないかと推測している。

7　例(13)c・dほか、和歌には「風、Xを吹く」の例が少なからずあることについては、高木和子氏に御教示いただいた。

8　ただし、鷲尾氏の挙例は、古代語については和歌の例が多く、擬人化の可能性を完全に排除できない。また、鷲尾(2008)は古代語散文から唯一『栄花物語』「音楽」の例「風植木を吹けば、池の波、金玉の岸を洗ふ」を挙げるが、当該例は漢文を下敷きにしているくだりの一部であり(石田瑞麿 1968)、古代語吹クの格体制を論ずるには不適当である。「風(が)X(を)ふく」という構文を古代語において認めることには、なお慎重な検討が必要である。

9　また、例(14)の閉ヅを、「葎の門」や「氷」などが「通路などをふさぐ」という意味の他動詞として了解できれば、これらの例は、完全に「競合の受身」の例となり、堀口説の枠内で説明可能になる。なお検討したい。

10　なお、杉本武(1999)は、現代語の「雨に降られる」が直接受身文である可能性について検討している。

11　清水慶子(1980)の調査では、受身文に占める非情物主語受身文の割合を、『源氏物語』（岩波「日本古典文学大系」第一巻のみ)で一六・五%、『枕草子』で二五・七%と報告する(ただし、擬人法の例は除いたという)。奥津敬一郎

(1983a) は『枕草子』の非情物主語受身文について全受身文中の二七%を占めると報告する。

12　なお、この指摘は、現代語「受身文」に対する古代語「受身文」の何らかの特徴を積極的に述べたことにはならないだろう。現代語では非情物主語受身文の使用頻度が高いというが、実際には、非情物主語受身文の使用頻度は文体によって大きく異なる。例えば、次に挙げるいくつかの調査によれば、新聞の論説文でこそ「受身文」中の半数以上を非情物主語受身文が占める一方、対談、ドラマの会話、小説などの会話文では、一〇%台かそれ以下だという。

・迫田久美子・西村浩子 (1991)

「天声人語」1990.5.8 ～ 8.2 掲載分、1988.10.1 ～ 10.31 掲載分　全 212 例

直接受身：有情主語 34.9%　非情主語 59.0% (百分率は全用例に対するもの)

「徹子の部屋」1990.6.21 ～ 8.10 放送分、計 16 人　全 173 例

直接受身：有情主語 76.9%　非情主語 16.8% (百分率は全用例に対するもの)

・許明子 (2004)

「天声人語」1997.10.1 ～ 12.31 掲載分、2304 文中　受身文 279 例

直接受身：有情主語 97 例 (34.8%)　非情主語 175 例 (62.7%) (百分率は全用例に対するもの)

テレビドラマ「ひまわり」1996.4.1 ～ 10.5 放送分、会話文約 10530 文中　受身文 758 例

直接受身：有情主語 645 例 (85.1%)　非情主語 62 例 (8.2%) (百分率は全用例に対するもの)

・志波彩子 (2006) (会話文限定)

昭和戦後の小説・エッセイ・シナリオ (四三作家六〇点) の会話文から抽出、2136 例

うち、有情主語 1802 例 (84.4%)　非情主語 334 例 (15.6%)

13　「所折」の個所、『校本萬葉集』所掲の古写本での訓は一致して「オラレ」であり、注釈書でも「折らえ」とする。し

かし、「(他者に)折られた」という了解では、「〜言持ちかねて」からの続きが不自然で、むしろ「(自然に)折れた」と解釈したくなる。現に、明治書院「和歌文学大系」、講談社文庫など、「折らえけらずや」という訓のまま、「おれてしまった」などの訳をつける注釈もある。もし「所折家良受也」の個所を「オレニケラズヤ」と改訓してよければ、本用例はラル形述語文の例ではなくなる。しかし、上代には下二段活用折ルの例が報告されていないので、改訓の可能性についてはなお検討を要する。

14　敏馬が信仰の地であったと見られることは、大浦誠士(2008: 182f)に指摘がある。『万葉集』羈旅歌において土地を詠うことの意味や、大浦(2008)をはじめとする文献などについては、石田千尋氏に御教示いただいた。石田氏の御教示を筆者が十分咀嚼できていないことを遺憾とする。

15　渋谷勝己(1993: 24–26)は、「潜在系可能」(本書の〈可能〉)と「実現系可能」(本書の〈意図成就〉)が「中和」する場合について、いくつかの場合に分けて考察している。

16　この段落の論理については、尾上(1998b: 95)がすでに述べている。

17　自発用法・意図成就用法・可能用法の《対象》項には、ヲ表示の場合と格助詞φの場合もある。ヲ表示の場合はもちろん「主語」ではない。格助詞φの場合は、ガ・ノ格相当(つまり「主語」)なのかヲ格相当(つまり目的語)なのか、判然としないが、少なくとも両方の場合があり得ると考える。

18　ただし、本書は、原田信一(1973)・柴谷方良(1978)などが試みたように、主語を「尊敬語による上位待遇の対象」ということをもって定義しようとするわけではない。

第四章　ラル形述語文諸用法の統一的把握

四・一　本章の課題と構成

本章では、第一章で掲げた本書の三つの課題のうち、第三の課題を扱う。すなわち、古代語和文に見られる動詞ラル形述語文の多義の構造を統一的に説明するにはどのような枠組が必要か、また、動詞ラル形という文法形式は全体として何をしている形式と見るべきか、検討する。

現代語、古代語を問わず、動詞〔ラレル〕形を述語とする文が表現上「受身」「自発」「可能」などの様々な意味を帯びることは従来よく知られている。そして、それぞれの意味を表す場合ごとに「受身文」「自発文」「可能文」などと呼ばれ、個別に扱われもする。しかし、一方では、「受身文」「自発文」「可能文」などを構成するそれぞれの動詞〔ラレル〕形が、互いに全く無縁な、同音異義の関係にあるというわけではなくて、何らかの共通の「気分」を共有しているように見える、ということも、従来直感されてきた。そのことから、様々な動詞〔ラレル〕形述語文を何らかの形で統一的に把握しようとする議論が、従来少なからず試みられてきた。

〔ラレル〕形述語文の諸用法を統一的に把握することそれ自体は、単に多義語・多義形式の分析の一事例というに留まりそうに見える。しかし、実はそうではなくて、他のいくつかの点からも意味のあることである。すでに一・二・三・一で述べたことであるが、改めて要約・列挙すると次のようになる。

イ　〔ラレル〕形述語文の個別用法について論じる際でも、各用法について基本的な問題を論じようとすれば、他の用法との位置関係を意識せざるを得なくなる。

i　各用法の定義の問題。例えば、同じ〔ラレル〕形述語文の中で受身文を自発文・可能文などから適切に区別できるように定義するには、どのような定義が必要か、そもそもどのような性質を持つ文が受身文なのか、また、「やろうとして首尾よくできた」の意味の〔ラレル〕形述語文を可能文に含めるべきか否か、など。

ii　用法発生の論理の問題。例えば、〔ラレル〕形述語文がどのような論理で〈可能〉を表し得るのか、その意味を表す場合どうしてこのような格体制を取るのか、など。

ロ　〔ラレル〕形述語と同様の多義の構造を持つ形式がほかにも存在する（いわゆる可能動詞、動詞見エル・聞コエル・分カルなど）。〔ラレル〕形述語文の統一的把握を試みることは、それら他の形式の多義構造の検討にも有益な知見をもたらし得る。

〔ラレル〕形述語文の諸用法を統一的に把握することは、少なくとも右に挙げた諸点から積極的に要請されるのである。

しかし、〔ラレル〕形述語文の統一的把握は容易ではない。他の多義語（あるいは多義の文法形式）と同様、〔ラレル〕形述語文の多義の構造をどう理解するかについては、少なからぬ論考が残されてきた。しかし、それらは、〔ラレル〕形述語文の多義の構造を部分的には指摘できているものもあるとはいえ、十全な説明を与えたと言えるものはほとんどない。

具体的な事例は次節四・二で整理・検討するとして、困難さがどこに由来するか、その事情を先取り的に言えば、〔ラレル〕形述語文の多義の構造を適切に説明しようとすれば、二つの困難を同時に解決する必要があるという点にある。

第一の困難とは、〔ラレル〕形述語文の表す個々の意味が互いに異次元に属し、互いの関係を簡単には説明できないという難しさである。第三章で確認した、古代語ラル形述語文の諸用法を用いて説明すると、次のようになる。

自発用法は、（通常意志をもって実現する）行為が意志なしに実現することを表すもの、すなわち、「行為実現をめぐる意志の欠如」を問題にするものであった。それに対して、意図成就用法は、同じく人間の行為をめぐる意味ではあるが、「意志的な行為が意図どおり実現する／しない」ということを問題にするもので、自発用法とは「意志の有無」をめぐって百八十度異なる。「意志的行為が実現するだけの許容性・萌芽の存否」を問題にする可能用法もまた、意志による行為を前提とするものだから、自発用法とは意志の有無をめぐって正反対の位置にあると言える。一方、自発用法と意図成就用法は行為の実現如何を問題にする用法であるのに対し、可能用法は行為の実現・不実現そのものではなくて、「行為者がその気になれば当該行為が実現するだけの許容性・萌芽が状況の中にある（あるいは、ない）」という意味である。行為実現の潜在的可能性に関する意味、つまりモダリティの一種である。

右の三用法がもっぱらヒトの行為の成立如何を問題にしているのに対し、本書における（いわゆる「受身文」から再定義した）受身用法は、「他者（ヒトやモノ）の行為や変化が生じた結果、有情者の感じる（はずの）影響（被影響感）」を表すものである。また、受身用法の規定の結果、受身用法から除かれた文類型である発生状況描写用法は、「他者（ヒトやモノ）の引き起こした事態の結果、モノに生じた状況を描写する」というものである。受身用法と発生状況描写用法とはいずれも、いわば、他者の引き起こした事態の結果、ヒトやモノにどのようなことが生じるかを問題にするものだといえるが、受身用法は有情者の被る影響の叙述、発生状況描写用法は非情物に発生する状況の描写と、表現内容は相当に異質である。

最後に残った尊敬用法は、「話題の人物を上位に待遇する」ことを表す。つまり待遇表現である。

ラル形述語文の各用法の表す意味の次元は、このように互いに異なっている。（もちろん、現代語ラレル形述語文についても当然同様のことが言える。）ある一つの意味からもう一つの意味への拡張・派生関係は、一部では想定できるかもしれない（例えば、意図成就用法と可能用法の間）。しかし、全ての用法を単純な拡張・派生関係で説明するのはほとんど不可能である。

第二の困難とは、〔ラレル〕形述語文が用法ごとに取る格体制の異同をどう解釈するかの難しさである。三・六・一でまとめたように、〔ラレル〕形述語文の諸用法における〈自発〉〈可能〉などの意味と、《行為者》項の表示法をはじめとする格体制とは、明らかに密接な関係がある。現代語ラレル形述語文でもそのことがある程度認められるが、特に古代語ラル形述語文ではそれが顕著で、用法（また、その表す意味）の違いに応じて格体制の型が三類にきれいに分かれる。従来、〔ラレル〕形述語文の多義の構造の検討に際しては、このことはほとんど問題にされていなかったが、〔ラレル〕形述語文（特に古代語ラル形述語文）の意味と格体制との関係については、何らかの説明が必要である。とはいえ、「なぜこの意味が現れる場合にこの格体制になるのか」ということを説明する理論的枠組を構成するのは、やはり簡単ではない。

〔ラレル〕形述語文に多様な意味が現れる論理の説明と、それぞれの意味の場合にある格体制を取るということとの論理の説明とは、その片方だけを解決しようとしてもおそらく無意味で、両者を一挙に説明し得る論理が必要である。その際、従来よくなされているような、一つの意味からの拡張・派生として他の意味を位置付ける、という説明の方法では、格体制の説明でどうしても行き詰りそうである。ここにおいて必要なのはおそらく、ラル形述語文の諸用法とは別に、ラル形を貫く何らかの「共通性格」あるいはスキーマを仮定し、その共通性格から各用法が現れる所以を説明するということだろう。（もちろん、現代語ラレル形述語文においても同様の方法が有効であろう。）しかし、その「共通性格」をどのように設定するか、それも一筋縄ではいかない。

　以上のような、〔ラレル〕形述語文の多義の構造の説明にまつわる二つの困難を、共にクリアし得ると思われる議論が、管見では一つだけある。それは尾上圭介氏の提唱する「出来文」説（尾上 1998a, 1998b, 1999, 2000, 2003）である（四・三で概略を紹介する）。尾上氏の「出来文」説は古代語ラル形述語文にも目配りをしながら立論されているが、主な検討材料は現代語の、ラレル形述語文やいわゆる可能動詞述語文などである。本章ではこの「出来文」説に基づいて、第三章で整理・記述した古代語ラル形述語文の意味の多様性と、それぞれの意味を帯びる場合の格体制の違いとの双方を的確に説明できるかどうか、検討を試みる。

　以下、次節四・二では、現代語・古代語を問わず、〔ラレル〕形述語文の多義の構造を論じた先行研究の論点を概観し、従来の諸説の問題点を指摘する。四・三では、「出来文」説を概観した後、古代語ラル形述語文に適用し、ラル形述語文の多義の構造や、表現上の意味と格体制の相関を的確に説明できることを論証する。そして、「出来文」説によって古代語ラル形述語文を解釈することの有効性を確認するとともに、「出来文」説が現代語ラレル形述語文よりも古代語ラル形述語文の説明にこそ有効であることを指摘する。四・四では、本章の内容と「出来文」説との位置関係について、それぞれの議論の形成過程に遡って述べる。四・五では補論として、いわゆる助動詞ユ・ルの成立過程について「出来文」説の立場から検討する(1)。

四・二　先行研究の検討

四・二・一　説明の仕方をめぐる二つの立場

ここでは、古代語現代語を問わず、〔ラレル〕形述語文の多義の構造を論じた従来の議論を検討し、その問題点の所在を指摘する。

従来の諸説は、想定する多義の構造のあり方によって大きく二つに分類できる。

α　個別用法の間に拡張・派生の関係を想定する説

β　個別用法とは別の次元に〔ラレル〕形固有の性格を想定する説

αは、「受身」を表す用法、「自発」を表す用法といった個々の用法の一つ（あるいは、その用法の帯びる表現上の意味）を出発点あるいは中核として、そこからの拡張・派生として他の用法が出る、とする議論である。これは多義語の分析を行う際に通常用いられる、思いつきやすい手法であって、実際、橋本進吉(1931)、山田孝雄(1936)、時枝誠記(1939)など、従来多くの議論がこの立場を取る。

βは、〔ラレル〕形それ自体は、「受身」を表す用法、「自発」を表す用法といった個々の用法とは別の、ある語的性格を持っていると考え、その語的性格を道具として具体的な表現目的に適用する仕方として諸用法（つまり、それぞれの意味）が存在する、という議論である。細江逸記(1928, 1944)などの「中相」説や、Shibatani, M. (1985)の「動作主背景化(agent defocusing)」説などがこの立場に当たる。追って四・三で概観する尾上圭介氏の「出来文」説（尾上 1998a, 1998b, 1999, 2000, 2003）もこの立場だということになる。

ただし、αとβという二つの立場は、論者ごとに截然と分かれるわけではない。全体としてはβの立場に立つ議論でも、部分的に用法の一つ（例えば「自発」）から二次的に別の用法（例えば「可能」）が派生することを認める（つまりαの立場を採用する）場合もある。

以下、まずαの立場の議論を検討し（四・二・二・二）、次いでβの立場の議論を検討する（四・二・二・三）。

なお、〔ラレル〕形述語の多義の構造をめぐる諸説の整理と検討としては、すでに大場美穂子（未公刊）がある。大場（未公刊）は本章と同様、〔ラレル〕形述語の多義構造をめぐる研究史の終着点に尾上氏の「出来文」説を位置付けて諸説を整理しており、個別の先行研究に対して指摘する問題点については、本節四・二と重なるところが多い。ただし、全体の構成や取り上げる論題の種類、個別の先行研究に対する問題関心のあり方、分析の仕方等において、本節四・二と大場（未公刊）とではそれぞれ異なる議論を展開する。

四・二・二　個別用法の間に拡張・派生の関係を想定する諸説

四・二・二・一　議論の分析の方法

ここでは、〔ラレル〕形述語文の多義の構造を論じた諸説のうち、αのタイプ、すなわち、個別用法の内の一つを取り上げ、その用法（や、その用法の表す意味）を出発点または中核と考え、そこからの拡張・派生として他の用法を位置付ける議論を検討する。その際、個別用法とは別に、〔ラレル〕形固有の性格を想定する（βのタイプの）議論でも、部分的に意味間の拡張・派生関係を認めている個所は、必要に応じて取り上げることにする。

現在、〔ラレル〕形述語文の多義の構造は、「自発」を表す用法からの何らかの拡張・派生として「受身」「尊敬」など他の用法を捉える了解、「自発中心義説」とでも言うべき了解が一種通説になっている（大場（未公刊）や尾上（1999）はこれを「自発根源説」と呼んでいる）。αの立場に立つ議論は、数が多いし、説明の仕方を個々の議論ごとに検討すると膨大な紙幅をとることになる。しかし、二つの用法（受身と自発、自発と可能など）の間の拡張・派生関係の説明の仕方の一つ一つに注目すると、それぞれの議論の抱える問題点は、個々の論者を超えて、いくつかの限られた型に収まってしまう。

そこで、議論の便宜のため、論者ごとに説を検討することはせず、二用法間の拡張・派生関係の説明ごとに代表的な議論を二、三とりあげ、その問題点を指摘する、という方法をとることにする。

今日の観点で検討すべき「二つの用法間の関係」はそう多くない。〔ラレル〕（形述語文）には一般に「受身・自発・可能・尊敬」の四つの用法区分しか認められていないし、拡張の出発点として想定されているのは通常「受身」を表す場合か「自発」を表す場合のみだからである[2]。いわゆる「可能」を表す場合（本書のいう意図成就用法・可能用法）は、古代語では圧倒的に否定述語の場合に偏るため、他の意味の拡張・派生元として想定しにくい。尊敬用法は文献上中古以降確認されるため、他の用法に比べ、明らかに後発である。

したがって、検討すべき「二つの用法間の関係」は、以下の三つに整理される。

i　「受身」「自発」間の拡張・派生関係
（「受身」から「自発」へ、または、「自発」から「受身」へ）

ii　「自発」から「可能」への拡張

iii　「受身」「自発」から「尊敬」への拡張

（「受身」から「尊敬」へ、または、「自発」から「尊敬」へ）

なお、現在の「通説」ともいうべき「自発中心義説」においては、しばしば二つの異なる意味が「自発」の名のもとに同一視されている。一つは、本書三・三・二で規定したような、動詞〔ラレル〕形述語文の表現上の意味としての〈自発〉すなわち、「行為実現へ向けた行為者の意志がないにもかかわらず当該行為が実現すること」の意味である。もう一つは、散ル、曲ガルなどの無意志自動詞一般の語彙的な意味特徴で、「自然発生」あるいは「おのづから然る」（本居春庭『詞通路』の用語）とでもいうべきものである。それゆえ、同じ「自発」という用語（あるいはそれに相当する用語）を用いて議論している場合でも、狭義の〈自発〉を念頭に置いている場合もあれば、無意志自動詞の意味としての「自然発生」の方を念頭に置いて議論している場合もある。すでに大場（未公刊）は「自発根源説」（本書でいう「自発中心義説」）の検討に当たって、前者を「（ラレル文の用法としての）〈自発〉」、後者を「〈自動詞文的自発〉」と呼んで峻別している。これ以降の検討でも、「自発」という言葉でどちらの意味を指して用いているかについては、注意をはらいつつ検討を進める。

四・二・二・二　「受身」「自発」間の拡張・派生関係を想定する諸説

四・二・二・二・一　はじめに

「受身」を表す用法と「自発」を表す用法との間に拡張・派生関係を認める諸説には、従来二種類の説明の仕方が認められる。一つは、「受身」「自発」という二つの意味（本書では〈被影響〉と〈自発〉）の間に拡張関係を想定する議論で、次の四・二・二・二・二で取り上げる。もう一つは、「自発文」といわゆる「受身文」の間に見られる格配置の共通性に注目し、その格配置の共通性を媒介として用法の拡張が生じたと考える議論である。四・二・二・二・三で取り上げる。

四・二・二・二・二　意味間の拡張関係を想定する議論

「受身」と「自発」の間の拡張・派生関係を考える際の説明の仕方のひとつは、「受身」の意味が何らかに変化して「自発」となった、あるいはその逆に、「自発」の意味の何らかの変容として「受身」がある、と考えるものである。山田孝雄、橋本進吉、時枝誠記、大野晋、W・ヤコブセンほかの各氏がこの立場に立つ。このうち、「受身」を出発点とする拡張関係を想定するのはほぼ山田（1936）のほか川端善明（1978）が数えられるのみで、他の論者は「自発」を出発点とする拡張関係を想定する。

山田（1936）は、「受身」を表す場合を出発点として「受身→自然勢（「自発」のこと）→能力（「可能」のこと）→敬語（尊敬用法のこと）」という一直線の拡張過程を想定する（大場（未公刊）は「受身中心説」と呼ぶ）。そのうち、「受身」から「自然勢」（つまり「自発」）への拡張については次のように説明する。

> この自然勢が受身の一変態なりといふことは、その勢のおこる本源は大自然の勢力にありて人力を以て如何ともすべからぬことを示すものにして、人はそれに対して従順なるより外の方途なきなり。これ即ち大なる受身なりといふべきなり。（山田 1936: 318）

「大自然の勢力」が「人」（つまり人格的主体）に作用し、その主体が何か行為をせざるを得ない状況に追い込むのが「自然勢」（つまり「自発」）だというのである。つまり山田氏は、「主語者が他者の行為等を被る」ことの表現（「受身」）の変容として「行為者が大自然の勢力を被る」ことの表現すなわち「自発」がある、と見ていることになる(3)。

それに対して橋本進吉氏は、「自発」から「受身」への拡張を想定する。

橋本（1931（1969再録版 pp. 281ff））は、助動詞ユ、ルの起源を「見ゆ」「煮ゆ」「生まる」「埋もる」などの自動詞派生語尾に求める。これらの語尾は本来「自《おのづか》らさうなる」意味を表すと考える。助動詞ユ・ラユ、ル・ラルの自発用法も、「右のやうな活用語尾【「生まる」「埋もる」の「る」】と同源のものと考へられる」という。橋本氏の言う「自らさうなる」「自からなる」はいわゆる「自発」を指しているが、その中身は、無意志自動詞の語彙的意味（つまり「自然発生」）と同一視されている。

この前提に立った上で、橋本氏は古代語に存在するいわゆる非情物主語受身文（「御ぐしのすこしへがれたる」（源氏　明石）など）に注目し、「他動詞に対する適当な自動詞がない故に、「る」「らる」をつけて、之を自動詞的のものとしてあらはしたやうに感ぜられる」「自然【「自発」のこと】から受身への推移は、かやうなところから始まつたのではあるまいか。それが、主語が有情のものである場合には利害を蒙る関係がふかく、さういふ場合に用ゐられるのが常となつて、日本の受身にそんな意味が伴ふやうになり、遂に自動詞にも同様の受身が用ゐられるやうになつたのではあるまいかとおもはれる。」（1969再録版 p. 282）と述べる。つまり橋本氏は、「自らさうなる」意味（つまり、「自発」）を表す文を無意志自動詞文相当と見た上で、無意志自動詞文から非情物主語受身文への拡張が起き、さらに、非情物主語受身文をもとに有情者主語受身文が成立したと考える。さらに、有情者主語受身文の成立に伴って〈被影響〉の意味が定着し、次いで自動詞による間接受身文が成立した、という過程を想定する。

時枝（1939）、大野（1967）も、「受身」の用法を「主語者の身の上に自然にある事態が成立してしまうもの」と捉えることで、「自発」の用法からの拡張なのだとする。

時枝（1939）は、いわゆる助動詞ル・ラル、ユ・ラユの意味を、動詞見ユ・聞コユ・消ユ・絶ユのユを参照しつつ、「事物の自然的実現の概念を云つたもの」と捉える（時枝1939（1975再録版p. 45））。その上で、「彼は打たれた」という例文について、「「打つ」動作の主体が彼以外の他者である時、【中略】自然的実現の概念を適用するならば、「打つ」動作が彼に於いて自然に欲すると欲せざるとに関せず実現することを意味するが故に受身とも考へられえる。」と述べる（1975再録版p. 46）。

また、大野（1967）は、助動詞ル・ラルの語源を下二段活用動詞生《ア》ルだと想定する（1987再録版p. 45）。そして、「自発」を表すルについて「「筆ヲトレバ字書カル」という場合のルは自発といわれる。自然にそうなるの意である。「都ノコトゾシノバルル」などのルルも同じである。」と述べた上で、「「母親ニ死ナレタ」という場合のレは受身といわれる。しかし、これも母親の死が自然に成立した、誰の作為も加えないのに、自然に成立したと見るのが、その根本の意味である。」と主張する（1987再録版p. 44）。

時枝氏も大野氏も、ともに狭義〈自発〉と無意志自動詞の表す「自然発生」とを同一視しているようであり、その点は橋本氏と共通である。しかし、「自発」から「受身」への拡張をめぐる説明の論理は、時枝・大野両氏と橋本氏とでは相当に異質である。橋本氏は派生元を無意志自動詞文とするのに対し、時枝氏・大野氏は、〔ラレル〕形述語文の一用法としての自発文からの拡張を想定しているようである（大野氏は明らかに自発文からの拡張を論じている）。また、橋本氏は派生先の受身文を非情物主語のものに限定しているのに対し、時枝・大野両氏は、派生先の受身文として、有情者主語のものをまずは想定している（時枝氏は例文として「彼は打たれた」、大野氏は「母親に死なれた」を挙げる）。

その後、ヤコブセン（1989: 239f）は、「花瓶が壊れた」などの無意志自動詞文と「犯人が警察に捕まった」のような語彙的受身動詞文とを対照し、両者の差は「他者の影響を受けているかいないかの細かい境界線でしか」ないと述べ、「自発」から「受身」への拡張は《対象》に働きかける《行為者》を明示するか否かの差にすぎないと主張する（Jacobsen（1991: 115f）にも同様の議論が見られる）。橋本氏の議論においても、無意志自動詞文と非情物主語受身文との間の違いを突き詰めて言えば、《行為者》項を文中に明示し得るか否かの違いだということになる。その意味で、ヤコブセン（1989: 239f）の議論は、派生先の「受身」を「受身文」一般だと考える点を除けば、橋本氏の議論と大きく重なる。

さて、山田氏からヤコブセン氏までの五氏の議論は、拡張関係の一方である「自発」の内実をどう考えるかによって大きく二つの立場に分かれる。そして、その二つの立場ごとに抱え込む問題点も異なっている。以下、順に見ていく。

まず、「受身→自発」という拡張関係を想定する山田氏と、「自発→受身」という拡張関係を主張する時枝氏・大野氏とは、正反対の議論を展開していることになるが、拡張関係の一方である「自発」の内実を〔ラレル〕形述語による自発文だと考える点では、三氏は同じ立場に立っていると言える。なお三氏は、拡張関係のもう一方の「受身」として、有情者主語受身文を想定している点でも共通である。（山田（1936: 317）も、時枝氏・大野氏と同様、「受身」の例文として有情者主語のものだけを挙げている。）

この第一の立場、すなわち〔ラレル〕形述語による自発文と（有情の）受身文の間の拡張関係を想定する議論は、次の現象の説明に窮することになる。受身文では、《被影響者》が主語に立ち、ガ・ノ格か格助詞φ（現代語ではガ格）で表示され、《行為者》は主語には立たない。（古代語和文ではニ格表示であり、現代語ではニ・カラ等である。格助詞φ・ガ・ノということはない。）しかし、自発文の《行為者》は古代語では格助詞φの名詞で現れ、主語に立つものと了解できる。（三・六・二。現代語でも、格助詞φの場合は主語に立つものと考えられる。）すなわち、受身文と自発文とでは、《被影響者》《行為者》の格表示の仕方に違いがあり、つまり、《被影響者》《行為者》のどちらが主語に立ち得るかをめぐる違いが存在する。しかし、山田氏の議論にも、時枝・大野両氏の議論にも、意味の拡張に伴う名詞項の格表示の変化や主語に立つものの移行が起こることについては説明のための道具立てがなく、したがって説明は不可能である[4]。

一方、橋本氏・ヤコブセン氏の想定する「自発」は無意志自動詞文である。「花、散る」のような無意志自動詞文では、通常（しばしば他者からの力によって）変化するモノが主語に立ち、意志的な行為者は主語に立たない。したがって、無意志自動詞文から（非情物主語のものを含む）「受身文」への拡張が起きたとしても、主語に立つものの意味的立場が（行為者から被影響者へ、というように）大きく変化するわけではない。このように、橋本・ヤコブセン両氏の立つ第二の立場においては、先に述べた第一の立場が抱える問題点は回避される。しかし、第二の立場には別の問題点が存在する。

もし橋本氏やヤコブセン氏の主張のとおり、無意志自動詞文から「受身文」が成立したとすれば、古代日本語には非情物主語受身文が多数存在してよいはずである。特に、橋本氏の想定どおり非情物主語の受身文が先に成立したのであれば、古代語の非情物主語受身文は「受身文」中の相当部分を占めるはずである。しかし実際には、全「受身文」中に非情物主語のものが占める割合は少ない。『万葉集』では（訓法によって相当左右されるが）

「受身文」が五五例（奥津敬一郎1988[5]）あるいは五〇例（古典索引刊行会編（2003）による川村の調査）あるうち、「非情の受身」は六例に留まる（ただし擬人法の例を除いている）。『源氏物語』でも、「受身文」全例に占める非情物主語受身文の割合は、筆者の調査で一〇％程度である（三・二・五・一）。また、古代語の非情物主語受身文は、事実上の有情の受身（擬人化タイプ、「潜在的受影者」タイプ）を除くと、述語動詞が〜ラレタリにほぼ局限される（「発生状況描写」タイプ。三・二・五・二・三）。このような述語動詞の形態上の偏りは、無意志自動詞文には存在しない種類のものである。橋本・ヤコブセン両氏の議論は、古代日本語における非情物主語受身文のこの少なさや、述語動詞の形態の偏りの説明に窮することになる[6]。

四・二・二・二・三　格配置の共通性を媒介とした拡張を想定する議論

「受身」と「自発」の間の拡張・派生関係を考える際に、従来行われるもう一つの説明の仕方は、「自発文」と「受身文」がともに動作対象の項をガ（・ノ）格に立てることに注目し、格配置の共通性をいわば媒介にして「自発文」から「受身文」が展開したと見るものである。

柴谷方良（2000）は、古代語の「自発文」の《行為者》項がしばしば文中に現れず、《対象》項が主語位置に立つ場合が多いことを指摘し、「このような対象を主語にした自発文が受身の母体となったとするのが本書の立場である。自発文において主語位置から外された非意図的動作主に代わって、当該事態を意図的に引き起こした動作主を周辺的事態参与者として概念化することによって受動文が成立する。」（同p. 169）と述べる[7]。

しかし、柴谷氏の議論も、前節四・二・二・二・二で取り上げた橋本・ヤコブセン両氏の論と同様の問題を抱えている。「自発文」の《対象》項目は、有情非情をめぐって特に制約は認められないから、もし柴谷氏の主張が正しいのであれば、日本語の「受身文」は、古代語において有情主語の場合も非情主語の場合もともに同じように用いられたはずである。しかし実際には、先にも述べたように、非情物主語受身文の用例数は少ない。また、非情物主語受身文（本書のいう「発生状況描写用法」）におけるラル形述語の形態上の制約（～ラレタリ形に局限される）は、自発用法には見られないものである。柴谷氏の説もまた、古代語非情物主語受身文の用例数の少なさや、述語動詞の形態上の制約の説明に窮することになる。

四・二・二・三　「自発」から「可能」への拡張を想定する諸説

〔ラレル〕形述語文の多義の構造を用法間の拡張・派生関係として捉えようとする議論では、いわゆる「可能」（本書で言う〈意図成就〉を含む）を「自発」由来のものとして論じるのが普通である。

よく見かける議論は、（意図成就用法を含めた）いわゆる「可能文」一般について、「自発文の否定表現を起源として成立した」とするものである。この了解は、山田孝雄（1914（1954 復刻版 p. 1141））が、延慶本『平家物語』のラル形述語可能用法の例が否定の助動詞を伴うもの（つまり不可能を表すもの）だけであることを指摘し「これ恐らくは上の自（オ【ノヅカラ】）の場合【＝本書の言う自発用法】のものが、かく世に認められたるにあらざるか」と述べ、さらに「この可能の助動詞は実におのづから然る意の否定の場合に起れる特殊の現象なるべきこと」（同 p. 2025）を主張したことに始まるようである（ただし、山田氏自身は、なぜ自発の否定が「不可能」と解釈され得るのか、その理由は述べていない）。近時でも柴谷（2000: 171）など、この説に従う言説がしばしばみられる。しかし、〔ラレル〕形述語文の表す〈自発〉の意味と（〈意図成就〉を含む）いわゆる「可能」の意味とでは、述べられている行為が意志的なものであるか否かという点で完全に対立する。すなわち、〈自発〉とは（現代語ラレル形の場合も同様だが）、「意志を欠いた行為の発生」である。それに対して、〈可能〉や〈意図成就〉は意志による行為をめぐる意味である。「意志しない行為の発生」をいくら否定しても、「意志的行為」に関する意味が出てくるわけではない（この点は大場（未公刊）も指摘している）。また、この説は論理において成り立たないだけでなく、事実においても証明されない。いわゆる「可能」を表す例（圧倒的多数は〈意図不成就〉〈不可能〉を表す）は〈自発〉の用例と同様上代の文献から見られるからである。

右の議論は、〔ラレル〕形述語文が〈可能〉や〈意図成就〉を表す場合一般を、〈自発〉を表す場合の否定から説明しようというものであった。それに対して、同じく「自発」の否定から「可能」への派生を説く場合でも、派生先の可能文を、「このキノコは食べられる」など、《対象》たるモノの属性を叙述するタイプの可能文だと考える議論もある。

この種の議論では、次のような説明の仕方をする。すなわち、「《対象》を主語に立てる「自発文」を否定することは、《対象》に内在する「事態成立の可能性」を否定することになるから、そこに（不）可能の意味が出る。それはさらに、「文外の行為者によって当該事態をもたらすことができる（できない）」という含意をもたらす」というものである。このような説明は、Shibatani（1985: 839）において、他言語の再帰構文における自発表現から可能表現への拡張を説明する際に用いられているが、日本語に適用したのはW・ヤコブセン氏（ヤコブセン1989: 242ff）が最初かと思われる。ヤコブセン氏は、無意志自動詞述語文を用いて、「自発」（この場合はいわゆる「自然発生」）の表現から可能の表現の派生を論ずる。

(98)（a）　自転車のチェーンをはずした。（他動文）

(b)　自転車のチェーンがはずれた。（自発文）
(c)　（いくら引っ張っても）チェーンがはずれない。（否定自発文）
(d)　このチェーンははずれない。（否定可能文）
(e)　このチェーンははずれる（ようにできている）。（可能文）

(a) のような他動表現から (b) のような自発表現に変わるのに伴って、主体性が動作主から対象物に移り、それが (c) のような否定表現を通して状態性を帯びると (d) のような否定可能文が生じる。その状態性が今度は (e) のような肯定文にまで一般化されると、自発文が肯定の形のままで可能文と解釈されるようになる。自発文 (b) における対象物「チェーン」の主体性がそのまま (d) や (e) の可能文にも受け継がれていくが、それはもはや変化を受ける主体としてではなく、「はずれる」「はずれない」という可能状態が一種の属性となった場合の、その属性の主体として機能するようになるのである。

無意志自動詞文の否定表現（右の引用の例 (98c)）が一般論として述べられる（例 (98d)）と、主語者である《対象》の属性として「事態成立の可能性の欠如」を述べる文、すなわち「不可能」を表現する文に転化するというのである。なお、ヤコブセン氏の議論では、右の引用中の例 (98d) からのさらなる拡張として、《行為者》の能力をめぐる可能表現（「山本社長はいくら努力しても煙草が（を）やめられない。」など）が位置付けられている。

このタイプの論法が直接説明可能なのは、「このチェーンはなかなか外れない」や「このキノコは食べられる」など、《対象》たるモノの属性を叙述するタイプの可能表現で、しかも他動詞由来のものに限られる。

もし、古代語における可能用法の成立もまたヤコブセン氏の述べるような過程を経たものであったならば、モノの属性を叙述する可能文が古代語には大量に存在するはずである。しかし、実際にはそうなっていない。古代語ラル形によるいわゆる「可能文」は、三・四・三で用例を挙げて述べたように、《行為者》の一回的行為が「実現する（した）」とか「実現しない（しなかった）」ということを述べるもの、すなわち〈意図成就〉〈意図不成就〉を表すもの（とりわけ〈意図不成就〉を表すもの）が大半を占める。モノの属性を表現する例は、むしろ少数である。しかも、古代語のいわゆる「可能文」には、自動詞によるものも存在する。

（1）　我が背子がかく恋ふれこそぬばたまの夢に見えつつ寝ねらえずけれ（寐不所宿家礼）（万葉639）

ヤコブセン（1989）の論法では、古代語ラル形述語による可能表現（意図成就表現を含む）の状況を適切に説明することができない。

四・二・二・四　「受身」「自発」から「尊敬」への拡張を想定する諸説

四・二・二・四・一　はじめに

尊敬用法は、文献上中古以降確認できる後発の用法であるため、他の用法のいずれかからの拡張と考えられている[8]。説明の便宜上、「自発由来説」「受身由来説」の順に述べてゆく。

なお、本題に入る前に、「可能由来説」について簡単に触れておく。戦前には「そのことを行う能力を持つと表現することが、貴人を敬うことにつながる」という「可能由来説」が唱えられることが多かった（大槻文彦（1897）、細江逸記（1928）、山田孝雄（1936）ほか）が、現在ではほとんど注目されなくなっている。古代語の可能用法（意図成就用法を含む）の例は圧倒的に否定表現に偏るが、尊敬用法にはそのような偏りがない。このことの説明ができないからである。

四・二・二・四・二　自発由来説

「自発由来説」は、「他者の行為を自然発生的に表現することは、婉曲的表現で丁寧」だとするものである（橋本（1931）、時枝（1939）ほか）。自発的な表現が尊敬表現形成の一つの筋道であるということは、例えば現代語の尊敬語に「お～になる」という言い方があることなどから、経験的・直感的に理解でき、現代ではほぼ通説の地位を占めると言ってよい。

ただ、人の行為を自然に起きたかのように語ることがなぜ尊敬表現として機能するのかについては、論者によって見解が様々であり、明確な共通了解があるわけではない。大野（1967ほか）は自然を畏怖畏敬の対象と見た日本人の自然観の反映だとする。ヤコブセン（1989: 246）は、他人の行為の意図に直接触れない方が婉曲的だと説明する。尾上（2003: 37）は「動作主の意志的行為であるというナマナマしさを消し（意志性消去）、それによって動作主の高貴さを維持しようとする表現」という、ヤコブセン氏よりも一歩踏み込んだ説明を試みる（ただし、尾上氏の議論自体は「自発由来説」ではない）。

その問題を措くとしても、尊敬用法を単純に自発用法からの拡張と考えるわけにはいかない。尊敬用法と自発用法の間には、格体制をはじめ、以下のような違いが存在するからである。

イ　尊敬用法では動作の《対象》がガ格（古代語ではガ・ノ格）に立つことはないが、自発用法では、《対象》が

ガ格に立ち得る。（格体制の違い）

ロ　尊敬用法における《行為者》（つまり尊敬の対象）は基本的に話者本人ではあり得ないが、自発用法における《行為者》は、小説の地の文でない限り、平叙文では話者本人である（辛島美絵 1993）。（《行為者》をめぐる人称制約の有無）[9]

ハ　尊敬用法における述語動詞には特に制限はないが、自発用法の述語動詞は知覚・感情・思考の動詞である場合が多い（辛島 1993）。（述語動詞の種類の偏りの有無）

自発用法からの拡張を言おうとする場合は、少なくとも以上三点について何らかの説明を与えなければならない。

四・二・二・四・三　受身由来説

「受身由来説」は、大槻文彦（1889）などから見られる。主として、他人の動作を受ける意味から「貴人の動作をいただく」という意味を生じると説明したり（松下大三郎（1924, 1928）、新村出（1943）、木下正俊（1960）など）、あるいは、「主体の動作をあるがままに直叙せず、その動作を受ける客体のがわに即してとらえるところから婉曲性が生じ」ると説明する（森野宗明 1971: 134）。

尊敬用法を単純に受身用法からの転用と考えることも実は困難である。説明を要する問題点が少なくとも次の二点存在する。

イ　受身用法から尊敬語化するためには、主語が《被影響者》から《行為者》に義務的に交替することになる。（主語名詞項交替の必要性）

ロ　もし受身用法のラル形述語から尊敬用法への転用が起きたとすれば、それは、「貴人の動作を受ける」という事態の表現が尊敬表現に転用されたということである。しかし、「貴人の動作を受ける」事態から謙譲語（受手尊敬語）が生じた事例はありそうであり（謙譲語の聞コユがその候補である）、また謙譲語が主語の交替によって尊敬語用法を生じたと見られる事例も存在する（給ハル、参ル、奉ルなど）が、「貴人の動作を受ける」事の表現が、直接に尊敬表現に転用されたと思われる事例は日本語史上ほかに例がない。（類例のなさ）

「受身由来説」にとって特に問題になるのは右のイ・ロの内のイ、すなわち受身用法から尊敬用法が成立するに伴って主語名詞が交替したはずだが、それはどのようにして可能となったか、という問題である。この点について、木下正俊氏は、古代語において文中に主語・補語が表されないことが多いことを契機として、主語の交替が起きたと考える（木下 1960）。しかし、そのような主語の交替がなぜ、どのような場で生じたのかについては、一切述べていない。

辛島美絵氏（辛島 1991, 1993, 2003）は、その木下氏の言う主語交替実現の場を平安初期の文書作成の場であると指摘し、「受身由来説」を支持した。

辛島（2003: 39–45）によれば、古文書には尊敬の「被」（（ラ）ルの表記）が多用され、また尊敬とも受身とも解釈される「被」が多い。その「被」は上申文書の差出人が使用することが多い。かつ、その差出人が、「被」が用いられる文の動詞の被動者でもある率が高い。一方、「被」が用いられる文における行為者は宛所（文書の宛先）であり、かつ上位の役所であることが多い。そして、「被」は上位者に判断・処置などを求める希求文（「望請〇〇」など）で多用されるという。

このことから辛島氏は、尊敬用法発生の事情を次のように想定する（辛島 2003: 45f）。上申文書では書手が被動者、宛所が行為者という関係がほぼ固定する。また、当事者同士が内容を理解すればよいので、行為者・被動者といった意味役割と、主語・補語といった構文上の役割との関係は意識されにくい。また、書手・宛所は一つの文中に明記されないことが多い（省略されやすい）。このことから、行為者と被動者のどちらが主語なのか判然としないことが多くなるし、そのことを意識する必然性も少ない。したがって、「望請〇〇」といった希求文で用いられた「受身文」において主語の転換が起き、尊敬表現に転じたのだ。辛島氏はこのように主張する。

このほか、「被」の尊敬語化を促す事情として、辛島（2003）は次の点を挙げる。

・上申文書では、宛所の処置について取り上げることが多く、その動作の受給・受益を書手が求める場合が多い。したがって、宛所への切実な希望を表明する文に表れる形式は、尊敬表現と解釈されやすい。（同 pp. 46f）

・「被」は「カウブル」という訓を持つ。また、古文書において動詞「被（カウブル）」は、「上位者からの文書（宣・符など）を受け取った」ことを述べる場合に使用される。このことから、「被」は敬語形式化しやすかった。（同 pp. 47f）

・「受身表現は、それを使用する主体の〈自分が被る動作について自分が手出しできないという気持ち、す

> なわちその行為について自分の立場が劣勢であることを示す気持ち〉が〈力のある動作主の行為に敬意を払う気持ち〉に繋が」(p. 54)る。

辛島説は、尊敬用法発生の場(上申文書)を具体的に特定して見せ、またそこでは主語の交替が容易に起こり得ることを示した(「行為者＝宛所、被動者＝書手」の事態を希求する場合が多く、また主語も補語も省略されることが多い)。そのことで、「受身由来説」の信憑性を一挙に高めた。しかし、辛島説も冷静に見ると、「受身由来説が成り立つとすれば、尊敬用法成立の場の最有力候補は文書作成の場だ」と主張しているに留まっていると思われる。

また、辛島説にもいくつか問題点がある。最大の問題点は、「受身由来説」の問題点として先に挙げたイ・ロ二点の内のロ、すなわち、「貴人の動作を受ける」ことの表現が直ちに尊敬用法に転用される事例は他に例がない、という問題が放置されている点だが、この点を措くとしても、そのほかに特に大きな問題を一つ挙げれば、次の点である。

もし辛島氏が言うとおり、古文書の「希求文」がもともと受身文由来であるとすると、上位者の判断・処置を求める際に、なぜわざわざ受身文で言うことを始めたのかという疑問が残る。受身文を用いて「私はあなたに○○されることを望む」と言うよりも、宛所を主語にして、「あなたが私に○○することを望む」と要請する方がはるかに素直である。もしこの点について、辛島氏が主張するように、受身表現が「〈自分が被る動作について自分が手出しできないという気持ち、すなわちその行為について自分の立場が劣勢であることを示す気持ち〉の表明となり、そのことが「〈力のある動作主の行為に敬意を払う気持ち〉に繋が」る(辛島 2003: 54)という了解で済むのであれば、受身表現による行為希求表現は、現代語においても盛んに用いられているはずである。しかし、現実にはそうでない。したがって、中古初期の文書作成の場において、上位者の判断・処置を求める際に「受身文」を用いたとすれば、そこには特別な動機があったと言わざるを得ない。辛島説に立とうとする場合には、平安初期の文書作成の場において、上位者の行為を要請する際に受身文を用いようとしたことの動機を明確に説明する必要がある。

現状では辛島説を以て「受身由来説」が論証されたとは考えがたい。

四・二・二・四・四　まとめ

以上、現状においては「自発由来説」「受身由来説」いずれについても、元の用法と想定される自発用法・受身用法と転用先の尊敬用法との間に格配置の違いがあることをはじめ、説明の必要な問題点が未解決のまま残されていることを確認した。

四・二・二・五　個別用法の間に拡張・派生の関係を想定する議論の問題点

以上、αの立場、すなわち、個別用法の内の一つを取り上げ、その用法（また、その表す意味）を出発点または中核と考え、そこからの拡張・派生として他の用法を位置付けるタイプの議論について従来の議論を検討した。〔ラレル〕形述語文の多義の構造を論ずる際には、互いに異次元に属する多様な意味がいかにして一つの文法形式に現れるか、その論理を説明する必要があると同時に、用法ごとの格体制の異同（三・六・一）を適切に説明し得る枠組が必要である。しかし、これまで見てきたように、個別用法の間に拡張・派生の関係を考えるという立場を取る議論には、二用法間の拡張・派生関係をめぐる議論に限定しても、右の要請を満たすものはなかった。

表現上の意味同士の関係に（のみ）注目する場合、意味と意味の間の拡張関係について一応の説明がついている場合でも、格体制の違いの説明に窮したり（「受身」と「自発」の間。四・二・二・二・二）、述語動詞の種類・人称制約の有無などの違いの説明に窮する（「自発」と「尊敬」の間。四・二・二・四・二）。一方、格体制の共通性に注目する議論の場合は、派生先の用法の用例の多寡などの説明に窮する（「《対象》を主語とする自発文」から「受身文」への拡張を想定する論。四・二・二・二・三）。

意味と格体制の両面を説明しようとした議論もないではない。無意志自動詞文から（モノの属性を述べる）可能文への拡張を論じるヤコブセン氏の説（四・二・二・三）、尊敬用法の「受身由来説」を論じる際の辛島氏の議論（四・二・二・四・三）である。しかし、これらの議論も、特定の二用法間の拡張関係における説明に留まっている上に、それぞれの説を確実に主張しようとすると説明に窮するような問題点が指摘できる。

以上の検討の結果は、〔ラレル〕形述語文の多義を論ずる際に、個別用法の間に拡張・派生の関係を考えるという方法を用いても目的を達することが極めて困難であるということを強く示している。

四・二・三　個別用法とは別の次元に〔ラレル〕形固有の性格を想定する諸説

四・二・三・一　はじめに

次に、表現上の意味とは別の次元に〔ラレル〕形固有の共通性格を想定する説、すなわちβの立場のものを検討する。

早くに有名な「中相」説を唱えた細江逸記（1928, 1944）や永田吉太郎（1931）、菊地信夫（1940）、動詞ラル形を

「能格性」の表現形式と見た朝山信彌（1942–43（1992））がこの立場に当たるほか、柴谷方良（Shibatani 1985）の「動作主背景化（agent defocusing）」、川村（1993）の議論や、助動詞〔ラレル〕を補文を取る動詞と見るヤコブセン氏の論（Jacobsen 1991）などもある。

　このうち、細江・永田・菊地・朝山の各氏の説は、〔ラレル〕形の多義の問題を他言語にも見られる現象として理解しようとするもので、後述のShibatani（1985）などの議論との関連で注目される。しかし、議論の中で取り上げられる他言語の「中相」「能格性」をめぐる現象について十分吟味する用意が筆者にはなく、今回は検討を割愛せざるを得ない。ただし、その点を措くとしても、細江氏らは各用法における主語名詞の意味的立場や格表示の異同については触れておらず、少なくともその点で、四・二・二・二・二で取り上げた山田氏・大野氏らの議論と同様の問題が指摘できる。

　ここでは、Shibatani（1985）・川村（1993）・Jacobsen（1991）を取り上げる。

四・二・三・二　「動作主背景化」「非動作主の主語化」

　柴谷方良氏の説（Shibatani 1985）は、諸言語に見られる受動文の多義に対する適切な説明を試みる中で、受動文のプロトタイプの持つ語用論的機能を「動作主背景化 agent defocusing」と規定する。また、この機能を持つ構文は、自発・可能・尊敬などの表現にも成り得ると主張する。柴谷氏は古代語ラル形述語文の多義の構造を直接の分析対象としているわけではないが、敢えて柴谷説を古代語ラル形述語文に適用するとどうなるか。

　受身用法・発生状況描写用法では、対応する非ラル形述語文では主語になるはずの《行為者》をニ表示する。したがって、《行為者》を構文的に背景化していると言える。しかし、自発・意図成就・可能・尊敬の各用法では、《行為者》が出てくる場合は（現代語とは違って）必ず主語であると言わざるを得ず、構文的には「背景化」していているとは言いにくい。この点について、かつて筆者は川村（1993: 727）で次のように考えた。これらの用法では「実態上の動作主を表現上非動作主として扱っている」と解釈し、「実態上の動作主が表現上非動作主として扱われることも「動作主背景化」の一つの場合とする」という注釈を柴谷氏の「動作主背景化」の規定に付け加えることで、「動作主背景化」を認めることは可能である。ただし、そうすると、ラル形述語文における「動作主背景化」の内実には、構文上の「動作主背景化」と意味上の「動作主背景化」という、二種類の異なるものが混在することとなる。

　川村（1993）の結論は、一言でいえば、Shibatani（1985）のいわば逆を行くものである。すなわち、古代語ラル形述語は「非動作主の主語化」を共通の機能とすると考える。本書で言う受身用法・発生状況描写用法は、動作主でない《被影響者》《対象》が主語に立つのであり、自発・意図成就・可能の三用法でも、《対象》が主語位置に立つ場合は「非動作主の主語化」と言える。では、動作主（本書の《行為者》）が主語に立つ場合（自発・可能・意図成就・尊敬の各用法）についてはどうするのか。川村（1993）は、ラル形述語の主語に実態上の動作主が立つ場合は、「非動作主の主語化」の表現効果の一つとして、「その実態上の動作主は表現上動作主ではないものとして表される」（同 p. 720）と考える。すなわちこの場合、「動作主を非動作主扱いで主語に立てる」（p. 720）、「動作主の非動作主化」という操作が起きていると解釈するのである。このような解釈を付け加えることで、実態上の動作主が主語に立つ場合にも「非動作主の主語化」というラル形述語文の共通性格は貫徹しているのだと主張した。

　しかし、川村（1993）の主張を冷静に見れば、やはり、構文的に「非動作主の主語化」が果たされるものと、

「動作主の非動作主化」という、いわば意味レベルでしか「非動作主の主語化」が果たされないものと、二種類の異質なものが混在しているのである。その意味では、Shibatani(1985)と同様の問題点を抱えていることになる。

Shibatani(1985)と川村(1993)はともに、ある名詞項(柴谷氏においては動作主、川村においては非動作主)を構文的あるいは意味的(語用論的)に操作する機能(だけ)を、諸言語の受動構文なり古代語のラル形述語に仮定することで、多義現象を解釈しようとしている。しかしながら、少なくとも古代語ラル形述語文には(現代語ラレル形述語文の場合も同様だが)、動作主・非動作主のいずれについても主語に立つ場合が認められる。そのため、ラル形述語文の格体制を敢えて一つの名詞項操作手続き(「動作主背景化」あるいは「非動作主の主語化」)だけで説明しようとすれば、構文レベルの操作と意味レベルの操作との両方を認めることは避けられず、結局、操作手続きの内実が混質的になってしまうのである(大場(未公刊)も同趣旨の指摘を行っている)。

Shibatani(1985)や川村(1993)の取った方法以外で、βの立場に立つ議論としてはどのようなものがあり得るだろうか。それはおそらく「話し手による世界のある捉え方」すなわちある事態把握スキーマを〔ラレル〕形述語の共通性格と考える方法である。

四・二・三・三　「無意志自動詞根源説」

四・二・三・三・一　無意志自動詞と〔ラレル〕形述語との類似と相違

四・二・二・一で言及したように、〔ラレル〕形述語文の多義を説明する際の現在における通説は「自発」から他の用法なり意味が分化すると考える「自発中心義説」とでも言うべきものである。この「自発中心義説」では、

〔ラレル〕形述語文の表現上の意味としての〈自発〉と、溶ケル・曲ガルなど、無意志自動詞の表す意味（「自然発生」）一般とがしばしば同一視される、ということも、四・二・二・一で触れた。〈自発〉と「自然発生」との同一視、それ自体は、異質な二つの意味を混同するものとして否定し去れば済む。しかし、ここに、「無意志自動詞」の性質を起点にして、〔ラレル〕形の諸用法を説明するという、いわば「無意志自動詞根源説」というべき議論の萌芽を見て取ることもできるかもしれない。

〔ラレル〕形の諸用法と、溶ケル・曲ガルなどの変化動詞を中心とした無意志自動詞、とりわけ、曲ガル・生マレルなど、他動詞にルなどの語尾を付けて派生される自動詞（早津恵美子(1987)「有対自動詞」）との間に、ある意味でよく似たところがある、ということは、すでに個別に指摘されているところである。ここでは五点を指摘する。

第一に、曲ガル・生マレルなどの無意志自動詞が表す「あるモノにある変化が起きる」ということと、自発用法の表す「ある行為が自然に成立する」とは、しばしば何の説明もなしに同一視されるが、それはおそらく、無意志自動詞が「行為者の働きかけなしに成立する事態」を表すこと、あるいは実態上外部からの働きかけがあったとしても、働きかけの局面を背景化し、結果として起こる事態の成立に注目して表現する（例えば、「鉄棒の両端にじわじわと力を加えると、鉄棒は次第に曲がっていった」など）という点が、〔ラレル〕形述語の自発用法に通じると把握してのことだろう。

第二に、無意志自動詞には、語基を共有する他動詞との対をなす場合が少なくない。その場合、無意志自動詞は対応する他動詞の目的語（《対象》項）を主語とする。このことは、能動文の目的語が受身文の主語に立つということに似た現象である。

（2）　針金を曲げる↑↓針金が曲がる

（3）　太郎をほめる↑↓太郎がほめられる

実際、他動詞・自動詞の対に見られる名詞項の格の変更を、能動文・受身文の間に見られる格交替と同一視し、他動詞・自動詞の対を広義のヴォイスと見なす議論も少なくない（寺村秀夫（1982）、野田尚史（1991b）ほか）。

第三に、無意志自動詞には、デキル、（我慢が）ナラナイなど、可能表現形式となった動詞もある。また、「この鞄はA４大のノートパソコンが楽に入る」のように、裸の無意志自動詞が可能表現を構成することが知られている（乾とね（1991）、張威（1998）、尾上圭介（1998b）、本多啓（2008））。

第四に、「お書きになる」「行幸あり」など、無意志自動詞が尊敬語を構成する場合があることも知られている。

第五に、なによりも、古代語ラル形述語を形成するいわゆる助動詞ル・ラル、ユ・ラユは、自動詞派生語尾ル・ユと形が似ている。本居春庭『詞通路』（1828）では動詞の自他対応の体系の中に動詞ラル形を位置付けていた。さらには、助動詞ル・ラル、ユ・ラユの語源説の有力な一つに、自動詞派生語尾ル・ユを想定する説がある（橋本進吉（1931）、柳田征司（1989）ほか）。

これらのことから、ラル形述語の諸用法を無意志自動詞と結びつけて論ずる議論があってもおかしくはない。

橋本（1931）、時枝（1939）、大野（1967）などの議論では、ル・ラル等が無意志自動詞派生語尾相当であると考えられることや、無意志自動詞で可能表現や丁寧な表現を構成する場合があることなどを指摘している。しかし、それらの指摘は多くの場合事実を指摘するだけに留まっている。（無意志自動詞文から非情物主語受身文への拡張を論じた橋本氏の論は例外的である。）岩淵匡（1972, 1973）は助動詞レル・ラレルを論ずる中で、「自動詞」

から受身・自発等が成立したということを明確に述べているが、やはり見通しを述べたに留まり、「自動詞」からどのようにして受身・自発等が成立したのかということの細部については明言しない。

橋本氏らが無意志自動詞とラル形述語との間の何らかの関係を指摘しつつも、それを具体的に展開しなかった（あるいは、展開できなかった）のは、実は当然であると言える。第三章で検討したラル形述語文の諸用法に関する意味・文法的な知見によれば、ラル形述語文の諸用法を無意志自動詞述語文から直接に説明することは不可能である。ここでは、次の二点を指摘するに留める。

第一に、無意志自動詞文は通常変化主体一項だけをとる一項動詞である。それに対して、ラル形述語文は《行為者》《対象》の二項、あるいは《被影響者》《対象》の二項をとる場合がある。

（4）a　花どものしをるるを、いとさしも思ひしまぬ人だに、あなわりなと思ひ騒がるるを、……（源氏　野分）

b　北の方あきれて、ものも言はれで、とばかり思ふに、……（源氏　東屋）

c　「懸想人の　いとものげなき足もとを見つけられてはべらん時、からくもあるべきかな」（源氏　夕顔）

d　遠音にも君が嘆くと聞きつれば音のみし泣かゆ相思ふ我は（哭耳所泣相念吾者）（万葉 4215）

例（4）a・bは《行為者》（「いとさしも思ひしまぬ人」「北の方」）と《対象》（「花どものしをるる」「もの」）が明示されている。例（4）cは《被影響者》（「懸想人」）と直接の動作《対象》（「いとものげなき足もと」）が明示されている。例（4）dは、《行為者》と同族目的語「音」が文中に現れている。なお、このことと関連して、ラル形述語文の諸用法には（発生状況描写用法を除き）文中に《対象》項をヲで表示する場合があることにも注意する必要がある（例えば例（4）a・c）。無意志自動詞が《対象》ヲ格を取ることは通常ない。

第二に、ラル形述語文の各用法はほぼいずれも、何らかの意味でヒトの身の上に関する事態を述べるものであると言える。受身用法は、直接受身文の場合も間接受身文の場合も、主語者であるヒトの身の上に他者（ヒトなりモノなり）の起こした事態が降りかかることを述べるのであるし、自発用法は主語者ヒトの行為の（意志を欠いた）成立を述べる。意図成就用法・可能用法は、定義的に（主語者である）ヒトの（意志的な）行為の表現であり、尊敬用法も（主語者である）ヒトの行為・状態に関する表現である。唯一モノに関する事態を述べると言えるのは発生状況描写用法であるが、これも上代では一例のみで、しかも、擬人化タイプとも解釈できるものである（「沫雪に降らえて咲ける梅の花」万葉1641　三・二・五・三、例（34））。無意志自動詞も、ヒトの身の上に起こる変化を表現しないわけではない（生マレル、死ヌなど）が、多くはモノの変化を表現する。「ヒトの身の上に関する事態を述べる」という、ラル形述語文に見られるこの著しい特徴を、無意志自動詞からは直接説明することはできない。

無意志自動詞述語文から直接にラル形述語文の諸用法を導き出そうとすると、少なくともラル形述語文に見られる右の諸点が説明できないのである。

四・二・三・三・二　「spontaneous occurrence」

国語学の世界では萌芽的なあり方でしか存在しなかった「無意志自動詞根源説」を修正する形で展開したというべきものが、Jacobsen（1991）である。

Jacobsen(1991)第五章では、ラレル形を構成するいわゆる助動詞レル・ラレルの語的性格を「presenting an event as occurring independently of human intention or agency」(Jacobsen 1991: 142) であると述べ、「spontaneous occurrence」(同 p. 155) とも呼ぶ。Jacobsen(1991)では無意志自動詞の意味一般を「spontaneous(ly)」と表現しており、「気がつく」「元気が出る」などの事態についても「spontaneous occurrence」と呼んでいる(pp. 109f)ことから、助動詞レル・ラレルの意味としての「spontaneous occurrence」もまた、その内実は無意志自動詞の表す「自然発生」とほぼ同じものと思われる。

Jacobsen(1991)において興味深いのは、助動詞レル・ラレルを(文の内容を補文として取る)一つの動詞と見なしているという点である。助動詞レル・ラレルそのものを本動詞と見ることは、従来の「無意志自動詞根源説」では(自覚的に)行われていない了解である。

Jacobsen(1991)では、「自発文」・「可能文」の統語構造を[[命題内容](ラ)レル]と捉える。例えば、「私(に)は子供時代が懐かしく思い出される。」(Jacobsen(1991: 141)、例(28))、「私(に)は辛いものが食べられない」(同 p. 140、例(26))を、次のような構造を持つものと捉える。

[[私　子供時代　懐かしく　思い出s]られ]
[[私　辛いもの　食べ]られ]

(Jacobsen(1991: 143)、図(33)(32)による。原文の枝分かれ図をブラケットによる構造表示に改めた)

つまり、ヤコブセン氏は、「自発文」・「可能文」の意味を、「コトガラが自然発生すること」と見ていることになる。

また、受身文の統語構造を［受影者［命題内容］(ラ)レル］、つまり、「ある人における(他者の引き起こした)コトガラの自然発生」と考える見解を示す。例えば「太郎は泥棒に自転車を盗まれた。」(Jacobsen(1991: 150)、例(45))については次のようになる。

［太郎［泥棒　自転車　盗m］られ］

(Jacobsen(1991: 151)、図(45)による。原文の枝分かれ図をブラケットによる構造表示に改めた)

ヤコブセン氏は、自発用法と受身用法との間に、「あるヒトの身の上に、ある事態が自然発生する」という事態把握上の共通性を指摘していることになる。「自発」と「受身」の間にこのような共通性を見出す論者は、ヤコブセン氏以前にもあったように思われる。四・二・二・二・二で言及した、「受身→自発」の意味拡張を主張する山田(1936)は、受身と自発の間に「あるヒトの身の上に、そのヒトの意志に関わらずある事態が発生する」という共通性を見出しているかのようである。また、同じ節で取り上げた、「自発→受身」の意味拡張を主張する時枝(1939)・大野(1967)も、自発用法を「行為者の身の上に行為者自身の行為が自然に発生する」と捉えた上で、自発用法と受身用法との間に「ヒトの身の上に、ある事態が自然発生する」という共通性を見ているように読める。しかし、山田・時枝・大野の三氏は、そのような了解をしているとは明言していない。ヤコブセン氏の説は、先行説において半ば直感されていた自発用法と受身用法の共通性、すなわち、「人の身の上に、ある事態が成立する」という事態の捉え方を、ラレル形述語文すべてに通ずる「事態把握の仕方」として想定し、統語構造に反映させたものであると言える。なお、ヤコブセン氏は尊敬用法についても、ヒトの行為を「人の身の上に、ある事態が発生する」という事態の捉え方をすることから出てくるものと了解している(Jacobsen 1991: 154f)。

しかし、ヤコブセン氏は「可能文」(意図成就表現は、一種の「自発文」と見ているようである)について、「自発文」と同様「[[私　辛いもの　食べ]られ]」という構造に持ち込まれていることを認めつつ、〈可能〉の意味が現れる論理については、ラレル形に仮定される「事態把握の仕方」から直接説明することをせず、四・二・二・三で指摘したように、無意志自動詞文を否定する際に帯びる含意としての「事態成立の可能性(の否定)」に求めようとしているように見える。その意味で、ヤコブセン氏はラレル形述語文に仮定した「事態把握の仕方」によってすべての用法を説明することは避けていると見るべきであろう。

その問題を措くとしても、Jacobsen(1991)は、自発・可能・受身・尊敬の各用法の間で格配置が異なる事実は指摘するものの、「なぜこの用法の場合にこの格配置になるのか」ということを、ラレル形述語文の「事態把握の仕方」から直接説明しようとはしていない。そもそもヤコブセン氏の説明の枠組は意味にのみ注目したものであるから、諸用法の格配置のあり方まで直接説明することはできないものと思われる。

ヤコブセン氏の説は、ラレル形述語文がひとつの「事態把握の仕方」に対応している、とする議論の一種と見られる。しかし、氏の説は、諸用法の格配置のあり方を説明することができないことに最大の問題があった。

ここにおいて必要なのは、〔ラレル〕形述語文の多義の構造と、それぞれの意味が現れる場合(用法)における格体制のあり方を同時に説明できるような「事態把握の仕方」を〔ラレル〕形述語文に仮定するという理論的装置である。そのような理論的装置は、具体的にはどのようなものになるのか。次節四・三で検討する。

四・三　「出来文」説によるラル形述語文の統一的把握

四・三・一　はじめに

ラル形述語文の諸用法を統一的に把握しようとする際に求められるのは、すでに何度も繰り返しているが、意味の多様性と意味と格体制との相関と、この両面を適切に説明し得る枠組である。そのような条件を満足させる議論の方向として、どのようなものがあり得るだろうか。

　あり得る方向のひとつは、ヤコブセン氏の説と同様、〔ラレル〕形述語をひとつの「事態の捉え方」に対応すると見つつも、「事態の捉え方」の中に、何らかの形で格体制なり、主語となる名詞項のあり方なりの把握につながる側面を織り込むことで、ヤコブセン氏の説の困難を克服する、というものである。

　そのような立場で展開された議論として尾上圭介(1998a, 1998b, 1999, 2000, 2003)の「出来文」説を位置付けることができる。「出来文」説は、〔ラレル〕形の多義の構造を的確に捉えることを目指すとともに、用法ごとに取り得る主語の種類が異なるということを、各用法の表す意味との相関において説明する。「出来文」説はヤコブセン説の修正版として提出されたわけではないが、〔ラレル〕形述語文の取る主語の意味的立場の種類に注目することで、結果としては、ヤコブセン説の抱えていた難点を乗り越えた議論、という位置に立っている。

　「出来文」説は、〔ラレル〕形述語文のほか、読メル・書ケルなど、数種類の述語を対象とし、〔ラレル〕形述語文の多義の構造を論じた議論の中では、現在最も有効性の高いものであると考えられる。また、〔ラレル〕形述語文の取る主語の意味的立場の種類に注目する「出来文」説は、ラル形述語文の格体制を意味との相関において捉えようとする本章の目的にも適うことが期待される。ただし、尾上氏は、古代語にも目配りしながらも、現代語を主たる検討材料としていることから、「出来文」説が古代語ラル形述語文をめぐる諸現象をどこまで説明可能か、古代語において改めて検討する必要がある。

本節四・三では、この「出来文」説に基づいて古代語ラル形述語文の多義の構造の説明が可能であることを検討・確認し、また、意味と格体制との相関についても説明できることを確認する。その上で、最終的には、古代語においてこそ、「出来文」説が有効であることを主張する。

四・三・二　「出来文」説の概要――〔ラレル〕形述語の「事態の捉え方」――

通常の動詞述語文は、事態を、個体すなわちモノ（人を含む）の動きやあり方として捉えている。それに対して、〔ラレル〕形述語文はそれとは異なる事態の捉え方をする特殊タイプの文だと、尾上氏は仮定する。すなわち、「事態を個体の動きとして語らず、全体として発生、生起するものとして語る文」（尾上 1998a: 82）だというのである。そのような文を尾上氏は「出来文」と呼ぶ。

> 【略】、出来文とは、事態をあえて個体の運動（動作や変化）として語らず、場における事態全体の出来、生起として語るという事態認識の仕方を表す文である。――つまり、「個体の運動」という事態の捉え方に対応する通常の文のほかに、「場における事態全体の生起」という特別な捉え方に対応する文形式が日本語にはあって、意味そのものとしては必ずしも「出来文」把握を必要とはしない〈受身〉〈可能〉〈尊敬〉などの意味を、日本語では「事態全体の生起」スキーマを適用することによって言語的に実現するのだという理解である。（尾上 2003: 36）

「出来文」の主語は事態の発生する「場」であると考える。

> 【〔ラレル〕形述語が表すのは】事態を個体の運動として捉えることをあえて排除する語り方なのだから、動作主体や変化主体という個体を事態把握の中心（主語）にすえることはできない。一つの状況が「事態全体の生起」として捉えられるとき、その中核ないし基盤となるものをあえてモノとして取り出そうとすれば、それは事態発生の場以外にはありえない。（尾上 2003: 39）

ただし、〔ラレル〕形述語文が主語（ガ格名詞）を二つ取る場合（自発用法・意図成就用法・可能用法の場合にあり得る）、第一主語は場であるが、第二主語（多くの場合《対象》）は、場（第一主語）において「生起する事態の中」の「モノ的中核」であるとし、「場」だとは認めない（尾上（2003: 39）、尾上（2004: 15））。例えば、「太郎は納豆が食べられる」の第一主語「太郎」は場であり、「納豆」は生起する事態中の中核ということになる。

以上を要するに、〔ラレル〕形述語文は、「主語（二重主語の場合は第一主語）に立つものを場として事態全体が発生、生起することを語る」形式である、と仮定される。「出来文」を構成する述語となるのは、動詞〔ラレル〕形のほか、書ケル・読メル・分カル、見エル・聞コエルなどの語彙的出来動詞である。

右の要約からも明らかであるが、「出来文」説は立場β、すなわち、表現上の意味とは別の次元に〔ラレル〕形述語固有の性格を想定する議論の一種である。かつ、〔ラレル〕形述語の性格を、「出来」という「話し手による世界のある捉え方」、すなわち事態把握のスキーマに対応するもの、と想定する。

〔ラレル〕形述語文を「事態を個体の動きとして語らず、事態全体が発生、生起することを語る文」だとする尾上氏の理解は、それ自体としては、助動詞レル・ラレルを「文に述べられた事態の spontaneous occurrence」を表すものと了解したJacobsen (1991) の主張とあまり変わらないように見える。しかし「出来文」説では、〔ラレル〕形述語を、「主語に立つものを場として事態全体が発生、生起すると語る」形式だとする。このように、〔ラレル〕形述語に仮定される「世界の捉え方」（スキーマ）に、主語に立つものに関する規定が織り込まれていることによって、意味と構文の両面を関係付ける議論展開が可能になっている。この点が「出来文」説とJacobsen (1991) との決定的な違いである。

四・三・三　諸用法が現れる論理

「出来文」説では、〔ラレル〕形述語の諸用法は、「(第一) 主語に立つものを場として事態全体が発生、生起する」という認識の仕方に持ち込むことによって実現されたものと了解することになるが、それぞれの用法が現れる論理、すなわちそれぞれの意味が出てくる論理をどのように説明することになるのか。

「出来文」説は、現代語ラレル形と古代語ラル形を区別せず、いわば「汎時論」的な仮説として提唱されており、尾上 (1998a, 1998b, 1999, 2000, 2003) では古代語の用例にも目配りしながら議論が展開されている。だから、「出来文」説は古代語ラル形述語文の諸用法についても適用可能だというのが尾上氏の了解である。ただし、尾上氏自身は、古代語ラル形述語文の諸用法すべてについて、「出来文」スキーマによって説明可能であることを明示的に確認しているわけではない。

そこでここでは、特に尾上 (2003) を参照しながら、「主語を場として事態全体が発生、生起する」という事態把握の仕方から、古代語ラル形述語文の諸用法がどのように説明されるかを一つ一つ検討していく。

なお、尾上氏の論じる〔ラレル〕形（述語文）の用法分類の仕方と、本書におけるラル形述語文の用法分類の仕方とには、少なくとも二点異なるところがある。第一に、尾上(2003)では、本書のいう尊敬用法の一部を別立てして「非人称催行」用法とするが、本書では、尾上氏のいう「非人称催行」用法を別立てするという了解は取らない(三・五・二で述べた)。第二に、尾上(1998b)において可能用法とする用例のうち、「個別一回的な事態の不成立」を表す場合について、本書では〈不可能〉を表す以前に〈意図不成就〉を表している、と見る立場を取る(三・四・二で述べた)。この二点の差異に関しては、修正した上で説明していく。

受身用法の場合は、「出来文」説では「有情者たる主語（《被影響者》）の身の上に、他者の行為や変化が生起する」と述べるものだ、と解釈することになる。そのような捉え方で表現することによって、主語者の立場から、他者のもたらした事態が発生したこと、また、それによる〈被影響〉（「主語者の感じる被影響感」）を表すのだと説明できる。直接受身文の場合と間接受身文の場合とを問わず、このように了解することが可能である。〈被影響〉は、本書で言う受身用法を規定する意味であり、その意味で〈受身〉と書いても同じことである。

(5) a　「頭の弁はいみじうほめ給ふとは知りたりや。一日の文に、ありし事など語り給ふ。おもふ人の人にほめらるるは、いみじううれしき」（源経房—少納言）（枕　136段）

b　除目の中の夜、【方弘が】さし油するに、燈台の打敷をふみて立てるに、あたらしき油単に、襪はいとよくとらへられにけり。（枕　108段）

発生状況描写用法の場合は、主語に立つモノ（《対象》）を場として「人などがそのモノをこうこうする」という事態が生起した、と述べていることになる。モノをめぐって人などの行為があり、その結果、そのものにある状況（主に結果状態）が生じている、という意味を表すことになる。

（6）a　すぎにしかた恋しきもの……二藍・葡萄染などのさいでの、おしへされて草子の中などにありける見つけたる。（枕　30段）

　　b　庭燎の煙のほそくのぼりたるに、神楽の笛のおもしろくわななき吹きすまされてのぼるに、……（枕　142段）

自発用法の場合は、《行為者》または《対象》を場として「当の行為的事態が生起する」と述べていることになる（それぞれ、例（7）a、（7）b）。通常の動詞述語を用いて行為者の意図的行為として語るのではなく、わざわざ事態の生起という特殊な語り方をすることによって「行為者が意図していないのにその行為が生じてしまう」ということ（つまり〈自発〉）を表す。なお、自発用法における《対象》項は、例（7）cのように、《行為者》項が文中に明示されていなくとも、「場」（《行為者》）において生起する事態中のモノ的中核として主語に立っていると見るのが適当な場合もあるし、その場合の方がむしろ多い(10)(11)。

（7）a　例いとよく書く人も、あぢきなうみなつつまれて、書きけがしなどしたるあり。（枕　23段）

　　b　「……。【指喰いの女の】ひとへにうち頼みたらむ方は、さばかりにてありぬべくなん思ひたまへ出で

らるる。……」（左馬頭―君達）（源氏　帚木）

c　「命長さの、いとつらう思ひたまへ知らるるに、松の思はむことだに、恥づかしう思ひたまへはべれば、ももしきに行きかひはべらむことは、ましていと憚り多くなん。……」（更衣母―靫負命婦）（源氏　桐壺）

意図成就用法の場合、《行為者》または《対象》を場として「ある事態が実現した、実現している（実現しなかった、実現していない）」ということを述べていることになるが、「（行為者が）○○した（しなかった）」と普通の動詞述語を用いるのではなく、わざわざ「○○するということが実際に生起した（しなかった）」という特殊な語り方に持ち込んでいることの結果、「行為者の意志と力によって、その意図どおりに動作が実現した」（〈意図成就〉）あるいは、「行為者の意志と力の発動にもかかわらず、意図どおりに動作が実現しなかった」（〈意図不成就〉）ということを表すことになる。ただし、古代語ラル形述語文においては用例が圧倒的に否定の側に集中する。

次の例（8）aは《行為者》が（場として）主語に立っている例である。意図成就用法の《対象》項が「場」として主語に立っていると見られる例の存否は微妙だが、例えば（8）bは《対象》が場として主語に立っている例と見られる。意図成就用法の《対象》項主語はむしろ、《行為者》項が文中に現れていなくとも、事実上第二主語、すなわち「場」（《行為者》）において生起する事態中の中核項と見るべきものがほとんどである（例（8）c）。

（8）a　乳母はうちも臥されず、ものもおぼえず、起きゐたり。（源氏　若紫）

b　若の浦に袖さへ濡れて忘れ貝拾へど妹は忘らえなくに（妹者不所忘尓）（万葉3175）

c　……、【紫上】何心もなくゐたまへるに、【源氏】手をさし入れて探りたまへれば、なよよかなる御衣に、髪はつやつやとかかりて、末のふさやかに探りつけられたる、いとうつくしう思ひやらる。（源氏　若紫）

可能用法の場合は、出来スキーマを敢えて用いることによって、《行為者》または《対象》を場として「（行為者の意志があれば）ある事態が生起する」または「（行為者の意志があっても）ある事態が生起しない」と述べていることになるが、そのことは直ちに、その行為者または対象に関して「行為者がしようと思えばその行為が実現するだけの余地・許容性が、その状況の中にある」、または「行為者がしようと思ってもその行為が実現するだけの余地・許容性が、その状況の中にない」ということを表すことになる。それが、〈可能〉〈不可能〉という意味にほかならない。ただし、古代語ラル形述語文においては、意図成就用法の場合と同様、用例が圧倒的に否定の側に集中する。

次の例（9）aは《行為者》が（場として）主語に立っている例、（9）bは《対象》が場として主語に立っている例である。例（9）cは、場（《行為者》）において生起する事態中のモノ的中核として《対象》項が主語に立っていると見られる場合である。

（9）a　ほととぎすの声も聞かず。もの思はしき人は寝こそ寝られざなれ、あやしう心よう寝らるるけなるべし。（蜻蛉　下　天禄三年五月）

b　「……おほかたの世につけてだに、心苦しきことは見聞き過ぐされぬわざにはべるを、……」（源氏　澪標）

c　……、【薫は】過ぎにし方【＝大君】の忘られればこそはあらめ、なほ、紛るるをりなく、もののみ恋しくおぼゆれば、……（源氏　宿木）

尊敬用法の場合は、「（尊敬される）人物（主語者）を場として、ある行為的事態が生起する」と述べることによって、動作主体の意志的行為であることの即物性・具体性（「ナマナマしさ」）を消すことになり、そういう意味でその人物の動作主性を消去することが行為の高貴さを表現することになる（尾上 1998b, 2000, 2003）。主語者の行為の高貴さを表現することは、結果として主語者を上位待遇する（〈尊敬〉）こととなる。

（10）a　「大納言の、外腹の娘を奉らるなるに、朝臣のいつき娘出だし立てたらむ、何の恥かあるべき」（源氏―惟光）（源氏　少女）

b　「……。中将【＝夕霧】の恨めしげに思はれたる事【＝雲居雁との一件】もはべるを、……」（大宮―源氏）（源氏　行幸）

以上、古代語ラル形述語文の諸用法はすべて「（第一）主語を場として事態全体が発生、生起する」と捉えることを通して実現されたものと了解することができる[12]。

四・三・四　ラル形述語文と表現上の意味との関係

通常、ある形式にある意味が現れる場合、当該形式がもともとそういう意味を持っている、その形式はその意味に対応していると捉えるのが普通である。しかし、前節四・三・三で説明を試みた、ラル形述語文に〈受身（被影響）〉〈自発〉〈可能〉などの意味が現れる論理は、通常考えられる形式と意味との関係とは大きく異なる。すなわち、ラル形述語文に現れる〈受身（被影響）〉〈自発〉〈可能〉などの意味は、ラル形述語文という形式に直接対応しているわけではない。

そもそも、ラル形述語文（や、現代語ラレル形述語文）に現れる多様な意味は、互いに遠く、かつ異なる次元にある。それらが一つ一つラル形述語という形式と直接に対応していると考える場合、ラル形述語文の多義の構造を説明するためには、意味と意味の間の拡張・派生関係を想定するしかなくなる。この方向の議論が行き詰ることは、すでに四・二で検討した。ここで発想の転換が必要である。「出来文」説によれば、ラル形述語文は飽くまでもある「事態の捉え方」（「（第一）主語を場として事態全体が発生、生起する」という事態把握）と対応しているにすぎない。そのような「事態の捉え方」をある表現目的のために適用する、その表現目的が〈受身〉〈自発〉〈可能〉などの意味にほかならない。例えば自発用法の場合は、「《行為者》または《対象》を場として、その行為的事態が発生する」という表現の仕方をとることによって、「その気がないのにある行為をしてしまう」という意味（〈自発〉）を表している、ということになる。そのように考えてこそ、一つの文法形式が多様な意味を表し得ることの論理を説明することが可能なのである。

このような理解のもとでは、〈自発〉〈可能〉〈受身〉など、ラル形述語文（を含む〔ラレル〕形述語文）に現れる意味は、ラル形述語文が使用される結果現れる、いわば「表現上の意味」だということになる。以後、〈自発〉〈可能〉〈受身〉などを、ラル形述語文が直接に対応している「事態の捉え方」と区別するため、「表現上の意味」と呼ぶことにする。

さて、ラル形述語文の諸用法（その表す表現上の意味）のそれぞれは、この形式の「事態の捉え方」をどのような表現目的を果たすために適用するのかという、いわばラル形述語文の「使用動機」のいろいろである、ということになる。このことから、ラル形述語文の諸用法の位置関係は、ラル形述語の使用動機の異同という観点から捉えなおすことが必要になる。

尾上（1999, 2000, 2003）では、〔ラレル〕形の表す事態の捉え方（尾上（2003）「出来スキーマ」）と諸用法との関係を、出来スキーマ（という特殊な語り方）を敢えて使用する動機の異同という観点から整理している（次ページ図三）。以下、尾上氏の説明に基づいて、本書の議論の対象である古代語ラル形述語文の諸用法の位置関係について整理する。

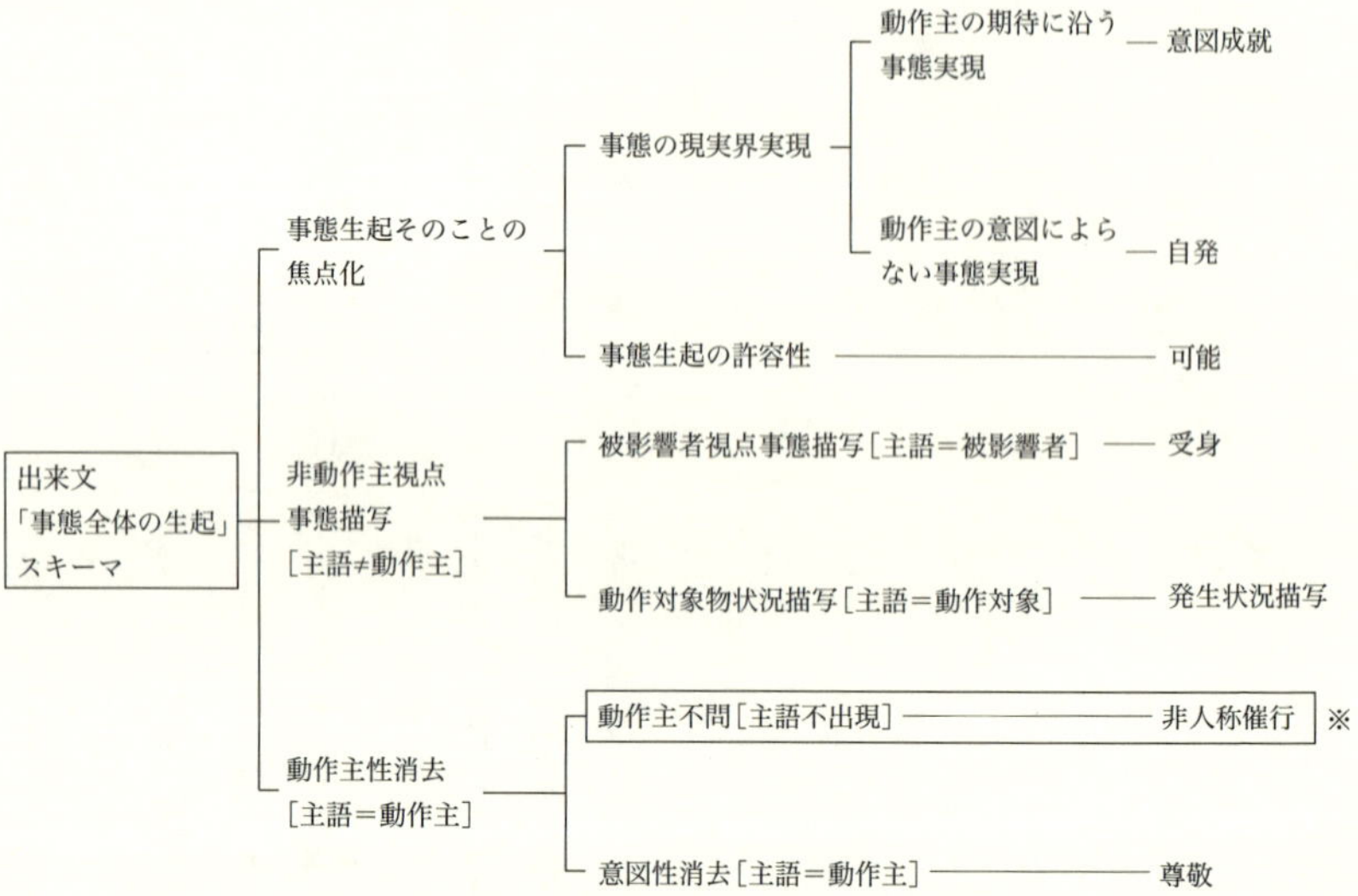

※　尾上圭介氏は、「出来文」の用法の一つに「非人称催行用法」を認める（尾上 2000, 2003）。本書では、尾上氏の言う「非人称催行用法」の例を尊敬用法の一種と見て、独立の用法とはしていない（三・五・二）。

図三　出来文の用法の全体像（尾上（2003: 38）。一部書式を改変）

ラル形述語文の諸用法は、ラル形述語文の使用動機に応じて大きく三つに分類される。

第一の類は自発用法、意図成就用法、可能用法であるが、これらは、出来スキーマ使用の動機という面では、いずれも「事態の成立そのことに注目する」という共通性を持っている。その中でも、事態の成立を直接問題にするのが自発用法と意図成就用法である。この二つの用法は、当の事態が意志を伴って生じるか否かで分かれるのである。一方、事態が成立するかしないかよりも、「事態成立の許容性・萌芽の有無」に表現上の力点を置くのが可能用法である。

第二の類は受身用法と発生状況描写用法である。これらはともに「行為者以外の関係項に視点を置いて事態を述べる」という動機から、行為者の行為として事態を語ってしまう通常の文を排して、「事態全体の生起」という特殊な把握の形式であるラル形述語文に持ち込んでいるものであると言える。このうち、主語者の被影響感覚を語るためにラル形述語文を用いるのが受身用法で、モノの身の上に発生した状況を語るために用いるのが発生状況描写用法である。

第三の類は尊敬用法である。行為主体に対する敬意を表現するために、行為主体の動作主性（意志や力の発動というナマナマしさ）を消去するという方法を採り、そういう目的のために、本当は個体の行為であることをわざわざ「事態全体の生起」という出来文把握に持ち込んでいるものである。

以上、ラル形述語文の諸用法（その表す表現上の意味）は、どのような目的のためにラル形述語文（すなわち出来文）を用いるか、すなわち、「出来スキーマ」とでもいうべき特殊な事態把握形式を種々の表現目的に適用していく、その表現目的の違いとして位置付けられる[13]。

なお、スキーマを用いた多義構造の了解をめぐってあり得る疑問に対して、三点付言しておく。

第一に、「スキーマ」と諸用法（その表す表現上の意味）との関係は、語用論的なものではない（そもそも、「スキーマ」は意味そのものではない）。

第二に、母語話者が「出来スキーマ」なるものを意識していないからといって、そのことが直ちに「出来文」説を否定する理由にはならない。一般に、認知言語学で言う「スキーマ」は、母語話者にとって明瞭に意識されているとは限らない。むしろ、多くの場合観察者の立場から取り出し得るものである。

第三に、（古代語の場合も含め）〔ラレル〕形述語の諸用法を単一のスキーマの適用として理解することは、〔ラレル〕形の各用法が歴史的に時間差をもって成立・展開してきたこと（例えば、尊敬用法が平安時代に成立したことなど）を否定するものではない。ただ、ある用法が（日本語史のある時点で）成立し得るような可能性を、〔ラレル〕形は潜在的に有している、と考えているのである。また、本書で取り上げた用法間に派生関係があると考えられる場合もある。例えば可能用法の場合、当初は〈意図不成就〉を表す文の「含意」（〈不可能〉）として現れ、その後形式（〔ラレル〕形）との結びつきが安定した後に、肯定文で〈可能〉を表す例が出現した、と考えられる。しかし、そのことは「出来文」説と衝突するものではない。派生された新用法が、「出来スキーマ」の新たな適用例として位置付けられるということは、きわめて自然である。意味としての〈可能〉とはそういう場合なのである。

四・三・五　表現上の意味と格体制との相関

三・六・一ではラル形述語文における表現上の意味と格体制との関係をまとめ、その際、特に《行為者》項の格表示に注意した。《行為者》の格表示のタイプに注目して、諸用法は三つの類に分けることができるのであった。すなわち、自発・可能・意図成就の三用法が第一の類をなし、受身・発生状況描写の二用法が第二の類をなし、尊敬用法が第三の類をなす。第一の類では《行為者》項は格助詞を伴う確例を見ない。第二の類は必ずニを伴う。第三の類は、格助詞で表示するとすればノである。

表現上の意味の違いと、主語に立ち得る名詞項の種類をはじめとした格体制とは、明らかに積極的な関係がある。現代語でもそのことはある程度認められるが、古代語では、用法の違いに応じて格体制の型が三類にきれいに分かれるという、さらに鮮明な形で見て取れるのである。従来、〔ラレル〕形述語文の多義の構造の検討に際しては、このことはほとんど問題にされていなかったが、表現上の意味と格体制との関係については、何らかの説明が必要であると本書は考える。

ところで、右に示した、《行為者》項の格表示から見た意味の三分類は、前節四・三・四で示した出来スキーマ使用の動機の三種に完全に対応している。念のため再度確認すれば、《行為者》の格表示の特徴について見る場合も、「出来スキーマ」の使用動機から見る場合も、自発・可能・意図成就の三用法が第一の類をなし、受身・発生状況描写の二用法が第二の類をなし、尊敬用法が第三の類をなすのである。この事実は、表現上の意味と格体制との関係に関する説明の手掛かりになりそうである。

以下、尾上氏の「出来文」説を用いて、古代語ラル形述語文における表現上の意味と格体制との関係について説明を試みたい。

まず、諸用法と主語の意味的立場の種類との相関に関する尾上(1999, 2000, 2003)の主張を要約しつつ説明する。

前節四・三・四で示した出来スキーマ使用の動機の三種は、それぞれの表現上の意味における主語の意味的立場の違いと完全に結びついている。尾上氏によれば、出来スキーマ使用の動機のあり方の違いが、どの名詞項が主語に立ち得るかということと連動しているのである。

尾上氏によれば、出来スキーマ使用の動機の第一の類（自発・意図成就・可能の各用法）は、事態の発生そのことに注目するものであるから、事態生起の場であると把握可能であれば《行為者》でも《対象》でも主語になり得る、ということになる。古代語の事実を確かめても、〈自発〉や〈可能〉を表す場合の《行為者》は主語と認められる（川村 1993: 718–722）し、《対象》もガ・ノ格表示が可能であるという点で主語であると了解できる。なお、第一の類の《対象》項は、「場」としての主語というよりは、「場」（《行為者》）において生起する事態のモノ的中核としての主語が少なくない。

第二の類（受身用法・発生状況描写用法）は、尾上氏の了解では、《行為者》以外の関係項目に視点を置くために、行為者の行為として事態を語ってしまう通常の文を排して、「事態全体の生起」という特殊な把握に敢えて持ち込むのが、出来スキーマ使用の動機である。したがって当然《行為者》が主語に立つことはない。

また、第三の類（尊敬用法）は、《行為者》を事態生起の場として語ることによって、実質的に行為者である人物の動作主性を消去しようというわけであるから、《行為者》である人物が必ず主語に立ち、それ以外が主語に立つことはないことになる。

以上が、諸用法と主語の意味的立場の種類との相関に関する「出来文」説の了解である。

本書の調査によれば、《行為者》項の格表示から見ても、同じ分類になる。すなわち、第一の類（自発・意図成就・可能の各用法）の《行為者》項の格表示はいずれもφであるが、これは当該三用法ではいずれも《行為者》が主語に立ち得るということにほかならない。第二の類（受身用法・発生状況描写用法）で《行為者》項にニ表示の例しかない（ガ・ノ表示の例がない）のは、当該二用法において《行為者》項が決して主語に立たないことの反映であると言える。また、第三の類（尊敬用法）において《行為者》項にノ格表示の例しかないのは、当該用法では《行為者》が必ず主語に立つからである。

以上、古代語ラル形述語文の表現上の意味と格体制の相関について説明を試みた。「出来文」説の主張する、各用法における「出来スキーマ」の使用動機の異同と主語の立て方の異同の相関に注目することで、《行為者》項の格表示に注目する場合に諸用法が三類にきれいに分かれることの事情が説明可能となった。

四・三・六　古代語ラル形述語文の統一的把握における「出来文」説の有効性

四・三・六・一　はじめに

四・三・五までは、「出来文」説を用いて、古代語ラル形述語文の諸用法の現れる論理、諸用法の位置関係、また、表現上の意味と格体制との相関について説明してきた。「出来文」説に基づいて、本章冒頭で提起した二つの課題、すなわち、ラル形述語文に多様な意味が現れることの論理と、表現上の意味と格体制との相関とが、ともども説明可能であった。「出来文」説によって古代語ラル形述語文の諸用法を捉えることの有効性はもはや明らかになったと言ってよいが、本節四・三・六では、四・三・五までで直接論じていないことも含め、「出来文」説の有効性を改めて整理する。また、「出来文」説は現代語よりも古代語に対してより良く適用できること、古代語においてこそ「出来文」説が有効であることを、あわせて指摘する。

四・三・六・二　個別用法間の拡張・派生関係を想定することの困難をめぐって

〔ラレル〕形（古代語では、ラル形）述語文の多義の構造をめぐる議論のうち、個別用法間に拡張・派生関係を想定する議論には、成功したと言えるものはなかった（四・二・二・五）。それは、個別用法間の拡張・派生関係という観点からは、〔ラレル〕形述語文に意味の多様性が現れる論理と、意味と格体制の相関とを、共に説明することが困難であるということを示しているように思われる。

「出来文」説は、動詞〔ラレル〕形（古代語では、ラル形）を、「出来」という、「話し手のある捉え方」すなわち事態認識のあるスキーマに対応するもの、と想定する。そして、四・三・四で説明したように、個別用法をそれぞれ独立に「出来スキーマ」の適用のあり方として説明する。この結果、例えば受身用法と自発用法との間、自発用法と意図成就用法・可能用法の間、尊敬用法と他の用法との間に、必ずしも拡張・派生関係を想定する必然性はなくなる。

ただし、これまた四・三・四で確認したとおり、「出来文」説は、用法間の拡張・派生関係を否定するものではない。例えば、可能用法は意図成就用法から分化したものと考えられるが、その可能用法が「出来スキーマ」の新たな適用例として位置付けられるということになるのである。

四・三・六・三　表現上の意味と格体制の対応関係をめぐって

現代語と古代語を問わず、〔ラレル〕形述語文の表現上の意味と格体制との間には相関がある。本書は三・六・一において、ラル形述語文における表現上の意味と格体制との関係をまとめ、《行為者》の格表示のタイプに注目して、諸用法を三つの類に分けることができる事に注意した。四・二・二で整理した従来の諸説は、意味と格表示との関係を説明することに成功しているとはいえなかった。

二つの用法間に拡張・派生関係を想定する議論は、多くの場合、そもそも表現上の意味と格体制との関係に注意を払っていなかった(四・二・二・五)。

個別用法とは別の次元に〔ラレル〕形固有の性格を想定する議論のうち、例えば川村(1993)などは、古代語動詞ラル形に、文中名詞項(非動作主)を構文的・意味的に操作する「機能」だけを認めた。このような立場に立つと、実際に存在するすべての項構造を敢えて単一の「機能」で説明しようとする結果、想定された「機能」の内実が混質的になるという問題があった(四・二・三・二)。また、〔ラレル〕形述語文にひとつの「事態把握の仕方」を想定するJacobsen(1991)は、仮説を立てるにあたって、用法間の格体制の異同を説明するという視点をそもそも持たなかった(四・二・三・三・二)。

これら従来の説に対して、「出来文」説は、四・三・六・二で指摘したように動詞〔ラレル〕形述語文を「(第一)主語に立つものを場として事態全体が発生、生起すると語る」形式だとする。〔ラレル〕形述語に対応する「事態の捉え方」の中に主語に立つものに関する規定を織り込んでいることで、意味と構文の両面を関係付ける議論が可能になっているのである。具体的には、四・三・五で説明したように、それぞれの表現上の意味における主語の意味的立場の違いは出来スキーマ使用の動機の三種に完全に対応していると了解できる。一方、三・六・一で指摘した《行為者》項の格表示から見た用法の三分類もまた、出来スキーマ使用の動機の三種に完全に対応している。《行為者》項の格表示から見た用法の三分類とは、つまりは《行為者》項を主語に立てるか否かの問題にほかならない。三・六・一において本書が注目した現象が(主語の意味的立場の問題と同様)「出来スキーマ」の使用動機の三種に対応しているのは当然である。

　なお、〔ラレル〕形（古代語では、ラル形）の使用動機と《行為者》項の格表示との相関は、三・六・一で示したように、古代語においてより鮮明である。とりわけ、用法三分類の第一類である自発・意図成就・可能の三用法は、古代語では全く同じ格体制となっている（三・六・一、表一）。四・三・四で触れたように、自発用法と意図成就用法・可能用法とは、ともに「事態の成立そのことに注目する」ためにラル形述語文を用いるものと位置付けられる。出来スキーマ使用の動機が同じなのだから、主語の立て方を含む格体制のあり方に共通性があるのは当然である。古代語においては、自発用法と意図成就用法・可能用法とが《行為者》項の格表示形式まで含めて完全に同じ格体制をとる、という形でそのことが明瞭に現れているのだと理解される。

　このことは、現代語も含めた〔ラレル〕形述語文全般の多義の構造に関する「出来文」説の有効性を示すと同時に、とりわけ古代語において「出来文」説の主張が有効であることを示している。

四・三・六・四　「受身文」の位置付けをめぐって

　通常、いわゆる「受身文」は（能動文との対応の有無、などの）構文的特徴によって定義される。しかし、《対象》を主語に立てる、などの構文的特徴によって「受身文」を定義することは他の諸用法（自発用法・可能用法等）の例の一部をも「受身文」と言わざるを得なくなるため、妥当性を欠く。「自発文」・「可能文」が意味によって定義されている以上、〔ラレル〕形述語文の一類としての〝受身文〟もまた意味によって定義するのが適当である。そして、意味によって定義する場合、〈被影響〉を〝受身文〟の定義に用い、間接受身文も含め、有情者主語の受身文をひとまとまりの文類型として認めるのが適切である。この了解は、受身文研究史の整理と、古代語のいわゆる「受身文」の用例分布の検討結果から導かれたものであった（二・七・二、三・二・六）。

「出来文」説の了解においては、〔ラレル〕形（古代語では、ラル形）述語文は、事態全体が「場」としての主語者において出来するものである。本書の規定する（間接受身文を含めた）受身用法の文の表す事態は、まさに、主語者において当該事態が「降ってわいた」ことを表すのであるから、この了解は、〈被影響〉という意味特徴によって定義された受身用法を適切に捉える事ができる。

一方、「発生状況描写」タイプの非情物主語受身文は、意味的に〈無影響〉であることから、新たに定義された受身用法から除き、改めて「発生状況描写用法」として立てることとした。「発生状況描写」タイプは、結果状態表現を中心とした状況描写の文であり、主語者であるモノに対して仕掛けられた行為を、そのモノにおいて発生した事態として描いている、と捉えやすい。このような「発生状況描写」タイプの文のあり方は、「出来文」説によって、適切に捉える事ができると言える。

ところで、受身用法と発生状況描写用法のそれぞれを「出来文」説で適切に捉えることができるということは、いわゆる「受身文」として一括されていたものを受身と発生状況描写の二用法に分け、かつ前者を〈被影響〉という意味的特徴によって規定した用法分類の正当性が、ラル形述語文の多義の構造をめぐる議論の整合性によって保証されたということになる。本書の受身文規定と、ラル形述語文の多義性の全体構造における受身用法・発生状況描写用法それぞれの位置付けとは、このように互いに支えあう関係にある。

なお、欧文直訳体をベースにして、近代以降新タイプの「非固有の受身」が一般化した。二・二で用例（3）a・bとして掲げた、次のような「受身文」である。

（11）a　会議が議長によって招集された。

b　新しいビルが○○建設によって建てられた。

「出来文」説では、このタイプの「受身文」は〈被影響〉の受身文（本書で言う受身用法の文）の構文的特徴《対象》項を主語に立てる、など）のみを共有する（すなわち、「出来文」スキーマは共有しない）二次的拡張と捉える。古代語では、右の例(11)のような、外形上ラル形述語文であって、なおかつ「出来文」スキーマを共有しない文タイプを想定する必要はなさそうである。その点で、「出来文」説は古代語の記述において一層有効であるといえる。

四・三・六・五　自発用法・意図成就用法・可能用法における肯定・否定の分布をめぐって

本書では、「可能文は自発文の否定表現を起源として成立した」という「通説」が成り立たないことを指摘した（四・二・二・三）。しかし、このような「通説」が流布している理由のひとつは、〈自発〉を表す場合が圧倒的に肯定に偏り、一方〈可能〉〈意図成就〉を表す場合が圧倒的に否定に偏るという用例分布の事実に基づいているものと思われる。「通説」を退けるとしても、この事実については別途説明が必要と思われる。

「出来文」説に立つ場合は、この問題についても説明が可能である。

尾上(2003)は、次のように説明する。「動作的事態は、ふつうは動作主がその意志をもってその行為を実現するもの」(同 p. 36)だが、意志と実現との、どちらかが欠損する場合がある。ひとつは、「① 動作主の意志がないにもかかわらず行為が実現する場合」(同 p. 37)、つまり自発を表す場合であり、もうひとつは「② 動作主が意志をもっているにもかかわらず行為が実現しない場合」(同 p. 37) つまり不可能を表す場合である。（本書の了解では、直接には〈意図不成就〉である。）尾上（2003）は、「事態の生起そのことを問題にするというような特殊な語り方の必要は、まずこの①と②において生ずる」（同 p. 37）と指摘する。確かに、①②のような特殊な事態を積極的に語るとすれば、「事態そのものの実現如何」に目を向けるような特殊な表現が必要となる。古代語ラル形述語文は（もちろん、現代語ラレル形述語文もだが、）そのような使用目的にかなっており、だから尾上氏の言う①と②の場合にまず用いられたのだ、と考えられるのである。

尾上氏は、自発用法が肯定に偏り、可能用法・意図成就用法が否定に偏るという現象を、「特殊な語り方の必要性」の高さという観点から説明したことになる。この了解は、古代語にも少数ながら肯定の〈意図成就〉や肯定の〈可能〉を表す例があること（三・四・三③④）とも矛盾しない。

(12) a　「……。やうやうかう起きゐられなどしはべるが、げに限りありけるにこそ、とおぼゆるも、うとましう心憂くて」（中君—大君）（源氏　椎本）（＝三・四・三③、例(58) e）

b　……、なほこれこそは、かの人々の捨てがたくとり出でしまめ人には頼まれぬべけれ、と思すものから、……（源氏　帚木）（＝三・四・三④、例(59) e）

尾上氏の言う①と②とは違って意志と実現の一方が欠損していなくとも、「出来文」スキーマのような特別な表現形式が要請される場合は確実に存在する。（だからこそ、尾上（2003: 37）前掲引用部分において、「まずこの①と②において生ずる」（傍点引用者）と書かれているのである。）例えば、現実の世界では、意図的に仕掛けた行為が常に意図どおり実現するとは限らないので、「行為が意図どおり実現した」という点に特に光を当てる表現、すなわち肯定の意図成就表現（「今朝は六時に起きられた」など）が形成される余地は、どの時代にもあり得る。また、意志的行為の実現そのことではなくて、「意志的行為が実現するだけの許容性、萌芽がその状況の中に存在する」ことを述べる表現、つまり（肯定の）可能表現（「太郎は百キロのバーベルが持ち上げられる」など）への要請もまた、いつの時代にも存在するはずである。そして、肯定の意図成就表現・肯定の可能表現を形成する際に、「事態そのものの実現如何」を表現し得る特殊な文法形式、すなわち〔ラレル〕形述語が適用される可能性もまた、現代語だけでなく、古代語にも存在したと思われる。右の例（12）は、古代語ラル形述語文がそのような表現上の要請に適用された実例として位置付けることが可能なのである。

なお、以上の説明は、古代語の自発・意図成就・可能用法のグループ内における、用法発生の順序に関する「出来文」説からの説明でもあることに注意する必要がある。すなわち、まず現れるのは自発用法と意図成就用法（ただし、〈意図不成就〉を表す場合）である。可能用法は、三・四・二で触れたように、〈意図不成就〉からの解釈として〈不可能〉の意味が現れたことに始まり、後に肯定の〈可能〉を表す場合が成立する、という順序が想定できる。一方、肯定の〈意図成就〉を表す場合も後発であろう。尾上（2003: 37）が「事態の生起そのことを問題にするというような特殊な語り方の必要は、まずこの①【自発】と②【意図不成就・不可能】において生ずる」と述べるとき、それは歴史的な発生順序を「出来文」という特殊な語り方の必要性から説明したことになる。

四・三・六・六　まとめ

以上、「出来文」説によって古代語ラル形述語文の諸用法を捉えることの有効性を四点にわたって指摘した。

イ　受身・自発などの諸用法を、「出来スキーマ」の適用目的の種類として説明する。この結果、個別用法間の拡張・派生関係を想定することに伴う困難は解消される。

ロ　ラル形述語文を「（第一）主語に立つものを場として事態全体が発生、生起することを語る」形式だとする。その結果、各用法における主語の意味的立場の異なり（三類型）を、ラル形述語文の使用動機の異なり（三類型）の現れとして説明できる。さらに古代語では、「出来文」説の主張する〔ラレル〕形（古代語では、ラル形）述語文の使用動機の三類型と、《行為者》項の格表示まで含めた格体制の類型（三種）もまた完全に一致する。

ハ　受身用法の意味規定（〈被影響〉という点で規定する）や発生状況描写用法の設定（用法分類）に対して、「出来スキーマ」はラル形式の多義性の全体を説明し得る観点から正当性を保証する。なお、古代語和文では、（現代語の「非固有の受身」のような）外形上ラル形述語文ではあるが「出来文」スキーマを共有しない文タイプの存在を認める必要がない。

ニ　古代語において自発用法が肯定表現に偏り、意図成就用法・可能用法が否定表現に偏るということについては、「出来文」説は自発表現や可能表現（意図不成就表現）がどのような場合に要請されるかという観点から説明し得ている。表現上の意味としての〈自発〉と〈意図成就〉〈可能〉との間に何らかの拡張・派生関係を想定しなくともよい。

このうち、ロ・ハ・ニは、「出来文」説の説明能力が現代語よりも古代語において一層明瞭に見て取れる点である。それゆえ、「出来文」説は古代語においても、というより古代語においてこそ一層有効であると言ってよいと思われる。

四・四　本書の見解と「出来文」説との関係

本章では、古代語和文の動詞ラル形述語文の諸用法（受身・自発・可能等）を統一的に説明するには、尾上圭介氏の「出来文」説が最適であることを述べ、古代語の諸用法へ具体的に適用するとともに、その有効性を、先行研究と対照しつつ論じてきた。そして、「出来文」説は現代語ラレル形述語文よりも古代語ラル形述語文においてこそ一層有効であることを述べた。

「出来文」説が古代語和文においても有効であることは、尾上氏が「出来文」説を展開する際に古代語ラル形述語文の用例を少なからず参照した上で立論していること、また、「出来文」説が古代語から現代語に至る〈ラレル〉形述語文全体を視野に入れたいわば「汎時論」的な性格を持つことから、ある程度予想できることである。しかし、尾上（1998a, 1998b, 1999, 2000, 2003）は主に現代語を対象として議論を展開しており、古代語ラル形述語文に対して「出来文」説が実際に適用可能であるか否かについては、十分に検証されているとは言えない。本章の積極的な主張は、第二章における受身文研究史の見なおしと、第三章におけるラル形諸用法の精密な定義と詳細な記述の上に立ち、汎時論的な「出来文」説が古代語ラル形述語文にも適用可能であることを論証し、さらには、現代語ラレル形述語文よりも古代語ラル形述語文においてこそ一層有効であることを指摘したという点にあると言える。

なお、「出来文」説の形成過程においては、本書のもとになった筆者川村の論考・調査が「出来文」説の基礎として取りこまれた部分もあり、尾上氏の「出来文」説から本書の内容が全面的に恩恵を受けているという単純な関係にあるわけではない。

本書のもとになった論考・調査のうち、尾上氏の「出来文」説の基礎になったものは少なくとも次の二点である。

第一に、尾上氏の「出来文」説展開の出発点のひとつになったのは、川村（1993）に示した、古代語ラル形述語文の諸用法と主語との関係に関するデータである。すなわち、川村（1993）で言う受身用法（本書の言う「発生状況描写用法」を含む）では被影響者や対象のみが主語に立つ一方、尊敬用法では動作主（本書の《行為者》）のみが主語に立つ。自発用法・可能用法（本書の「意図成就用法」を含む）の各用法では、対象も動作主も共に主語に立ち得る。このうち、動作主（本書の言う《行為者》）が主語に立つ場合をどう扱うかについて、川村（1993）執筆時に筆者川村が尾上氏と相談した際、尾上氏は「ラル形述語文の主語は、どの用法の場合も「動作発生の「場」」である」という見解を示された（川村（1993）注4・注6）。川村（1993）は、その見解を一部受け入れ、動作主（本書の言う《行為者》）が主語に立つ場合に限って、主語者である動作主は事態把握の上で「場」として扱われるものとしたが、尾上氏はラル形述語文の主語一般について「動作発生の場である」という了解をその後さらに発展させ、「事態全体の発生の場である」として、尾上（1996, 1998a）以降の一連の「出来文」説を展開した。

第二に、尾上氏が発生状況描写用法を受身用法から切り離して別用法として立てる見解（尾上2000）に至ったのは、後の川村（2003）や川村（2011）の見解のもとになった筆者川村の受身文研究史の調査・報告（1999–2000年、尾上氏主宰の研究会で発表。非公開）において、金水（1993）に基づいて受身文研究史を大きく（第二章で言う）立場Aと立場Bに振り分けて整理して示したことを一つの出発点としている。

一方、筆者川村は川村（1993）執筆の後、尾上氏との議論や、尾上（1996, 1998a, 1998b, 1999, 2000, 2003）をとおして、「出来文」説の有効性、とりわけ古代語ラル形述語文の説明における有効性を認識するに至った。川村（2004, 2005）などは、川村自身の研究史の整理や古代語の事実観察に拠りながらも、議論の枠組はほぼ「出来文」説に沿った展開となっている。

「出来文」説と本書の議論の内容との関係を、両者の形成過程にまで遡って述べるならば、以上のとおりとなる。

四・五　補説　動詞ラル形の成立をめぐって——自動詞語尾由来説との関連から——

四・五・一　自動詞派生語尾と出来動詞派生語尾との間

本章四・二・三・三・一では、〔ラレル〕形述語文の多義の構造をめぐる先行説を検討する中で、「自発」から他の意味が分化したと見る議論（自発中心義説）の中に、無意志自動詞（とりわけ、他動詞から派生する自動詞）の語的性格を〔ラレル〕形述語文諸用法の根底に認める、いわば「無意志自動詞根源説」というべきものの萌芽を認め、その成立可能性を検討した。そして、無意志自動詞から直接にラル形述語文の諸用法を導き出すことは不可能であることを指摘した。動詞ラル形を構成するいわゆる助動詞ル・ラル、ユ・ラユは（無意志）自動詞を派生する動詞語尾ル・ユに由来するとする了解（橋本進吉（1931）、朝山信彌（1942–43）、川端善明（1979）、柳田征司（1989）、釘貫亨（1991）、小柳智一（2011）ほか）が現在有力と思われるが、たとえこの了解に立つとしても、「モノの自然発生的な変化を表す」（無意志）自動詞から、「主語に立つものを場として事態全体が発生、生起することを語る」ラル形述語（いわば、動詞の「出来形」）への移行に当たっては、いわば「大きな飛躍」が必要だったことになる。

そのことの説明がない限り右の了解を直ちに肯定することはできないが、しかし一方で、やはり四・二・三・三・一で指摘したように、無意志自動詞と動詞ラル形述語の間に、外形のみならず、用法上も何らかの類似が認められ、無意志自動詞派生語尾からル・ラル、ユ・ラユが分化したという了解を完全に否定し去ることもできない。

尾上圭介氏の「出来文」説は、〔ラレル〕形述語文等の多義の構造や、各用法における主語の取り方について、「出来スキーマ」で説明することを目指すものであるから、〔ラレル〕形述語の由来が何であるかについては直接関心を持たない。しかし、動詞ラル形が（他動詞由来の）無意志自動詞から分化したとすれば、それはどのような経路で成立し得たか、「出来文」説の立場から何らかの見方を示すことが要請されることと思われる。とりわけ本書においては、古代語のラル形述語文に特に限定して多義の構造を検討したことから、他動詞由来の無意志自動詞との関係について、大まかなものでも見通しを示す必要があろうと思われる。

もとより動詞ラル形は上代の文献にすでに認められ、その成立は文献以前のことであるから、この問題を論ずるには相当慎重な検討が必要である。細部を詰めていけば相当の紙幅を取ることになり、必ずしも本書の目的には沿わない。詳細な検討は別の機会に譲り、ここでは概略のみを提示するに留める。

四・五・二　動詞の自他対応

周知のとおり、動詞の自他対応を構成する形式対応には大きく言って五種類ある。語例は上代語の仮名書き表記例があるものに限る（釘貫亨（1990）による）。動詞対の上が他動詞、下が自動詞である[14]。

a　活用の種類による対立（その多くは四段と下二段の対）

　イル（入　下二）―イル（入　四）、キル（切　四）―キル（切　下二）

b　同一語基にスなどが付いて他動詞、ルなどが付いて自動詞を構成するもの

　ナス（成　四）―ナル（成　四）、ヨス（寄　四）――ヨル（寄　下二）

c　自動詞にスなどが付いて他動詞を派生するもの

　チラス（散　四）―チル（散　四）、トヨモス（響　四）―トヨム（響　四）

　オコス（起　四）―オク（起　上二）、ツクス（尽　四）―ツク（尽　上二）

d　他動詞にルなどが付いて自動詞を構成するもの

　カク（掛　四）―カカル（掛　四）、ウム（生　四）―ウマル（生　下二）

　アグ（上　下二）―アガル（上　四）、コム（籠　下二）―コモル（籠　四）

e　自他同形のもの

　オク（置　四）　ソソク（注　四）

右のような形態上の自他対応を持つ他動詞と自動詞とは、多くの場合、他動詞は対象を変化させる種類の行為を表し、自動詞はモノの変化を表す。そして、対となる他動詞の目的語（《対象》）が対となる自動詞の主語に立つ（子を生む―子、生まる）という関係にある。このうち、ラル形述語の成立との関係で問題になるのは、**d**、すなわち、他動詞に自動詞派生語尾が付くタイプである。

四・五・三　語彙的出来動詞の成立

四・五・三・一　動詞ラル形の成立し得る環境

さて、先に四・二・三・三・一で検討したことだが、自他対応を持つ(無意志)自動詞とラル形述語との間には、少なくとも次の二点に関して大きな相違がある。第一に、自他対応を持つ自動詞による文は、多くモノの変化を表すのに対し、ラル形述語文は、受身用法であれ、自発用法であれ、ヒトの身の上に関する事態を述べるものである。第二に、自他対応を持つ自動詞による文は、変化主体としてのモノ一項だけが存在するのに対し、ラル形述語文は、《行為者》《対象》(あるいは《被影響者》)の二項、あるいは《被影響者》《対象》の二項を持つ場合がある。もしラル形述語が自他対応を持つ自動詞(変化動詞)から成立したとすれば、少なくとも、次の二点の変化について、そのような変化が可能になった環境があったと言わざるを得ない。

ｉ　モノに関する事態の表現からヒトに関する事態の表現への移行

ⅱ　一項的な事態の表現から多項的な事態の表現への移行

右のｉ・ⅱが生じそうな環境は、文献上二つ認められる。

先ほど述べたように、動詞の自他対応は、「対象変化他動詞」と「モノの変化を表す自動詞」との対であることが多いが、その周辺には、形態上他動詞と「自他対応」の様式を持ちつつ、「モノの変化」とは異なる事態を表す動詞が二種類存在する。その特殊タイプの動詞が、動詞ラル形発生の場ではなかったかと考える。以下、その二種類の動詞について見ていく。

四・五・三・二　語彙的自発動詞

外形上他動詞と「自他対応」の派生形式を有しつつ、「モノの変化」の表現とは異なる事態を表す動詞の第一タイプは、「行為者の身の上に当該行為者の行為が自然に発生すること」を表すタイプの動詞である。上代に限って言えば、見ユ（下二）（↑見ル（上一））がそうで、さらには聞コユ（下二）（↑聞ク（四））・思ホユ（↑思フ（四））もその中に入れてよいかと思われる(15)。語尾ユ（下二）は、他動詞に下接する（無意志）自動詞派生語尾としては右の三動詞以外に活発に用いられることはない（上代に射ユ（↑射ル）、中古に煮ユ（↑煮ル）の例が認められる）が、他動詞下接ではなく肥ユ・絶ユ・萎ユなどの無意志自動詞を形成する語尾として知られる。見ユ・聞コユ・思ホユは、直接には、肥ユ・絶ユ・萎ユなどの無意志自動詞の同類として、「視覚・聴覚・認識次元におけるモノの出現・存在」を表すものとして成立したものと思われる。

（13）a　我妹子を行きてはや見む淡路島雲居に見えぬ（安波治之麻久毛為尓見延奴）家付くらしも（万葉 3720）
b　……玉だすき畝傍の山に鳴く鳥の声も聞こえず（畝火乃山尓喧鳥之音母不所聞）……（万葉 207）
c　瓜食めば子ども思ほゆ（胡藤母意母保由）栗食めばまして偲はゆ……（万葉 802）

知覚や認識は、ヒトの行為の一種ではあるが、しばしば行為者の意志の意識的発動なしに成立し、知覚の対象が一方的に知覚の世界に飛び込んできたり、認識の対象が自然に心の中に浮かびあがったりする現象として受け止められ得る（尾上 1998b: 92f）。そのことから、知覚や認識をめぐって、「ヒトの行為」としての側面を捨象し、もっぱら知覚内容、認識内容に光を当てる表現が成立してもおかしくはない。しかし一方では、知覚や認識は、当然、知覚・認識する行為者の存在なしに成立しない種類の事態であり、本質的に行為者の存在を切り離して捉える事のできない事態である。そこで、これら「視覚・聴覚・認識次元におけるモノの出現・存在」の表現は、容易に「ヒトにおける知覚・聴覚・認識の発生」の表現に読み替えられ、語彙的な（あるいは意図成就表現）の動詞となる。

これら見ユ・聞コユ・思ホユはすでにして「ヒトを場として知覚・認識等が発生する」という事態を表現しており、語彙的な出来動詞としての性格を備えている。詳細は第五章で述べるが、思ホユについては、上代に《行為者》表示の例や《対象》ヲ格表示の例が存在し、多項的な表現を確立しており、ラル形述語文の自発用法と変わるところがない。

(14) a　秋付けば尾花が上に置く露の消ぬべくも我は思ほゆるかも（吾者所念香聞）（万葉 1564）

b　……遠き代にありけることを（遠代尓有家類事乎）昨日しも見けむがごとも思ほゆるかも（所念可聞）（万葉 1807）

ラル形述語のような「出来文」を構成する述語が自他対応をなす自動詞（変化動詞）からの変化として生じたとすれば、その変化は、一つにはこれら見ユ・聞コユ・思ホユにおいて生じたと言えよう。見ユ・聞コユ・思ホユにおける出来動詞への変化は、これらの動詞の表す事態である「知覚」や「認識」の特殊性、すなわち、ヒトの行為としての面と、自然発生的な事象としての面との両面を有する事態であることの特殊性を基盤として生じたものと言える。

四・五・三・三　語彙的受身動詞

形態上他動詞と「自他対応」の関係にありながら、「モノの変化」の表現とは異なる事態を表す動詞がもう一種類存在する。それは、「ヒトが行為を受ける」ことを表す動詞、すなわち広義の語彙的受身動詞と言えそうな動詞である。上代には、「妨げられる」意味のサハル（障　四）（↑他動詞サフ（障　下二））や、「異性との関係を噂される」の意味のヨソル（寄　四）（↑他動詞ヨス（寄　下二））、「いただく」意味を表すタマハル（四）（↑タマフ（四））・タバル（四）（↑タブ（四））が存在する。（ただし、ヨソルの仮名書き例は東歌にしかない。）また、「貴所から退出する、都から離れる」意のマカル（四）も、「上位者の命を受ける」というのが原義であれば、他動詞マク（任　下二）と対をなすかと思われる[16]。さらにはミユ（見　下二）（↑他動詞ミル（見　上一））もこの類に属するが、その点については四・五・四で言及する。

通常の「他動詞語基＋自動詞派生語尾」構成を持つ変化動詞カカル（掛）・アガル（上）などの類と、問題のサハル・ヨソルなどの類との成立の先後関係については明らかではないが、サハル・ヨソルなどの類はカカル・アガルなどの類に比べて種類が乏しいことから、サハル・ヨソルなどの類の方が後発かと思われる。すなわち、「モノを変化させる行為」を表す他動詞から「モノの変化」を表す自動詞を派生するために用いられる動詞語尾（ル等）を、対象に立つヒトの変化を伴わない他動詞サフ（妨げる）などに拡張的に適用した結果成立したものが、サハルなどの類だと考えられるのである。

これらの内、「いただく」意味を表すタマハル・タバルは意味的に通常の他動詞と見てよいものなので考察の対象から外し、以下サハル・ヨソルに注目して議論を進める。

サハル・ヨソルは、通常の自他対応を持つ自動詞（変化動詞）チル（散）・トヨム（響）やカカル・アガルなどとは表す内容が異なる。

まず、通常の自他対応をなす自動詞（変化動詞）はモノの発生・変化を表すが、サハル（妨げられる）・ヨソル（異性との関係を噂される）において、行為を受けるヒト（主語者）が具体的変化を被っているとは言いがたい。

(15) a　大君の命恐みあしひきの山野障らず（夜麻野佐波良受）天ざかる鄙も治むるますらをやなにか物思ふ……（万葉3973）

b　山菅の実成らぬことを我に寄そり（所依）言はれし君は誰とか寝らむ（万葉564）

また、通常の自他対応をなす自動詞（変化動詞）は、外的な行為者が存在しない事態を表す。また、事実上その変化を引き起こした行為者がいるとしても、その行為者を名詞項として文中に表現することはない。次の例のようなニ格名詞項は、通常《原因》を表していると解釈される。

(16) a　霞立つ春日の里の梅の花山のあらしに（山下風尓）散りこすなゆめ（万葉1437）

b　十月しぐれの雨に（鍾礼乃雨丹）濡れつつか君が行くらむ宿か借るらむ（万葉3213）

しかし、サハル・ヨソルは、本質的に「妨げる」「異性との関係を噂する」などの行為をする《行為者》の存在なしに成立しないものである。サハルには、《行為者》項のニ格表示と言ってよい例もある。

（17）　たらちねの母に障らば（母尓障良婆）いたづらに汝も我も事そなるべき（万葉2517）

これら「ヒトが行為を受ける」ことを表すサハル・ヨソルに、自動詞派生語尾ルを取っているという外形上の類似に基づいて、強いて通常の自他対応をなす自動詞（変化動詞）と同様に何らかの「変化」を求めるとすれば、「そのヒトの身の上に他者の行為の影響が発生すること」ということになる。サハル・ヨソルそれ自体は、「出来スキーマ」に対応しているとも対応していないとも言えないが、ラル形述語のような「出来文」を構成する述語が自他対応をなす自動詞（変化動詞）からの何らかの変化によって生じたとすれば、サハル・ヨソルのような語彙的受身動詞が「出来スキーマ」を持つ動詞の発生の場となった可能性を考えてよいのではないか。

ラル形述語文による「受身文」は、有情者主語のものに集中すること、間接受身文もすでに上代には存在したと思われるなど、単に「動作対象を主語に立てる構文」と言っただけでは済まず、意味の面から「そのヒトの身の上に他のヒトやモノの引き起こした事態が発生することを表す文」と捉えざるを得ない。その成立の場を、他動詞由来の無意志自動詞の周辺に求めるとすれば、「ヒトが行為を受ける」ことを表すサハル・ヨソルの類の動詞が、その有力な候補と言える。

以上、上代には、他動詞と「自他対応」の派生様式を有しつつ、「モノの変化」ではなくて、「ヒトの身の上に起きる何らかの変化」を表現する動詞が二種類存在した。一つは、語彙的な自発動詞（あるいは意図成就動詞）で、行為主体としてのヒトの身の上に事態が発生することを表すものである。もう一つは、語彙的な（広義の）受身動詞で、いわば行為を受けるヒトの身の上に他者の行為の影響が発生することを表すものである。特に前者の場合は、自発用法を持つだけでも「出来スキーマ」を有すると言ってよく、すでに語彙的出来動詞と言うべきものである。

四・五・四　助動詞ユ・ルの成立

さて、ひとつの動詞が、自発と受身との両方の用法を有するとき、ラル形述語と同様、多義の出来動詞が成立することになる。多義の（語彙的）出来動詞がどのような種類の動詞から成立していったかは不明であるが、文献上それと指摘できるのは、見ユである。自発表現にも受身表現にも容易に用いられ得る動詞はそう多くないが、知覚・認識動詞は、自発にも受身にも用いられ得る動詞である。見ユが早い時期に自発用法と受身用法をともに有していた動詞のひとつであることは間違いないと思われる。

（18）　物思《も》ふと人には見えじ（比等尓波美要緇）下紐の下ゆ恋ふるに月そ経にける（万葉 3708）

先に三・二・四・二で久野（1983）の説を援用して指摘したように、知覚行為「見る」を表す動詞によって構成される受身文は、主語者である《被影響者》が文に述べられている事態にインヴォルヴされる度合が低く、直接受身文であっても〈はた迷惑〉の意味を帯びることがある。また「見る」行為は個体としてのヒト・モノを対象としても成立するが、「太郎が教室から出てくるのを見た」のように、個体の状態・動きを対象としても成立する。文献上は確認できないが、見ユが上代において間接受身文を構成した可能性は高いと思われる。

こうして確立した、多義的な語彙的出来動詞を構成するユ語尾が、他の動詞にも生産的に付くようになったものが、いわゆる助動詞ユであろう。

一方、いわゆる助動詞ルは、他動詞から自動詞を派生する語尾ル（生マルなど）が、（ユに類推してか）出来動詞形成語尾としての用法を獲得し、様々な動詞に下接して出来動詞を構成するようになったものと考えられる。

なお、いわゆる助動詞ユ・ラユ、ル・ラルの成立に関しては、ユ・ルが四段動詞等の（-a終わりの）未然形に接続する形で固定したこと、ラユ・ラルという語形がどのように形成されたかなど、言うべき点は多いが、それらの点は、他動詞由来の（無意志）自動詞を基盤として出来動詞（動詞ラル形）が成立する経路を検討するという、本節の目的から大きく外れるので、ここでは議論を一切割愛する。

四・五・五　おわりに

本書で検討した動詞ラル形述語文の意味的・構文的諸特徴には、無意志自動詞文との間に少なからぬ相違がある。いわゆる助動詞ル・ラル、ユ・ラユの由来について、無意志自動詞を派生する語尾ユ・ルに求めるという現行の有力説にしたがう場合、無意志自動詞から動詞ラル形への「大きな飛躍」がいかに果たされたかを説明せざるを得ない。本節四・五は、語尾ユ・ルを有する無意志自動詞一般から動詞ラル形が形成されたのではなくて、形態的な自他対応の周辺に存在する二種類の動詞（語彙的自発動詞、語彙的受身動詞）にラル形成立の基盤があったという見通しを述べた。

繰り返しになるが、本節四・五は、本書が検討した「出来文」説の立場から、動詞ラル形の成立過程に関する大まかな見通しを述べたにすぎない。動詞ラル形が多義を持つに至った過程の詳細、ラユ・ラルという形態の成立、助動詞ユ・ラユ、ル・ラルが未然形接続に固定した経緯など、さらに説明を必要とすることは数多い。そうであるにしても、無意志自動詞派生語尾から出来動詞派生語尾としての助動詞ユ・ラユ、ル・ラルが成立する、その過程の大筋についてはひとまずこれで示し得たかと思う。

注

1　本章は、川村(2005)第三節・第四節を元に大幅に加筆したものである。

2　古代語での意図成就用法・可能用法の実例の分布(否定の場合に偏る)を念頭に置かず、かつ、諸用法の意味への多少なりとも細かい目配りなしに、ごく抽象的な概念モデルの操作のみに依拠して議論を構成する場合には、例えば意図成就用法を意味拡張の出発点に位置付ける議論もあり得るし、実際にそのような主張を展開する論考も見受けられる。しかし、本書の目的にとってはこの種の議論を敢えて取り上げる必要はないと思われる。

3　なお、川端(1978: 191)は、「受身」では「行為の主体」(本書の言う《行為者》)から「受身の主体」(本書の《被影響者》)へ「関係的な意志」が及ぶのに対して、「自発」では行為の具体を失った「行為の主体」がガ格に立ち、「受身の主体」が一人称者に限定されると述べる。すなわち、「昔の人が(私には)しきりに思われる」の「昔の人」が「行為の主体」、「私」が「受身の主体」であると言う。川端氏の議論は難解だが、「自発」では《行為者》に何らかの力が及ぶという了解を、山田(1936)と共有していると受け止められる。

4　尾上(1999: 92f)は、「自発根源説」(本書の言う「自発中心義説」)における「自発」から「受身」への意味拡張をめぐる説明に対して、主語の移行がなぜ起きるか、そもそも一般に文の述語形式の意味拡張にともなって格構造が義務的に変化するということがあり得ることなのか、ということについて説明に窮するという指摘を行っている。

5　川村（2005）で奥津氏調査の『万葉集』の「受身文」の数を「一二〇例」としたのは、ラル形の全用例数を誤って記載したものである。引用の誤りを奥津敬一郎先生に深くお詫びしつつこの場で訂正する。

6　無意志自動詞文と「受身文」の違いを、「他者の影響を受けているかいないか」の差でしかないとする議論は、さらに根本的な問題を抱える。すなわち、例えば太郎が癇癪を起して花瓶を壁に投げつけ、花瓶が粉々になったことを「ああ、花瓶が壊れちゃった」と表現する場合、この「花瓶が壊れた」を「受身文」ではないとは言い切れなくなる。そのような了解に理論的な意味があるか、疑問である。同様の指摘がすでに尾上（1999）にある。

7　柴谷氏は橋本氏と異なり、〔ラレル〕形と無意志自動詞文との語源的関係は問題にしない。また、川村（1993）も参照しつつ、古代語自発文では《対象》をヲ格表示する場合もあること、《行為者》項が主語として文中に現れ得ること（したがって、自発文を無意志自動詞文と単純に同一視はできないこと）に慎重に目配りをしている。また、「受身文」が成立する際に、有情主語・非情主語のいずれの場合が先であったかについても特に問題としない。しかし、スペイン語などの再帰構文由来の自動詞文について「動作主が関与せずに事態が「おのづから然る」ことを表すことから、これらを自発（spontaneous）と呼ぶことも可能であり、これには、【中略】日本語の自発文に通じるところがある」（柴谷 2000: 166）と述べるところから見ると、柴谷氏も、〔ラレル〕形の表す「自発」の内実を、無意志自動詞一般の意味に近いものとして位置付けているように思われる。

8　そのほか、上代の助動詞スの尊敬用法から対比的に誘導されたものとする説（小松英雄 1999: 151）もある。

9　自発文の人称制約そのものについては森山卓郎（1988: 127）や安達太郎（1995: 126）の言及がある。

10　古代語の自発・意図成就・可能の三用法において、文中に《行為者》《対象》の二項が明示され、かつ《対象》項がガ・ノ表示されるという、二重主語構文の確実な例というべきものは、管見では調査範囲で次の一例のみである。

i　……、尚侍の君【＝玉鬘】は、かかることどもを聞きたまふにつけても、身の心づきなう思し知らるれば、見

もやりたまはず。（源氏　真木柱）

11　自発・意図成就・可能の三用法において、《行為者》項が明示されない「故郷のことが思い出される」「今日は御飯が三杯食べられた」「せめて御飯が食べられるようになったらすぐ回復するのだが」などの場合の《対象》項が「場」としての（第一）主語なのか、場において生起する事態中のモノ的中核としての「第二主語」なのかについて、尾上氏は明言していない。本書では、自発・意図成就・可能の三用法の《対象》項主語は原則として《行為者》項との共起がなくとも「第二主語」であると判断し、《対象》項主語が明らかに「事態認識における着目点」として機能している場合（例えば「このきのこは食べられる」など、《対象》項の性質を述べている場合など）に限って「場」主語であると認定することとする。

12　一般に、ある形式を用いて可能や尊敬などの意味を表現することになる論理としては、その形式ごとにほかの論理もあり得る。例えば、意志的行為を最後までやり遂げるということを表すことで、当の行為が意図どおり実現することや、当の行為が実現するだけの許容性が存在することを表す場合がある（補助動詞ウなどによる可能表現（渋谷(1993)ほか）。また、ある人物の行為を、他者の行為を介して実現するかのように表現することで、当の人物の高貴さを表現する場合がある（助動詞ス・サス・シムによる尊敬表現）。ここでは、動詞ラル形を用いた場合の可能表現や尊敬表現などの成立の論理を示しているのであって、可能表現や尊敬表現がすべてここで示した論理で形成されると主張しているわけではない。

13　尾上氏の「出来文」説では、古代語ラル形述語も現代語ラレル形述語も「出来スキーマ」に対応していると了解している。（ただし、現代語特有の「非固有の受身」を除く。これは「出来スキーマ」を無視した特殊な用法拡張だと見る。）

14　例えば**C**型のチラスの場合、語基はtiraなのかtirなのか、それに対応して動詞派生語尾は-suなのか-asuなのか、という問題があるが、その点について本書は判断を留保する。そのことによって議論に影響が及ぶことはない。なお、ここで言う「語基」は、外形としては川端善明（1979）の言う「形状言」にほぼ相当するものであるが、本書の範囲では、ただ、「動詞としての語彙的意味を持つ語構成要素」という以上の意味を持たない。

15　聞コユ・思ホユの語尾ユをめぐっては、上代語のいわゆる受身・自発・可能の助動詞ユであるとする議論がある。すなわち、聞コユ・思ホユは聞ク・思フの未然形にユが下接した「聞かゆ」「思はゆ」から変化したものだと考えるのである。しかし、本書では聞コユ・思ホユを一個の動詞と見る。詳しくは五・二で述べる。

16　このほかに、a型の自他対応をもつ「いただく」の意のタマフ（下二）（―他動詞タマフ（四））、b型の自他対応をもつ「借りる」の意のカル（借　四）（―他動詞カス（貸　四））も存在するが、当面の議論には関係しない。

第五章　見ユ・聞コユ・思ユ（思ホユ）をめぐって

五・一　本章の課題と構成

〔ラレル〕形述語と同様の多義を持つ形式が日本語にはいくつかある。

すでに一・二・三・一で言及したことだが、現代語であれば、読メル・書ケルなどのいわゆる可能動詞が、〈可能〉や〈意図成就〉だけではなくて、〈自発〉や〈被影響（受身）〉を表す場合があることが知られている（ただし、〈自発〉〈被影響〉を表す動詞の種類は限られている）。

（1）a　悲しい映画を見るとどうにも泣けてくる。〈自発〉
b　彼のしぐさを見ていると笑えてしょうがない。〈自発〉
c　時間の長短は、何も年齢だけにかかわるものではないらしい。文化とも密接にからんでいるように思える。（天声【人語】88/1/7）（安達太郎 1995）〈自発〉
d　君の書く「公」の字は、どう見ても「ハム」と読める。〈自発〉
e　このことが先生に知れては大変だ。〈被影響〉

（一・二・三・一、例（10）再掲）

また、動詞見エル・聞コエル・分カルも、〈自発〉のほかに〈可能〉〈意図成就〉を表し得るし、聞コエルについては〈被影響〉を表す場合を認めてよいと思われる。

(2)a　窓の向こうに富士山が見える。〈自発〉
b　おじいさんは老眼で近くのものがよく見えない。〈可能〉
c　なかなか見えなかった富士山が、雲が晴れてようやく見えた。〈意図成就〉
(3)a　台所で何やら物音が聞こえる。〈自発〉
b　おじいさんは人の話がよく聞こえない。〈可能〉
c　隣の人が私語をやめたので、ようやく先生の話が聞こえた。〈意図成就〉
d　このことが先生に聞こえたら大変だ。〈被影響〉
(4)a　読んでいるうちに著者の言いたいことが自然に分かってくる。〈自発〉
b　この論文は何度読んでも言いたいことが分からない。〈可能〉
c　何度も読んでようやくこの論文の言いたいことが分かった。〈意図成就〉

これら諸形式は、《対象》項や(〈可能〉〈意図成就〉の場合)《行為者》項を主語に立てることがある。このことも、〔ラレル〕形述語と共通する点である。

このことから、いわゆる可能動詞や見エル・聞コエル・分カルなどは〔ラレル〕形述語と同様「出来文」を構成する動詞(出来動詞)であると考えられるし、現に尾上圭介(1999, 2003)などではそのように位置付けられている。

一方、古代語においては、ラル形述語と同様の多義の構造を有する古代語の形式として、動詞見ユ・聞コユ・思ユ(思ホユ)が知られている。見ユ・聞コユはそれぞれ見エル・聞コエルの前身である。思ユ(思ホユ)は現代語のオボエルの前身であるが、古代語では「ある想念が心の中に浮かんでくる」ことなど、現代語の「思われる」にほぼ相当する意味を表すものである。また、後に確認するが、見ユ・聞コユ・思ユ（思ホユ）は、《対象》項を主語に立て得る。

　このことから、見ユ・聞コユ・思ユ（思ホユ）は動詞ラル形同様、古代語における「出来文」を構成する動詞（語彙的出来動詞）であることが予想される。しかし、これらの動詞が出来動詞であると確言するためには、見ユ等を述語とする文について、少なくとも次の諸点を確認する必要がある。

イ　動詞ラル形述語文が表す〈自発〉その他の表現上の意味のうち、見ユ・聞コユ・思ユ（思ホユ）においてどれだけの意味が表れ得るか。

ロ　イで確認したそれぞれの表現上の意味（いわゆる「自発」「可能」など）は、動詞ラル形述語文の表す〈自発〉〈可能〉などと同質のものか、否か。

ハ　これらの動詞は、動詞ラル形述語文が表さない種類の意味を表すことがあるか。その意味は、イの場合と何らかの拡張・派生等の関係があるのか、否か。

ニ　イで確認したそれぞれの表現上の意味が現れる場合の格体制（あるいは、主語の意味的立場の種類）は、動詞ラル形の場合と同じか。

このうち、イ・ハについては、古典解釈の場や辞書記述の場で半ば共通了解となっている点が多いと思われるが、本書が第三章で行ったラル形述語文の分析に照らして、再度確認する必要がある。また、ロ・ニについては、従来十分に検討されてきたとは言えない。見ユ・聞コユ・思ユ（思ホユ）の意味的特徴や文法的特徴について改めて調査し、これらの動詞が「語彙的出来動詞」である（少なくとも、そう考えて矛盾はない）ことを再確認することが必要であると思われる。本章は、そのような問題関心に立って議論を進める。

以下、五・二では、議論の前提として聞コユ・思ユ（思ホユ）を（「動詞＋助動詞ユ」ではなくて）一語の動詞として扱うことを確認し、続く三つの節で右の検討点イ〜ニについて検討する。すなわち、五・三では、見ユ・聞コユ・思ユ（思ホユ）の三つの動詞が、いわゆる「自発」「可能」「受身」のすべての意味を表し得ることを確認する（検討点イ）。その中で、特にいわゆる「自発」を表す用法については、「出現・存在」の表現に偏ることを指摘し、そうなることの特殊事情について検討する（検討点ロ）。五・四では、三つの動詞の格体制を調査し、ラル形述語文の格表示の型の範囲の中にほぼ収まることを確認する（検討点ニ）。五・五では、三つの動詞の表す意味のうち、五・三、五・四の検討から除いたものを整理し、それぞれがみないわゆる「自発」や「受身」などの一角あるいはその延長上に位置付けられることを確認する（検討点ハ）。そのことをもって、三つの動詞を「語彙的出来動詞」と呼んでよいことを改めて確認する。

本書の調査範囲は、第四章までにおけるラル形述語の場合よりやや狭い。すなわち、上代の文献の調査範囲は第三章と同じであるが、中古の文献の調査範囲は三代集と『源氏物語』に限る。

五・二　語構成の認定をめぐって

具体的な検討に入る前に、聞コユ・思ユ（思ホユ）の語尾ユについて確認しておくべきことがある。

聞コユ・思ユ（思ホユ）の語尾ユをめぐっては、上代語のいわゆる受身・自発・可能の助動詞ユであるとする議論がある。すなわち、聞コユ・思ユ（思ホユ）は動詞聞ク・思フの未然形にユが下接した「聞かゆ」「思はゆ」から変化したものだと考えるのである。もしそうなら、聞コユ・思ユ（思ホユ）は動詞のラル形そのものなのであって、今さら動詞ラル形との異同を検討する必要はないことになる。

しかし、聞コユ・思ユ（思ホユ）を「動詞未然形＋助動詞ユ」由来と了解してよいかどうかについては議論の余地がある。というのは、元の形とされる「聞かゆ」「思はゆ」のうち、「聞かゆ」は仮名書例が確認できず、上代に存在したかどうか不明である。また、「思はゆ」についても、文献上確認できる例が防人歌の一例のみ（「袖もしほほに泣きしそ思はゆ（奈伎志曽母波由）」万葉4357）であり、中央語に存在したかどうか不明だからである。

文献で確認できる限り、聞コユ・思ユ（思ホユ）は（見ユもそうであるが）、肥ユ・絶ユ・萎ユなどの無意志自動詞を形成する語尾ユが、聞ク・思フの被覆形相当の語形キコ・オモホ[1]に下接して派生された動詞と見ることも可能で、聞ク・思フと（形態上の）自他対立をなすものだと見て何ら問題がない。

もちろん、聞コユ・思ユ（思ホユ）の成立事情を文献上実証することは不可能であり、聞コユ・思ユ（思ホユ）が「聞ク・思フ＋助動詞ユ」由来であるという可能性は否定できない。そうであるとしても、少なくとも聞コユ・思ユ（思ホユ）は「動詞未然形＋ユ」という分析が外形上不可能になっている。まずはこのことをもって、本書では聞コユ・思ユ（思ホユ）を見ユともども一つの動詞として扱うことにしたい。

ただ、聞コユ・思ユ（思ホユ）を一つの動詞として扱うについては、外形上「動詞未然形＋ユ」という分析が不可能だからという消極的な理由の他に、もう少し積極的な見通しに基づいている。

従来聞コユ・思ユ（思ホユ）を「聞ク・思フ＋助動詞ユ」由来と見ている動機のひとつは、〈自発〉などを表すという点で、同じくユ語尾を持つ肥ユ・絶ユ・萎ユなどの動詞と大きく異質だということにあると思われる。しかし、見ユや聞コユ・思ユ（思ホユ）がそのような意味を表すようになったのは、見ユや聞コユ・思ユ（思ホユ）の語彙的意味の特殊性に起因するものと思われる。それゆえ、この異質性を過大視すべきではあるまい。

すでに四・五で論じたことだが、改めて簡潔に述べる。見ユや聞コユ・思ユ（思ホユ）の表す知覚や認識は、ヒトの行為の一種であるものの、一面では行為者の積極的な意志なしに成立し得る現象であり、またモノやオトが一方的に知覚領域に飛び込む、あるいはモノが一方的に心の中に浮かびあがる、といった現象であるという面を否定できない（尾上 1998b: 92f）。それゆえ、知覚や認識について、「ヒトの行為」としての側面を捨象して、もっぱら「視覚世界におけるモノの出現・存在」「聴覚世界におけるオトの出現・存在」「認識世界におけるモノの出現・存在」を述べる動詞が成立してもおかしくはない。見ユ・聞コユ・思ユ（思ホユ）は、まさにそのような動詞なのである。このように了解する限り、見ユ・聞コユ・思ユ（思ホユ）は出現・存在を表現する他の無意志自動詞（現ハル・アリなど）と変わるところがない。見ユ・聞コユ・思ユ（思ホユ）それ自体は、他のユ語尾を持つ無意志自動詞（肥ユ・絶ユなど）の自然な延長線上に形成された動詞であると了解して全く構わないと思われる。ただし一方で、知覚・認識は知覚・認識する主体の存在なしに成立しない種類の事態であり、本質的に行為者の存在を切り離して捉えることができない。そこで、見ユ・聞コユ・思ユ（思ホユ）の表す「視覚・聴覚・認識次元におけるモノの出現・存在」は、本質的に「ヒトにおける知覚・聴覚・認識の発生」の表現としての側面を有する。この面に注目すれば、見ユ・聞コユ・思ユ（思ホユ）は語彙的な自発表現の動詞（ひいては、語彙的出来動詞）ということになる。

見ユ・聞コユ・思ユ（思ホユ）が〈自発〉などの意味を帯びるに至ったのは、以上のような事情によると考えられるのであって、〈自発〉などを表すからといって、直ちに聞コユ・思ユ（思ホユ）を「動詞未然形＋助動詞ユ」と分析すべき理由にはならない。

本書ではこのような見通しのもと、聞コユ・思ユ（思ホユ）を一個の動詞として扱うのである。

五・三　出来動詞としての用法

五・三・一　検討の範囲

見ユ・聞コユ・思ユ（思ホユ）を述語とする文は、動詞ラル形述語文が表す意味の内のいくつかを表し得る。すなわち、〈自発〉、〈意図成就〉（〈意図不成就〉を含む）、〈可能〉（事実上〈不可能〉のみ）、〈被影響〉（受身用法の意味）の四種である。〈尊敬〉〈発生状況描写〉の例は確認できない。

本節では、これらの意味を表す用法を仮に「出来動詞としての用法」と呼び、用例を挙げて、各用法の存在を確認する。

なお、〈可能〉が現れる例は、ラル形述語文の場合（三・四・三）でもそうであったように、ほとんどは意志的行為の一回的な不成立を表す場合（すなわち、〈意図不成就〉の例）に二次的に読み取れる意味として現れる。超時的・一般論的な事態や属性表現としての「可能用法」の例は、皆無ではないが、意図成就用法との区別がつけにくいものが多い。したがって、本節五・三と次節五・四では、「可能用法」を別立てせず、意図成就用法と一括して扱う。

また、見ユ・聞コユ・思ユ（思ホユ）には、右の四種のほかにも、動詞ラル形述語には見られない用法の存在が知られている。例えば、見ユには「逢う・結婚する」という意味で用いられる場合があるし、聞コユは「申し上げる」という意味の謙譲語や、謙譲の補助動詞としても用いられる。思ユには「（○○に）似ている」という意味で用いられる例がある。しかし、結論を先取りして言えば、これらはいずれも、右の〈自発〉や〈被影響〉を表す場合の特殊な一角と位置付けられるもの、あるいは〈自発〉や〈被影響〉を表す場合からの拡張として位置付けられるものである。これら、一見「出来動詞らしからぬ用法」については、後の五・五で検討することとし、本節以降、しばらくの間検討を留保する。

五・三・二　対立する動詞ラル形の存否――「見らる」の欠如について――

見ユ・聞コユ・思ユ（思ホユ）の出来動詞としての諸用法の存否を検討する際には、対立する動詞ラル形の存在如何を無視できない。この点について、あらかじめ確認しておく。

聞コユ・思ユ（思ホユ）に対しては、上代には中央語での存在が確認できないが、中古では「聞かる」「思はる」が存在する。「聞かる」「思はる」は（〈自発〉などを表さないではないが）主に受身用法に偏るようであり、それに対して聞コユ・思ユ（思ホユ）は（受身用法の例がないではないが）自発用法・意図成就用法・可能用法に偏るようである。

それに対して、見ユに対立する「見らる」は、調査範囲においてはなかなか見つからない。（見ルを前項とする複合動詞見ナス・見許スなどのラル形は存在する（犬塚旦 1955）。）本書の調査範囲では、「見らる」は『蜻蛉日記』に尊敬用法の例が一例あるのみで、しかも佐伯梅友・伊牟田経久（1981）の校異によれば、古本系諸本で「みこれ」とあるものである。

（5）　みそぎの日、れいの宮より、「物みられば、その車にのらん」との給へり。（蜻蛉　上　応和三年四月）

聞コユ・思ユ（思ホユ）とは異なり、見ユには受身用法の例も数多く認められる（五・三・五で触れる）が、その理由は、見ユが動詞見ルに対立する唯一の出来動詞形式であることによると考えられる。

なお、調査範囲よりも後の成立の作品であれば、例えば『更級日記』に次のような自発用法の「見らる」の例がある。

（6）　「……。冬の夜の月は、昔よりすさまじきもののためしにひかれて侍りけるに、又いと寒くなどしてことに見られざりしを、斎宮の御もぎの勅使にて下りしに、暁に上らむとて、日ごろ降り積みたる雪に月のいとあかきに、旅の空とさへ思へば心細く覚ゆるに、まかり申しにまいりたれば、よの所にも似ず、思ひなしさへけ恐ろしきに、さべき所に召して、円融院の御世よりまいりたりける人の、いといみじく神さび、古めいたるけはいの、いと由深く、昔の古事どもいひ出で、うち泣きなどして、よう調べたるびわの御ことをさし出でられたりしは、この世の事とも覚えず、夜の明けなむもおしう、京のことも思ひ絶えぬばかり覚え侍りしよりなむ、冬の夜の雪降れる夜は、思ひしられて、火桶などを抱きても、必ず出でゐてなむ見られ侍る。……」（源資通―作者ら）（更級　岩波書店「日本古典文学大系」）

第一例は「冬の夜の月を見ようという気が起こらない」という意味、第二例は、伊勢での印象深い出来事があって以来、「冬の夜の月を見ずにはいられない」というものである。次節で述べるように見ユが「視覚次元におけるモノの出現・存在」に表現の力点があると見られるのに比べると、右の「見らる」の例は、「見る」の行為としての面を捉えて、その無意志的な発生を表現することに力点があるように思われる。

五・三・三　自発用法――〈知覚・認識次元でのモノの出現・存在〉――

三・三・二では、ラル形述語文が帯びる〈自発〉の意味を、「行為実現へ向けた行為者の意志がないにもかかわらず当該行為が実現することを表すもの」とした。すなわち、〈自発〉という意味を、行為の実現の仕方の一種としての「行為の無意志的な発生」として捉えたのであった。

(7) a　あかねさす昼は物思ひぬばたまの夜はすがらに音のみし泣かゆ(祢能未之奈加由)(万葉3732)(=三・四、例(45)a)

b　日ごろ、なやましうて、しはぶきなどいたうせらるるを、……(蜻蛉　上　応和二年七月)(=同、例(45)b)

見ユ・聞コユ・思ユ(思ホユ)を述語とする文も「自発」を表す。しかし、これらが表す「自発」の内実は、ラル形述語文に見られる〈自発〉とは表現の色合いが異なるように思われる。すなわち、「行為の無意志的な発生」つまり「その気がないのにしてしまう」ということを表しているというよりは、「視覚次元でモノが存在する」「聴覚次元でオトが存在する」「認識次元にモノが存在する」といった、一種の出現・存在の表現と言うべき例が目立つ。

（8）a　千葉の葛野《かづの》を見れば　百千足る家庭《やには》も見ゆ　国の秀《ほ》も見ゆ（毛毛知陀流夜邇波母美由　久爾能富母美由）（古事記歌謡41）

b　……、暁近き月隈なくさし出でて、ふと人の影見えければ、……（源氏　空蟬）

c　志賀の浦にいざりする海人明け来れば浦廻《うらみ》漕ぐらし梶の音聞こゆ（可治能於等伎許由）（万葉3664）

d　風涼しくて、そこはかとなき虫の声々聞こえ、螢しげく飛びまがひて、をかしきほどなり。（源氏　帚木）

e　瓜食めば子ども思ほゆ（胡藤母意母保由）栗食めばまして偲はゆ……（万葉802）

f　……、【匂宮の】ありし御さまの面影におぼゆれば、【浮舟】我ながらも、うたて心憂の身や、と思ひつづけて泣きぬ。（源氏　浮舟）

この場合の表現上の意味は、特に〈知覚・認識次元でのモノの出現・存在〉と名付けられようが、それは〈自発〉の特殊な現れ方と言ってよいのではないかと思われる。

右のような見ユ・聞コユ・思ユ（思ホユ）が出現・存在の表現であることは、例えば、知覚対象としてのモノやオトの存在場所が文中に明示されることにも現れる。

（9）a　眉のごと雲居に見ゆる（雲居尓所見）阿波の山かけて漕ぐ舟泊まり知らずも（万葉998）

b　……、天つ空にも、例に違へる月日星の光見え、雲のたたずまひありとのみ世の人おどろくこと多くて、……（源氏　薄雲）

c　宇治川は淀瀬なからし網代人舟呼ばふ声をちこち聞こゆ（阿自呂人舟召音越乞所聞）（万葉 1135）

d　ほどもなう明けぬる心地するに、鶏などは鳴かで、大路近き所に、おぼとれたる声して、いかにとか聞きも知らぬ名のりをして、うち群れて行くなどぞ聞こゆる。（源氏　東屋）

見ユのうち、特にヒトが知覚対象となる例、また、聞コユのうち、噂・評判等の言語的な情報が知覚対象となる例の中には、視覚・聴覚の主体（である「我」）の存在が相当に背景化してしまい、ヒトの出現（例（10））、あるいは噂・評判の存在・到来（例（11））、ただそれだけを述べている、と言いたくなる例もある。

(10) a　この殿【＝玉鬘邸】は、かの三条宮といと近きほどなれば、さるべきをりをりの遊び所には、【薫】君達にひかれて見えたまふ時々あり。（源氏　竹河）

b　……通はしし君も来まさず　玉梓の使ひも見えず（玉梓之使母不所見）なりぬれば……（万葉 619）

c　「……。【源氏が】一日二日も見えたまはず、離れ離れにおはせしをだに飽かず胸いたく思ひはべりしを、朝夕の光失ひては、いかでか永らふべからん」（左大臣―大宮）（源氏　葵）

d　今よりは恋ふとも妹に逢はめやも床の辺去らず夢に見えこそ（夢尓所見乞）（万葉 2957）

e　宮【＝大宮】の御文にて、「大臣【＝内大臣】こそ恨みもしたまはめ、君は、さりとも【我が】心ざしのほども知りたまふらん。渡りて見えたまへ」と【雲居雁に】聞こえたまへれば、……（源氏　少女）

（11）a　太秦《うつまさ》は神とも神と聞こえ来る（枳挙曳倶屢）常世の神を打ち懲《きた》ますも（日本書紀歌謡112）

b　諸同じ心にして皇朝を助け仕へ奉らむ時にかくの醜事【＝謀反の風評】は聞えじ（如是醜事者聞曳自）。（17詔）

c　滝の糸は絶えて久しく成ぬれど名こそ流て猶聞えけれ（拾遺449）

d　「京にも、この雨風、いとあやしき物のさとしなりとて、仁王会など行はるべしとなむ聞こえはべりし。……」（使―源氏）（源氏　明石）

なお、見ユ・聞コユを述語とする文には、知覚対象をめぐる認識内容が用言連用形や引用句（「～と」）などで表現される例が少なくない。この場合は、思ユ（思ホユ）述語文と同様に認識の表現になっていると言うべきであるが、この場合も、知覚対象がある認識を喚起しつつ存在することを表していると考える。

（12）a　しらぬひ筑紫の綿は身に付けていまだは着ねど暖けく見ゆ（暖所見）（万葉336）

b　十月しぐれの常か我が背子がやどのもみち葉散りぬべく見ゆ（可落所見）（万葉4259）

c　【帝】あまたの御方々を過ぎさせたまひて、隙なき御前渡りに、人の御心を尽くしたまふも、げにことわりと見えたり。（源氏　桐壺）

d　こ【＝源氏】の御ためには上が上を選り出でても、なほあくまじく見えたまふ。（源氏　帚木）

e　【末摘花、琴を】ほのかに掻き鳴らしたまふ。をかしう聞こゆ。（源氏　末摘花）

f　【源氏】詠などしたまへるは、これや仏の御迦陵頻伽の声ならむと聞こゆ。（源氏　紅葉賀）

g　木高き紅葉の蔭に、四十人の垣代、いひ知らず吹き立てたる物の音どもにあひたる松風、まことの深山おろしと聞こえて吹きまよひ、……(源氏　紅葉賀)

h　【源氏】琴をすこし掻き鳴らしたまへるが、我ながらいとすごう聞こゆれば、弾きさしたまひて、……(源氏　須磨)

このように、見ユ・聞コユ・思ユ(思ホユ)を述語とする文の自発用法は、〈知覚・認識次元でのモノの出現・存在〉の表現に偏る。特に、見ユ・聞コユを述語とする文の自発用法に限って言うなら、ほぼ〈知覚・認識次元でのモノの出現・存在〉のみを表すと言ってよいと思われる。

見ユ・聞コユを述語とする文の自発用法が〈知覚・認識次元でのモノの出現・存在〉の表現に著しく偏っていることは、ラル形述語文の否定と見ユ・聞コユを述語とする文の否定との間に見られる意味の違いからもうかがえる。以下、やや詳しく述べる。

ラル形述語文自発用法の否定の例が、少数だが存在する(中西宇一(1978)が存在を指摘している)。それらは、当該行為の非実現そのものを言っているというよりは、「当該行為をする気が起きない」ということを強調するための表現と見るべきもののようである。

(13) a　内大臣は、【六条院訪問】さしも急がれたまふまじき御心なれど、【玉鬘が自分の娘であると】めづらかに聞きたまうし後は、いつしかと御心にかかりたれば、とく参りたまへり。(源氏　行幸)

b　【浮舟】今は限りと思ひはてしほどは、恋しき人多かりしかど、こと人々はさしも思ひ出でられず、ただ、……、同じ心なる人もなかりしままに、よろづ隔つることなく語らひ見馴れたりし右近などもをりをりは思ひ出でらる。（源氏　手習）

思ユ（思ホユ）を述語とする文の場合も、自発の否定というべき例が指摘できる。やはり、「そう考えようという気が起こらない」という意味合いが付きまとうようである。

(14) a 「……。【柏木を失い、】かう深き思ひは、そのおほかたの世のおぼえも、官位も思ほえず、ただことなることなかりしみづからのありさまのみこそ、たへがたく恋しかりけれ。……」（致仕大臣―夕霧）（源氏　柏木）

b 【中君】親一ところ【=母親】は、見たてまつらざりしかば、恋しきことは思ほえず。（源氏　早蕨）

c かやうに、をりをりほのめかさせたまふ【女二宮降嫁という帝の】御気色を【薫】人づてならず承りながら、例の心の癖なれば、急がしくしもおぼえず。（源氏　宿木）

d かく、やむごとなき御心ども【=帝・女三宮】に、かたみに限りもなくもてかしづき騒がれたまふ面だたしさも、いかなるにかあらむ、【薫】心の中にはことにうれしくもおぼえず、なほ、ともすればうちながめつつ、宇治の寺造ることを急がせたまふ。（源氏　宿木）

見ユ・聞コユを述語とする文が「自発の否定」を表す例も多くはないが存在する。しかし、ラル形述語と異なる点があって、「見聞きする気が起きない」という意味合いなしに、ただ知覚現象の不成立を表している例が目立つのである。それらは、〈知覚次元でのモノの不出現・非存在〉を表しているということができる。

(15) a　春日野の山辺の道を恐りなく通ひし君が見えぬ（君我不所見）ころかも（万葉 518）

b　春されば霞隠りて見えざりし（不所見有師）秋萩咲きぬ折りてかざさむ（万葉 2105）

c　そこら集ひたまへるが、我も劣らじともてなしたまへる中にも、【源氏に】すこしなずらひなるだに見えたまはぬものかな。（源氏　初音）

d　「……。【匂宮のことを】あだなる御心と聞きわたりしを、頼もしげなく思ひながら、目に近くては、ことにつらげなることも見えず、あはれに深き契りをのみしたまへるを、……」（中君内話）（源氏　宿木）

e　かく、この度【和歌集を】集め選ばれて、山下水の絶えず、浜の真砂の数多く積りぬれば、今は飛鳥川の瀬に成る怨みも聞えず、細石の巌と成る喜びのみぞ有るべき。（古今集　仮名序）

f　「さかし。そこ【＝源氏】にこそは、年ごろ音にも聞こえぬ山がつの子迎へ取りて、ものめかしたつれ。……」（内大臣―弁少将）（源氏　常夏）

g　……【夕霧、内大臣邸で不躾に歌を詠みかけられて】いとあやしう、この御方には、かう用意なきこと聞こえぬものを、と思ひまはすに、この聞く人【＝近江君】なりけり、とをかしうて、……（源氏　真木柱）

h　「今は、【入道は】かのはべりし所をも棄てて、鳥の音聞こえぬ山にとなん、聞きはべる」（明石上―源氏）（源氏　若菜上）

次の例は、知覚対象をめぐる認識内容（太傍線部）があわせて述べられているという点で、例（15）と少し異質である。しかし、これらの例も当該対象を「見聞きする気が起きない」という意味は表さない。例えば例（16）aであれば、ただ、紫上の筆跡に「敢えて上手に書いたという感じがしない」と述べているだけなのである。

（16）a　【紫上の筆跡】手などの、いとわざとも上手と見えで、らうらうじくうつくしげに書きたまへり。（源氏　若菜上）

b　いと若うをかしげなる声の、なべての人とは聞こえぬ、「朧月夜に似るものぞなき」と、うち誦じて、こなたざまには来るものか。（源氏　花宴）

c　「さるは、【源氏は】すきずきしううち乱れて、この見ゆる女房にまれ、またこなたかなたの人々など、なべてならず、なども見え聞こえざめるを、いかなるものの隈に隠れ歩きて、かく人にも恨みらるらむ」（桐壺帝）（源氏　紅葉賀）

例（16）の諸例は、「知覚対象がこれこれの認識内容を喚起する仕方では存在しない」ということを述べている。その意味で、例（16）は例（15）の特殊タイプであり、〈知覚次元でのモノの不出現・非存在〉を表すものということができる。

以上見てきたように、ラル形述語文の「自発の否定」は「そうしようとする気が起きない」ということを強調するものであるのに対し、見ユ・聞コユを述語とする文の「自発の否定」は〈知覚次元でのモノの不出現・非存在〉を表す、という違いが認められる。

自発表現は、本来は行為者の意志によって実現するはずの行為が、意志を欠いたまま実現してしまうという、特殊な事態について述べるものである。したがって自発表現は、事態が実現する場合、すなわち肯定の場合こそ表現価値がある。意志がなく、結果として行為が実現しないのは当たり前だから、「自発の否定」は通常表現されないのである。そのような、普通なら情報上の価値を持たないはずの「自発の否定」を敢えて表現するのは、行為の不成立をめぐって、行為の前提となる行為への意志そのものが欠けていることを特に強調するため、ということになる。それに対して、見ユ・聞コユの自発用法は、「行為をめぐる意志の欠如」の表現としての面よりも〈知覚次元でのモノの出現・存在〉という、一種の出現・存在表現としての面が卓越している。見ユ・聞コユの自発用法の否定形では、「知覚対象の非存在」という意味が現れることになる。

見ユ・聞コユ・思ユ（思ホユ）が表す〈自発〉の意味が、このように一種の「出現・存在」の意味に限定されているのは、「知覚・認識」という行為を自発表現に持ち込んで表現する際の特殊現象として了解することができよう。

尾上圭介（1998b）は、現代語ラレル形述語による自発文が「コートを脱いだ人の姿がちらほら見られる」や「近ごろ子どものころのことがしきりに思い出される」など、知覚・認識や感情の次元における「モノの存在」を表すものに限定されていることを検討する中で、知覚・認識を表す動詞による自発文の意味の特殊性について論じている。すなわち、「見る・聞く」などの知覚行為は、「動作主の意志と力の発動によって成立する行為」「動作主が対象に対して働きかける行為」という、知覚主体による行為としての面を持つと同時に、「主体の意志に関わらず主体において成立する感覚」「対象の方が主体の感覚器官に飛び込んできて成立するもの」としての面も有する（同 p. 92 による）。認識行為も、認識主体による行為であると同時に、「主体がそうしようと意志しないでも成立する」「(思う)内容の方から主体の頭の中にやってくる」現象としての側面も存在する(同p. 93による)。尾上(1998b)によれば、知覚行為や認識行為を自発表現に持ち込んで表現することは、知覚・認識行為の「主体の積極的行為」としての面を消去することになる。その表現の意味を「「自発」という行為の意図の有無に引っ張り込んだ用語を使わないで言うなら」(同p. 92)、「知覚上のモノの存在」(同p. 92)や「認識上のモノの存在」を語る文だということになる。

尾上氏は、現代語ラレル形述語文の自発用法について述べているのであるが、尾上氏のこの了解に基づけば、古代語の見ユ・聞コユ・思ユ(思ホユ)を述語とする文の自発用法に、「出現・存在の表現」としての意味が際立つのは当然であると言えよう。特に、見ユ・聞コユの表す視覚・聴覚は、行為主体が特にそうしようと思わなくとも成立してしまうものなので、知覚主体(である「我」)にとって、自分が知覚行為をしている、ということは通常自覚されにくい。そのため、例(10)・(11)のような、ヒトの出現や噂・評判の存在・到来を述べているだけと見える例も現れやすいと言えよう。

なお、知覚・認識動詞を用いた動詞ラル形述語文による自発用法の例も、〈知覚・認識次元でのモノの出現・存在〉を表していると言えなくはない。しかし、「思わず見てしまう」「つい聞いてしまう」といった、「実現への意志を欠いた行為の発生」としての面を完全に捨象しているとは言いがたい。(もちろん、例(10)・(11)のような、ヒトの出現や噂・評判の到来などを表す例は、ラル形述語には見出しにくい。)

(17)a　いといたく荒れて、人目もなくはるばると見わたされて、木立いと疎ましくもの古りたり。(源氏夕顔)(=三・三・四、例(44)a) b　白拷の衣うつ砧の音も、かすかに、こなたかなた聞きわたされ、空とぶ雁の声、とり集めて忍びがたきこと多かり。（源氏　夕顔）（＝同、例(44)c）

c　瓜食めば子ども思ほゆ栗食めばまして偲はゆ（斯農波由）……（万葉802）（＝同、例(44)g）

例(17)のような知覚・認識に関わるラル形述語文と、見ユ等を述語とする文とは、「行為の無意志的な発生」としての「自発」を表すか否かをめぐって、ある程度の「棲み分け」が存在するように見える。これは、ひとつには単純動詞見ル・聞ク・思フの自発表現がほぼ見ユ・聞コユ・思ユ（思ホユ）のみによってなされる一方、知覚・認識動詞を用いた動詞ラル形述語文の自発用法は見渡スのような複合動詞を用いる例に偏り、行為的な面が前面化しやすいことの問題でもあると思われるが、なお検討したい。

以上、見ユ・聞コユ・思ユ（思ホユ）を述語とする文の自発用法が「出現・存在表現」に偏るのは、「知覚・認識」というある意味で特殊な行為を自発表現に持ち込んで表現することによって生じるものと了解できた。そのことは、裏から言えば、見ユ・聞コユ・思ユ（思ホユ）はラル形述語と同様に「出来文」を構成する述語形式だと解釈して差し支えないことを示していることになる。

五・三・四　意図成就用法・可能用法

見ユ・聞コユ・思ユ（思ホユ）は、いわゆる「可能」の意味も表す、と従来指摘されている。その「可能」を表す例の分布の仕方は、三・四・二に示したラル形述語文の場合と同様である。すなわち、いわゆる「可能」を表すとされる例の多くは、意志的行為の一回的な不成立、すなわち「見ようとしても、目に映らない」「思い出そうとしても、心に浮かんでこない」などの〈意図不成就〉を表していると言うべきものである。

(18) a　我が背子に見せむと思ひし梅の花それとも見えず（吾勢子尓令見常念之梅花其十方不所見）雪の降れれば（万葉 1426）

b　秋きぬと目にはさやかに見えねども風のをとにぞおどろかれぬる（古今 169）

c　なみだ河枕ながるるうき寝には夢もさだかに見えずぞありける（古今 527）

d　……、【源氏の消息を見て】いとどしく宮【＝大宮】は目も見えたまはず沈み入りて、御返りも聞こえたまはず。（源氏　葵）

e　……ほととぎすいまだ来鳴かず　鳴く声を聞かまく欲りと　朝には門に出で立ち　夕には谷を見渡し　恋ふれども　一声だにもいまだ聞こえず（比等己恵太尓母伊麻太伎己要受）（万葉 4209）

f　思せく心の内の滝なれや落つとは見れどをとのきこえぬ（古今 930）

g　【内大臣が娘を見出したという噂について】「……。【子が】いと乏しきに、さやうならむもののくさはひ、見出でまほしけれど、名のりもものうき際とや思ふらん、さらにこそ聞こえね。……」（源氏―君達）（源氏　常夏）

h　女の御答へは聞こえねど、ほのぼの、かやうに聞こえ戯れたまふ言の葉のおもむきに、ゆるびなき御仲らひかな、と【夕霧】聞きゐたまへり。（源氏　野分）

i　息の緒に妹をし思へば年月の行くらむ分きも思ほえぬかも（年月之徃覧別毛不所念鳧）（万葉 2536）

j　汝たちは吾が近き人なり。一つも吾を怨むべきことは念ほえず（吾乎可怨事者不所念）。（18 詔）

k　君や来し我や行きけむ思ほえず夢かうつつか寝てかさめてか（古今645）

l　乳母は、なかなかものもおぼえで、ただ、「いかさまにせむ、いかさまにせん」とぞ言はれける。（源氏　蜻蛉）

「やってみたが実現しない（しなかった）」ということは、そのことの解釈として「当該行為が実現するだけの許容性、萌芽が状況に存在しない（しなかった）」ということを容易に想像させることから、右の〈意図不成就〉を表す諸例には直ちに〈不可能〉の読みが出る。

一方、一般論やモノの属性を問題にする、いわば狭義の〈不可能〉を表現する例も認められる。ただし、確実な例は、将来における行為の不成就を予測するなど非現実事態を述べる場合や、（形式名詞を含め）連体修飾の位置にある場合に集中する。文末で「〜見えず。」「〜聞えず。」などで言い切る例は、その場での一回的な不成就を言うのか、恒常的に不可能であることを述べているのか、判別がつけにくい例が多い。かろうじて、思ユを述語とする例（19）j・kが、文末における狭義の〈不可能〉の例に当たるかと思われる。

（19）a　置目もや淡海の置目　明日よりはみ山隠りて見えずかもあらむ（美延受加母阿良牟）（古事記歌謡112）

b　……吹く風の見えぬがごとく（吹風乃見要奴我其登久）　行く水の止まらぬごとく　常もなくうつろふ見れば……（万葉4160）

c　力をも入れずして、天地を動かし、目に見えぬ鬼神をも哀れと思はせ、男女の仲をも和らげ、猛き武

人の心をも慰むるは、歌なり。（古今　仮名序）

d　おもへども身をし分けねば目に見えぬ心をきみにたぐへてぞやる（古今373）

e　とぶ鳥の声もきこえぬ奥山のふかき心を人は知らなむ（古今535）

f　今はとて行帰りぬる声ならば追風にても聞えましやは（後撰778）

g　【近江君】ただいと鄙び、あやしき下人の中に生ひ出でたまへれば、もの言ふさまも知らず。……いと心深くよしあることを言ひゐたりとも、よろしき心地あらむと聞こゆべくもあらず。（源氏　常夏）

h　「ままの遺言はさらにも聞こえさせず。年ごろの忍びがたき世のうさを過ぐしはべりつるに、かくおぼえぬ道【＝末摘花の許を離れて下向すること】にいざなはれて、遥かにまかりあくがるること」（侍従―末摘花）（源氏　蓬生）

i　【妹尼】年ごろいと心細き身に、恋しき人【＝亡き娘】の上も思ひやまれざりしを、かくあらぬ人【＝娘ではない人】ともおぼえたまはぬ慰め【＝浮舟】をえたれば、観音の御験うれしとて、返申だちて詣でたまふなりけり。（源氏　手習）

j　「……。すこしも故あらむ女の、かの親王【＝蛍兵部卿宮】より外に、また言の葉をかはすべき人こそ世におぼえね。いと気色ある人の御さまぞや」（源氏―玉鬘）（源氏　胡蝶）

k　……、【明石中宮】いとなまめかしくきよらにて、例よりもいたくしづまり、もの思したるさまに見えたまふ。わが子ともおぼえたまはずかたじけなきに、【明石上】「……」とおぼゆ。（源氏　若菜上）

肯定の文脈で「やってみたらそのとおり行為が実現した」という〈意図成就〉を表すと見るべき例があるかど

うかは、甚だ微妙である。三・四・三で、ラル形述語文における肯定の〈意図成就〉を帯びる例の有無について述べた際に指摘したように、（肯定の）意図成就用法と自発用法との判別は、行為実現に際しての行為者の意志の存在を読み込めるかどうかにかかっている。しかし、見ユ・聞コユ・思ユ（思ホユ）が表す行為、つまり見聞きしたり認識したりする行為は、本質的に積極的な意志がなくても成立してしまう行為だから、行為者の意志の存在を読み込んでよいのかどうか、ラル形述語文一般の場合以上に判断が困難なのである。強いて言えば、次のような例に肯定の〈意図成就〉を認めてよいかもしれない。それまで病気などで意識が混濁していた人が回復して「はっきりと物を認識できている」さまを述べる場合である。

（20）a 【紫上】昨日今日かくものおぼえたまふ隙にて、心ことに繕はれたる遣水前栽の、うちつけに心地よげなるを見出だしたまひても、あはれに今まで経にけるを思ほす。（源氏　若菜下）

b 【浮舟】正身の心地はさはやかに、いささかものおぼえて見まはしたれば、一人見し人の顔はなくて、みな老法師ゆがみおとろへたる者どものみ多かれば、知らぬ国に来にける心地していと悲し。（源氏　手習）

肯定の〈可能〉を表す例は、管見では認めがたい。

五・三・五　受身用法

見ユは、動詞見ルに対応する受身を表す動詞として盛んに用いられる。

(21) a　物思《も》ふと人には見えじ（比等尓波美要縕）下紐の下ゆ恋ふるに月そ経にける（万葉3708）

b　「……【夕顔】世の人に似ずものづつみをしたまひて、人にもの思ふ気色を見えんを恥づかしきものにしたまひて、つれなくのみもてなして御覧ぜられたてまつりたまふめりしか」（右近―源氏）（源氏　夕顔）

c　【雲居雁と引き裂かれて、夕霧】涙のみとまらねば、嘆きあかして、霜のいと白きに【三条邸を】急ぎ出でたまふ。うち腫れたるまみも、人に見えんが恥づかしきに、宮【＝大宮】、はた、召しまつはすべかめれば、心やすき所にとて、急ぎ出でたまふなりけり。（源氏　少女）

d　「大将【＝夕霧】に見えたまふな。【君は】いはけなき御ありさまなめれば、おのづからとりはづして、【夕霧が】見たてまつるやうもありなむ」（源氏―女三宮）（源氏　若菜上）

e　「……、【玉鬘が】この大臣【髭黒】の、さる無心の女房に心あはせて入り来たりけんにも、けざやかにもて離れたるさまを人にも見え知られ、ことさらにゆるされたるありさまにしなして、わが心と罪あるにはなさずなりにしなど、今思へば、いかにかどある事なりけり。……」（源氏内話）（源氏　若菜下）

聞コユを述語とする文の受身用法と見られる例は、源氏に四例あるのみである(2)。

(22) a　「にはかにかかる御事【＝源氏との交際】をしも、もて離れ顔にあらむも、なかなか今めかしきやうに見え聞こえて、人のとりなさじやは」（朝顔内話）（源氏　朝顔）

b　忘れたまはぬにこそは、と【浮舟】あはれと思ふにも、いとど母君の御心の中推しはかるれど、なかなか言ふかひなきさまを見え聞こえたてまつらむは、なほ、いとつつましくぞありける。（源氏　手習）

c　……、【浮舟の消息を質す薫に、右近はどう答えるか考える。】尼君【＝弁】なども、【浮舟失踪の】けしきは見てければ、つひに聞きあはせたまはんを、なかなか隠しても、事違ひて聞こえんに、そこなはれぬべし、……（源氏　蜻蛉）

d　「……、この宮の上の御方【＝中君】に、【浮舟】忍びて渡らせたまへりしを、あさましく思ひかけぬほどに【匂宮が浮舟居室に】入りおはしましたりしかど、いみじきことを聞こえさせはべりて、出でさせたまひにき。【浮舟】それに怖ぢたまひて、かのあやしくはべりし所【＝京中の家】には渡らせたまへりしなり。その後、音にも聞こえじ、と思してやみにしを、【匂宮】いかでか聞かせたまひけん、ただ、この二月ばかりより、訪れきこえさせたまひし。……」（右近―薫）（源氏　蜻蛉）

思ユ（思ホユ）を述語とする文の受身用法の例は、源氏に次の六例があるのみである[3]。

(23) a　……、この宮【＝匂宮】には、【女房たち】みな目馴れてのみおぼえたてまつるべかめるも口惜し。（源氏　蜻蛉）

b　「……。されど、さびしう事うちあはぬみやび好める人のはてはては、ものきよくもなく、人にも人ともおぼえたらぬを見れば、すこし人に譏らるるとも、なだらかにて世の中を過ぐさむことを願ふなり。

……」（左近少将―仲人）（源氏　東屋）

c　【源氏】なげの御すさびにても、おしなべたる世の常の人をば目とどめ耳たてたまはず、世にすこしこれはと思ほえ、心地にとまるふしあるあたりを尋ね寄りたまふものと人の知りたるに、……（源氏　蓬生）

d　またこのごろは、【源氏】ただ仮名の定めをしたまひて、世の中に手書くとおぼえたる、上中下の人々にも、さるべきものども思しはからひて、尋ねつつ書かせたまふ。（源氏　梅枝）

e　「……。これ【＝夕霧】は才の際もまさり、心用ゐ男々しく、すくよかに、足らひたりと世におぼえためり」（内大臣―北方等）（源氏　藤裏葉）

f　「【大君に】うちつけに浅かりけりともおぼえたてまつらじ。……」（薫内話）（源氏　総角）

なお、見ユを述語とする文の例には、主語者が《行為者》に「自分の姿を積極的に見せる、会う」事態や、《行為者》に「自分の誠意などを示す」事態を表すものがある。現代語であれば「見せる」「見てもらう」などと表現するところである。類似の例が「見る」行為を表すラル形述語にも存在することは、三・二・四・二で言及した（例（9））。

（24）a　「なほ、しばし、かくて【薫を】待ちきこえさせたまはむぞ、のどやかにさまよかるべき。【薫が】京へなど迎へたてまつらせたまへらむ後、おだしくて親にも見えたてまつらせたまへかし。……」（女房―浮舟）（源氏　浮舟）

b　「世の中のいとうくおぼゆるほど過ぐしてなむ、人にも見えたてまつるべき」(源氏─愛人)(源氏　葵)

c　【大宮】御尼額ひきつくろひ、うるはしき御小袿など奉り添へて、【内大臣】子ながら恥づかしげにおはする御人ざまなれば、まほならずぞ見えたてまつりたまふ。(源氏　少女)

d　【帝が藤壺に】「【源氏を】な疎みたまひそ。……」など聞こえつけたまへれば、【源氏も】幼心地にも、はかなき花紅葉につけても心ざしを見えたてまつる。(源氏　桐壺)

e　【帰京した源氏】二条院にも同じごと待ちきこえける人を、あはれなるものに思して、年ごろの胸あくばかりと思せば、中将中務やうの人々には、ほどほどにつけつつ情を見えたまふに、御暇なくて、外歩きもしたまはず。(源氏　澪標)

f　心ばへなど、はた、埋れいたきまでよくおはする【末摘花の】御ありさまに、心やすくならひて、ことなる事なきなま受領などやうの家にある人は、ならはずはしたなき心地するもありて、うちつけの心みえに参り帰る。(源氏　蓬生)

例(24)d・e・fには、主語者が積極的に「見る行為者」に何か「事物」を示しているという意味で「使役」の意味が読み取れる。しかし、この種の例で行為者に示される「事物」は、主語者の容姿・態度・心や自分の子供など、主語者自身の一部や所有物・関係者に限られる(犬塚旦1955)。使役動詞見スの場合は、次の例のように、他人や他人の家の様子などを「見る行為者」に見るよう仕向ける場合にも用いられるが、見ユにはこの種の例はない。

(25)　女【=夕顔】も、いとあやしく心得ぬ心地のみして、御使に人を添へ、暁の道をうかがはせ、【通ってくる男（=源氏）の】御ありか見せむと尋ぬれど、……（源氏　夕顔）

つまり、例(25)のような見ユは、主語者自身やその所有物等が見る対象となる事態（再帰的な使役）しか表さないのだから、受身用法の特殊タイプとして位置付けるのが適当である。後述のとおり、格配置の型も受身の例と変わりがない。

五・三・六　まとめ

以上、見ユ・聞コユ・思ユ（思ホユ）を述語とする文に、自発・可能・意図成就・受身の各用法が存在することを確認した。自発用法の意味において、見ユ・聞コユ・思ユ（思ホユ）がラル形述語文の意味とは異なる一面があるが、それは見ル・聞ク・思フという動詞の意味の特殊性がもたらすものであって、それを含めて見ユ・聞コユ・思ユ（思ホユ）の自発用法であることは疑えない。表し得る意味の種類からは、見ユ・聞コユ・思ユ（思ホユ）を「出来文」を構成する動詞（語彙的出来動詞）と見て差し支えない。

五・四　格体制

五・四・一　問題関心のありか

五・三で確認したとおり、見ユ・聞コユ・思ユ（思ホユ）を述語とする文には、動詞ラル形述語文の諸用法のうち、自発用法・意図成就用法・可能用法・受身用法が認められる[4]。

「出来文」説に基づき、動詞ラル形述語文を「出来文」という特別なタイプの文であるとする本書の立場からすると、見ユ・聞コユ・思ユ(思ホユ)もまた、ラル形述語同様、出来文述語となる動詞であることが予想される。しかし、見ユ・聞コユ・思ユ(思ホユ)が出来文述語となる動詞、すなわち「語彙的出来動詞」であると言うためには、なお検証すべきことがある。

三・六・一で表一にまとめたように、動詞ラル形では、用法ごとに格体制が異なるという現象が認められる。次に表一を再掲する。

表一　古代語(和歌・物語など和文系統)ラル形述語文の格表示(再掲)

用法	《行為者》	《対象》	備考
自発	φ	φ・ノ・ガ・ヲ	自動詞も可。また、知覚・感情・認識の動詞以外も可。
意図成就 可能			
発生状況描写	ニ	φ・ノ・ガ	主語である《対象》は非情物。
受身		φ・ノ・ガ	主語(φ・ノ・ガ格)は《対象》でもある《被影響者》(有情者)。
		φ・ヲ等 (間接受身)	間接受身文では、主語は《対象》ではない《被影響者》。
尊敬	φ・ノ	φ・ヲ等	

もし見ユ・聞コユ・思ユ（思ホユ）が語彙的出来動詞であるとすれば、見ユ・聞コユ・思ユ（思ホユ）が述語となる文においても、各用法と格体制の間にラル形述語文と同様の対応関係が認められることが期待される。しかし、見ユ・聞コユ・思ユ（思ホユ）が格体制上も動詞ラル形と同様のあり方を示すか否かについては、これまで十分に検討・確認されたことはない。したがって、少なくとも次の点を確認する必要がある。

> 見ユ・聞コユ・思ユ（思ホユ）が、《行為者》項や《対象》（《被影響者》）項をめぐって、動詞ラル形と同様、表現上の意味ごとに特徴的な格配置をとるかどうか（少なくとも、ラル形で見られるものとは異なる格表示のタイプがないかどうか）

見ユ・聞コユ・思ユ（思ホユ）が、表現上の意味ごとに、格体制上も動詞ラル形と同様の様相を示すならば、これらの動詞についても、多義の構造に関してラル形と同様の論理が想定でき、したがってこれらの動詞もまた「出来文」の述語となる形式だと解釈することへの大きな動機が得られることになる。

以下、用法ごと、動詞別に格体制を確認する。用例は、《対象》項、《行為者》項の順に挙げてゆく。

なお、結論を先取り的に言えば、本章の調査範囲においては、見ユ・聞コユ・思ユ（思ホユ）を述語とする文の自発・意図成就・可能・受身の各用法における格表示は、ほぼラル形述語文の各用法に見られる格表示例の範囲を出ない。ただし、上代の見ユと思ホユの自発用法において《行為者》項をニ表示する例が認められるという一点のみが、ラル形述語文の場合と異なっている。

五・四・二　自発用法

見ユを述語とする文の自発用法の例では、《対象》項は格助詞φ（例（26）a・b）か、ガ（例（26）c・d）・ノ（例（26）e・f）・ヲ（例（26）g）で表示される。ただし、ヲ表示の確実な例は例（26）gのみである[5]。

（26）a　千葉の葛野《かづの》を見れば　百千足る家庭《やには》も見ゆ　国の秀《ほ》も見ゆ（毛毛知陀流夜邇波母美由　久爾能富母美由）（古事記歌謡 41）

b　……、この皇子【＝源氏】のおよすけもておはする御容貌心ばへ、ありがたくめづらしきまで見えたまふを、えそねみあへたまはず。（源氏　桐壺）

c　真野の浦の淀の継ぎ橋心ゆも思へや妹が夢にし見ゆる（妹之伊目尓之所見）（万葉 490）

d　枯れ枯れなる前栽の中に、尾花の物よりことにて手をさし出でて招くがをかしく見ゆるに、……（源氏　宿木）

e　磯影の見ゆる池水（伊蘇可気乃美由流伊気美豆）照るまでに咲けるあしびの散らまく惜しも（万葉 4513）

f　……、中将の君【＝夕霧】参りたまひて、東の渡殿の小障子の上より、妻戸の開きたる隙を何心もなく見入れたまへるに、女房のあまた見ゆれば、立ちとまりて音もせで見る。（源氏　野分）

g　音にのみ聞き来し三輪の山よりも杉の数をば我ぞ見えにし（後撰 624）

一方、《行為者》項は中古の場合φ表示のみである。ただし、後撰の例（例（27）a）以外は、述語「見ゆ」と同一の句(clause)に共起していない例のみである。

(27) a　音にのみ聞き来し三輪の山よりも杉の数をば我ぞ見えにし(後撰624)(＝例(26)g)

b　この女、思わびて寝たる夜の夢に、【大江千里が】まうで来たりと見えければ、うたがひに、つかはしける(後撰871　詞書)

c　……、中将の君【＝夕霧】参りたまひて、東の渡殿の小障子の上より、妻戸の開きたる隙を何心もなく見入れたまへるに、女房のあまた見ゆれば、立ちとまりて音もせで見る。(源氏　野分)(＝例(26)f)

d　若君も寝たまへりければ、そなたにこれかれあるほどに、宮【＝匂宮】はたたずみ歩きたまひて、西の方に例ならぬ童の見えけるを、今参りたるかなど思してさしのぞきたまふ。(源氏　東屋)

それに対して、上代では《行為者》をニ表示する例が認められる一方、φ表示の例は確認できない(ガ・ノ表示例も認められない)(6)。

(28) a　国遠み直には逢はず夢にだに我に見えこそ(吾尓所見社)逢はむ日までに(万葉3142)

b　妹があたり今そ我が行く目のみだに我に見えこそ(目耳谷吾耳見乞)言問はずとも(万葉1211)

聞コユを述語とする文の自発用法の例には、次のように《対象》項φ表示(例(29)a・b)、ガ表示(源氏のみ。

例(29)c)、ノ表示(例(29)d・e)の例が認められる。ヲ表示の例は確認できない。

(29)a　志賀の浦にいざりする海人明け来れば浦廻《うらみ》漕ぐらし梶の音聞こゆ(可治能於等伎許由)(万葉3664)

b　右近の司の宿直奏の声聞こゆるは、丑になりぬるなるべし。(源氏　桐壺)

c　【源氏】琴をすこし掻き鳴らしたまへるが、我ながらいとすごう聞こゆれば、弾きさしたまひて、……。(源氏　須磨)

d　天飛ぶ鳥も使そ　鶴が音の聞こえむ時は(多豆賀泥能岐許延牟登岐波)我が名問はさね(古事記歌謡85)

e　夜深き鶏の声の聞こえたるも、ものあはれなり。(源氏　若菜上)

《行為者》項は、上代・中古ともに文中に現れた例自体が確認できない。

思ユ(思ホユ)を述語とする文の自発用法では、上代・中古ともに、《対象》φ表示(例(30)a・b)、ガ表示(例(30)c~e)、ノ表示(例(30)f・g)、ヲ表示(例(30)h・i)のいずれも存在する。

(30)a　瓜食めば子ども思ほゆ(胡藤母意母保由)栗食めばまして偲はゆ……(万葉802)

b　【源氏】御遊びのをりをり、琴笛の音に聞こえ通ひ、【藤壺の】ほのかなる御声を慰めにて、内裏住みのみ好ましうおぼえたまふ。(源氏　桐壺)

c　今のごと恋しく君が思ほえば(伎美我於毛保要婆)いかにかもせむするすべのなさ(万葉3928)

d　「心地のあしくはべるにも、見たてまつらぬがいとおぼつかなくおぼえはべるを。しばしも参り来まほしくこそ」(浮舟―母)(源氏　浮舟)

e　大臣【＝源氏】【六条御息所出家を】聞きたまひて、かけかけしき筋にはあらねど、なほさる方のものをも聞こえあはせ人に思ひきこえつるを、かく思しなりにけるが口惜しうおぼえたまへば、驚きながら渡りたまへり。(源氏　澪標)

f　秋山をゆめ人かくな忘れにしそのもみち葉の思ほゆらくに(忘西其黄葉乃所思君)(万葉 2184)

g　【紫上葬儀で、源氏】昔、大将の君【＝夕霧】の御母君【＝葵上】亡せたまへりし時の暁を思ひ出づるにも、かれはなほものの覚えけるにや、月の顔の明らかにおぼえしを、今宵はただくれまどひたまへり。(源氏　御法)

h　……遠き代にありけることを(遠代尓有家類事乎)昨日しも見けむがごとも思ほゆるかも(所念可聞)(万葉 1807)

i　「……、いときよげなる男の寄り来て、いざたまへ、おのがもとへ、と言ひて、抱く心地のせしを、宮と聞こえし人のしたまふとおぼえしほどより心地まどひにけるなめり。……」(浮舟内話)(源氏　手習)

《行為者》項は、上代・中古とも、通常φ表示される(7)。

(31)a　秋付けば尾花が上に置く露の消ぬべくも我は思ほゆるかも(吾者所念香聞)(万葉 1564)

b　男君は、夢かとおぼえたまふにも、わが身いとどいつかしうぞおぼえたまひけんかし。（源氏　藤裏葉）

それとは別に、上代には、《行為者》ニ表示の例が一例存在する。

(32)　今作る斑の衣面影に我に思ほゆ（吾尓所念）いまだ着ねども（万葉 1296）

以上、見ユ・聞コユ・思ユ（思ホユ）を述語とする文の自発用法における《対象》項・《行為者》項の格表示は、ほぼラル形述語文自発用法の格表示（《対象》項はφ・ガ・ノ・ヲ、《行為者》項はφ）の範囲に収まっている。ただし、上代に見られる例(28)a・b「我に見えこそ」と例(32)「我に思ほゆ」という《行為者》ニ表示の例だけは、ラル形述語文の自発用法には見当たらない。このタイプの例の存在は、見ユ・思ホユを語彙的出来動詞と認める際の反例になるのだろうか。

結論から言うと、右の例自体は、見ユ・思ホユを出来動詞と見る上で何ら問題ではない。四・三・五で述べたとおり、「出来文」説では、ラル形述語文自発用法について、《行為者》項が事態出来の「場」として捉えられると考える。自発用法の《行為者》項が「場」として捉えられ得るのであれば、《行為者》を表す名詞項が格助詞ニで（ということはつまり、「場所」を表す項として）表示されてもおかしくない。右の例は、（夢を含めた）視覚の世界や想念の中に、恋人の姿や衣服（恋人の寓意だとされる）が立ち現れることを述べているもので、五・三・三で述べた〈知覚・認識次元でのモノの出現・存在〉を表すものだといってよい。このタイプの用例は、知覚対象としてのモノやオトの存在場所が文中に明示されることもある（五・三・三、例（9））から、右の例の「我」もまた、知覚・認識対象の「出現場所」として、ニ格表示で表現されているものと考えられる。

ただ、右の説明でもなお問題は残る。すなわち、本章の調査の限りでは、この種の例は上代の例はあるが中古の見ユ・思ユでは確認できない。中古にないのなら、そのことの理由の説明が必要である。また、動詞ラル形述語では、上代中古を通じて《行為者》ニ表示の例がない。なぜ（上代の）見ユ・思ホユでは《行為者》ニ表示が許されて、動詞ラル形では許されないのか。この点についても、何らかの説明が必要である。これらの問題は、中古語における用例をさらに精査することとともに、今後の検討課題として残しておきたい。また、上代の《行為者》ニ格表示の例が、現代語ラレル形述語文の自発用法における《行為者》ニ表示（「私には故郷のことが懐かしく思い出される」など）と同じ性質のものであるかどうかについても、なお検討したい。

五・四・三　意図成就用法・可能用法

見ユを述語とする文の意図成就用法・可能用法では、《対象》項は次のようにφ表示（例（33）a・b）、ガ表示（例（33）c。上代のみ）、ノ表示（例（33）d・e）の例がある。ヲ表示の例は確認できない。

（33）a　我が背子に見せむと思ひし梅の花それとも見えず（吾勢子尓令見常念之梅花其十方不所見）雪の降れば（万葉 1426）

b　つひに御車ども立てつづければ、副車の奥に押しやられてものも見えず。（源氏　葵）

c　春日野の山辺の道を恐りなく通ひし君が見えぬころかも（春日野之山辺道乎於曽理無通之君我不所見

許呂香裳）（万葉518）

d　……吹く風の見えぬがごとく（吹風乃見要奴我其登久）行く水の止まらぬごとく　常もなくうつろふ見れば……（万葉4160）

e　【源氏、大宮訪問】今は、まして、忍びやかにふるまひたまへど、行幸に劣らずよそほしく、いよいよ光をのみ添へたまふ御容貌などの、この世に見えぬ心地して、めづらしう見たてまつりたまふには、【大宮】いとど御心地の悩ましさも取り棄てらるる心地して起きゐたまへり。（源氏　行幸）

《行為者》項は、次のように、源氏においてφ表示が認められる。上代では《行為者》が文中に現れる例自体が確認できない。

（34）a　……、【源氏の消息を見て】いとどしく宮【＝大宮】は目も見えたまはず沈み入りて、御返りも聞こえたまはず。（源氏　葵）

b　……、大将の君【＝夕霧】も、涙にくれて目も見えたまはぬを強ひてしぼりあけて【紫上の亡骸を】見たてまつるに、……（源氏　御法）

聞コユを述語とする文の場合、該当する例自体が少なく、かつ〈自発〉の否定とも解釈できる微妙な例しか存在しない。「聞くことを期待しているのに、聞こえない」という読みが可能なものに注目すると、次のような《対象》項φ表示の例（例（35）a・b）、ノ表示の例（例（35）c～e。中古のみ）が認められる。

(35) a　……ほととぎすいまだ来鳴かず　鳴く声を聞かまく欲りと　朝には門に出で立ち　夕には谷を見渡し
恋ふれども　一声だにもいまだ聞こえず（比等己恵太尓母伊麻太伎己要受）（万葉 4209）

b　ほととぎすこゑもきこえず山びこは外になく音をこたへやはせぬ（古今 161）

c　思せく心の内の滝なれや落つとは見れどをとのきこえぬ（古今 930）

d　郭公来ゐるかきねは近ながら待ち遠にのみ声のきこえぬ（後撰 149）

e　今はとも言はざりしかど　八少女の立つや春日のふるさとに帰りや来ると　まつち山待つほど過ぎて
雁がねの雲のよそにも聞こえねば……（拾遺 573）

《行為者》項は、上代・中古ともに文中に現れた例自体が確認できない。思ユ（思ホユ）を述語とする文の《対象》項については、上代にはφ表示の例しかない（例（36）a）。中古には、φ表示例のほか、ノ・ヲ表示の例が認められる（それぞれ例（36）b・c・d）。

(36) a　息の緒に妹をし思へば年月の行くらむ分きも思ほえぬかも（年月之徃覧別毛不所念鳧）（万葉 2536）

b　「ただ推しはかりて。我は言ふべきこともおぼえず」（落葉宮―女房達）（源氏　夕霧）

c　「なほしるべせよ。我はすきずきしき心などなき人ぞ。かくておはしますらむ【姫君達の】御ありさまの、あやしく、げになべてにおぼえたまはぬなり」（薫―宿直人）（源氏　橋姫）

d　大将の君【＝夕霧】は、この姫宮【＝女三宮】の御ことを思ひ及ばぬにしもあらざりしかば、【六条院で】目に近くおはしますをいとただにもおぼえず、……。（源氏　若菜上）

《行為者》項は中古においてφ表示されるが、上代では文中に現れる例自体が確認できない。先に掲げた例(36)b・dにもφ表示の《行為者》が見られる。

(37)a　右近はものもおぼえず、君につと添ひたてまつりて、わななき死ぬべし。(源氏　夕顔)

b　君【=源氏】も、【朧月夜】おしなべてのさまにはおぼえざりしを、口惜しとは思せど、ただ今は異ざまに分くる御心もなくて、……(源氏　葵)

c　乳母は、なかなかものもおぼえで、ただ、「いかさまにせむ、いかさまにせん」とぞ言はれける。(源氏　蜻蛉)

五・四・四　受身用法

見ユを述語とする文の受身用法の場合、上代では、人格的な《被影響者》項、非人格的な《対象》項のいずれも文中に現れる例が認められない。

中古では、《被影響者》項にφ表示の例(例(38)a・b)がある。また、本節の調査範囲外ではあるが『枕草子』にガ表示の例が一例(例(38)c)見られる[8]。

(38)a　「……。我さへおろかなるさまに見えたてまつりて、いとどうしろめたき御思ひの添ふべかめるをいといとほし」(源氏内話)(源氏　横笛)

b　「いみじくかしづかるめる客人の主、さてな見えそや」(匂宮―時方)(源氏　浮舟)

c　おなじ所に住む人の、かたみに恥ぢかはし、いささかのひまなく用意したりと思ふが、つひに見えぬこそ難けれ。（枕　75段）

例（38）cは、ややわかりづらいが、複数の注釈書において、「おなじ所……思ふ」が人を指しており、「つひに見えぬ」は、自分の本心や、欠点・油断を「最後まで見せない」ことだと解釈されている。「同じ局に住む同僚の女房で、互いに敬意をはらい、少しも隙を見せないように注意していると思う、その人が、最後まで隙（自分の心底、欠点）などを相手に見られない（見せない）のは稀だ」というのである。

《被影響者》ノ表示の例は見出しにくい。唯一、受身用法からの拡張とされる「（女性が男性と）結婚する」という意味を表す次の例があるのみである。

（39）……、かばかりになりぬる高き人【皇女】の、かくまでもすずろに人に見ゆるやうはあらじかしと【落葉宮】宿世うく思し屈して、……（源氏　夕霧）

また中古には、次のように間接受身文の《対象》項φ表示（例（40）a・b）、ヲ表示の例（例（40）c・d）が見られる。

（40）a　「……、【博士の娘】なつかしき妻子とうち頼まむには、無才の人、なまわろならむふるまひなど見えむに、恥づかしくなん見えはべりし。……」（藤式部丞—君達）（源氏　帚木）

b　【雲居雁と引き裂かれて、夕霧】涙のみとまらねば、嘆きあかして、霜のいと白きに【三条邸を】急ぎ出でたまふ。うち腫れたるまみも、人に見えんが恥づかしきに、宮【＝大宮】、はた、召しまつはすべかめれば、心やすき所にとて、急ぎ出でたまふなりけり。（源氏　少女）

c　「……【夕顔】世の人に似ずものづつみをしたまひて、人にもの思ふ気色を見えんを恥づかしきものにしたまひて、つれなくのみもてなして御覧ぜられたてまつりたまふめりしか」（右近—源氏）（源氏　夕顔）

d　「……、【玉鬘が】この大臣【髭黒】の、さる無心の女房に心あはせて入り来たりけんにも、けざやかにもて離れたるさまを人にも見え知られ、ことさらにゆるされたるありさまにしなして、わが心と罪あるにはなさずなりにしなど、今思へば、いかにかどある事なりけり。……」（源氏内話）（源氏　若菜下）

《行為者》項が文中に現れる場合は上代・中古とも必ず二表示である。右に掲げた例（40）b「人に見えんが」（源氏　少女）・（40）c「人にもの思ふ気色を見えんを」（源氏　夕顔）などがその例であるが、さらに例を追加する。

（41）a　物思《も》ふと人には見えじ（比等尓波美要緇）下紐の下ゆ恋ふるに月そ経にける（万葉3708）

b　……、人にほけほけしきさまに見えじ。（源氏内話）（源氏　御法）

c　「田舎びたる人どもに、忍びやつれたる歩きも見えじとて口固めつれど、いかがあらむ、下衆どもは隠れあらじかし。……」（薫—弁）（源氏　宿木）

五・三・五で述べたように、聞コユを述語とする文の受身用法と言える例は、源氏に四例あるのみである。そのうち、格表示例が確認できるのは次の例である。それぞれ間接受身文《対象》項φ表示・ヲ表示の例である。

(42) a 「にはかにかかる御事【＝源氏との交際】をしも、もて離れ顔にあらむも、なかなか今めかしきやうに見え聞こえて、人のとりなさじやは」(朝顔内話)(源氏　朝顔)(＝例(22)a)

b 忘れたまはぬにこそは、と【浮舟】あはれと思ふにも、いとど母君の御心の中推しはかるれど、なかなか言ふかひなきさまを見え聞こえたてまつらむは、なほ、いとつつましくぞありける。(源氏　手習)(＝例(22)b)

同じく五・三・五で述べたように、思ユ(思ホユ)を述語とする文の受身用法の例は源氏に六例あるのみである。《被影響者》項はφ表示の例のみが確認できる(《対象》項の格表示例は確認できない)。《行為者》はニ表示される。

(43) a ……、この宮【＝匂宮】には、【女房たち】みな目馴れてのみおぼえたてまつるべかめるも口惜し。(源氏　蜻蛉)(＝例(23)a)

b 「……。されど、さびしう事うちあはぬみやび好める人のはてはては、ものきよくもなく、人にも人ともおぼえたらぬを見れば、すこし人に譏らるとも、なだらかにて世の中を過ぐさむことを願ふなり。……」(左近少将―仲人)(源氏　東屋)(＝例(23)b)

c 【源氏】なげの御すさびにても、おしなべたる世の常の人をば目とどめ耳たてたまはず、世にすこし

これはと思ほえ、心地にとまるふしあるあたりを尋ね寄りたまふものと人の知りたるに、……（源氏　蓬生）（＝例（23）c）

d　またこのごろは、【源氏】ただ仮名の定めをしたまひて、世の中に手書くとおぼえたる、上中下の人々にも、さるべきものども思しはからひて、尋ねつつ書かせたまふ。（源氏　梅枝）（＝例（23）d）

e　「……。これ【＝夕霧】は才の際もまさり、心用ゐ男々しく、すくよかに、足らひたりと世におぼえためり」（内大臣―北方等）（源氏　藤裏葉）（＝例（23）e）

五・四・五　まとめ

以上、五・四・四までの調査結果の概略を、次ページに表二として示す。

見ユ・聞コユ・思ユ（思ホユ）を述語とする文の格表示例は、ほぼ動詞ラル形述語文の格表示例に見られるものばかりであり、これらを述語とする文の格体制は、動詞ラル形述語文の格体制とほぼ同様であると見てよい。したがって、これら三つの動詞を述語とする文は、表す意味の面のみならず、格体制の面においても動詞ラル形述語文と同様の性質を持つ（つまり「出来文」である）と了解してよい。上代の見ユ・思ホユの自発用法に《行為者》項ニ表示の例が見られることが、唯一動詞ラル形述語文との相違点だが、これも、少なくとも見ユ・思ホユを出来動詞と見ることの支障にはならないことを確認した（五・四・二）。

なお、五・四・四までの叙述で明らかなように、動詞ラル形述語文には認められる格表示のうち、見ユ・聞コユ・思ユ（思ホユ）を述語とする文では用例が僅少であったり、あるいは確認できないものが少なくない。それが偶然なのか、あるいはより文法的に本質的な問題によるのか、目下確言できる段階ではなく、今後さらに調査の手を広げる必要があることは言うまでもない。

表三　動詞ラル形、見ユ、聞コユ、思ユ（思ホユ）における各用法の格表示例

・一例でも用例が確認できれば記載してある。上代・中古の別や、用例数の多寡など、詳細は割愛する。

・「×」は、当該名詞項が文中に現れる例自体が存在しないことを示す。

用法	名詞項	ラル形	見ユ	聞コユ	思ユ・思ホユ
自発用法	《対象》	φ・ガ・ノ・ヲ	φ・ガ・ノ・ヲ	φ・ガ・ノ	φ・ガ・ノ・ヲ
	《行為者》	φ	φ・ニ	×	φ・ニ
意図成就用法・可能用法	《対象》	φ・ガ・ノ・ヲ	φ・ガ・ノ	φ・ノ	φ・ノ・ヲ
	《行為者》	φ	φ	×	φ
受身用法	《被影響者》（主語）	φ・ガ・ノ	φ・ガ	×	φ
	《対象》（目的語）	φ・ヲ	φ・ヲ	φ・ヲ	×
	《行為者》	ニ	ニ	×	ニ

五・五　その他の用法

五・五・一　はじめに

見ユ・聞コユ・思ユ（思ホユ）には、自発・意図成就・可能・受身以外の意味を表す場合（「出来動詞としての用法」以外の用法）があることが知られている。本節では、それらの例が自発用法または受身用法の特別な一角であったり、自発用法または受身用法からの意味拡張と理解できることを確認する。そのことによって、見ユ・聞コユ・思ユ（思ホユ）が出来動詞であることを再度確認する。

五・五・二　〈結婚する〉（見ユ）

見ユには「結婚する」という意味を表す場合がある。

（44）「……。【結婚相手の決定は】みづからの心より離れてあるべきにもあらぬを、思ふ心より外に人にも見え、宿世のほど定められんなむ、いと軽々しく、身のもてなしありさま推しはからるることなるを。……」（朱雀院内話）（源氏　若菜上）

このタイプの用法は受身用法からの拡張とされる。見ユの例には、主語者が《行為者》に「自分の姿を積極的に見せる、会う」事態や、《行為者》に「自分の誠意などを示す」事態を表すものがあること、また、そのタイプの例は受身用法の一角として位置付けられることを五・三・五で指摘した。次に用例を再度示す。

(45) a 「なほ、しばし、かくて【薫を】待ちきこえさせたまはむぞ、のどやかにさまよかるべき。【薫が】京へなど迎へたてまつらせたまへらむ後、おだしくて親にも見えたてまつらせたまへかし。……」（女房―浮舟）（源氏　浮舟）（＝例(24)a）

b 【帰京した源氏】二条院にも同じごと待ちきこえける人を、あはれなるものに思して、年ごろの胸あくばかりと思せば、中将中務やうの人々には、ほどほどにつけつつ情を見えたまふに、御暇なくて、外歩きもしたまはず。（源氏　澪標）（＝例(24)e）

「結婚する」という意味の見ユは、このタイプの見ユからの拡張と考えられる。例(44)でも分かるように、結婚の《相手》がニ表示されるが、これは受身用法の《行為者》項ニ表示の再解釈であると了解できる。

五・五・三〈コトの視覚的描写〉（終止形接続のミユ）

上代の動詞終止形に接続するミユは助動詞であるとされる（井手至(1981)ほか）。外形の類似と、「～するのが見える」という意味を表すことから、自発用法の見ユから転じたものであることはおそらく間違いない。ただし、成立過程は未詳である。また、終止形接続のミユが文の格配置に影響を及ぼしたと見られる例はなく、本動詞見ユとは明らかに性質を異にするものである。

(46) ひさかたの月は照りたり暇なく海人のいざりは燈し合へり見ゆ（安麻能伊射里波等毛之安敝里見由）（万葉3672）

五・五・四　〈申し上げる〉〈受け手尊敬〉（聞コユ）

聞コユは、中古において「言う、言語情報を伝える」意味の謙譲語や、謙譲の補助動詞として用いられる。

(47) a 「かかる御文見るべき人もなし、と【源氏に】聞こえよ」（空蝉—小君）（源氏　帚木）

b 「などてか深く隠しきこえたまふことははべらん。……」（右近—源氏）（源氏　夕顔）

和田利政（1952: 17f）は、聞コユが「自然にさう聞こえる」という意味を表すことから、「相手にはさう聞こえてゐる」という意味に転じ用いられ、「その非直接性の故に謙遜の意味を生」じたと推測する一方、「「見らる」「見さす」が同じ結果になる、その結果だけを表はすのに「見ゆ」が用ゐられた」ことに類推して、聞コユにも同様の用法が生じ、さらに謙譲語に転じたとも考えられるとする。「「見らる」「見さす」が同じ結果になる」見ユの用法とは、受身用法の見ユに、「自ら人に見られるようにする」という意味を表す場合があることを言ったものである。要するに和田氏は、聞コユの謙譲語化について、自発用法由来と、受身用法由来との二通りの可能性があることを述べていることになる。今日でも、自発用法由来、あるいは自発・受身いずれかの用法由来と考えられており、その了解自体に問題はないであろう。

ただ、謙譲語聞コユが自発用法由来であるとすると、自発用法では知覚主体（聞く人）が主語者（文中に出る例がないが、出るとすれば格助詞φ）で、かつ大抵は話者自身（あるいは話者自身を含めた人一般）であるのに対し、謙譲語では知覚主体（聞く人）が非主語（ニ格）で、かつ上位待遇の対象（話者以外）になる。このような知覚主体をめぐる人称および格表示の転換について何らかの説明を要する。

(48) a かやうに、とどめられたまふをりをりなども多かるを、おのづから漏り聞く人、大殿に聞こえければ、……(源氏　紅葉賀)

b 「……。大将に聞こゆべきことあり」(物の怪)(源氏　葵)

受身用法由来であるとすれば、知覚主体である聞き手はニ格表示され、かつ大抵は話者自身ではないので、謙譲語への転用が起きたとしても、格表示の変更を想定する必要はない。また、直接の知覚対象をヲ格表示することも、受身用法由来とすることと矛盾しない。

(49) 「……。いつのほどにてかは、【夕顔は】何ならぬ御名のりを聞こえたまはん。……」(右近―源氏)(源氏　夕顔)

五・五・五　〈似る〉(思ユ)

中古の思ユには、「(ある人に)似ている」という意味を表す例の存在が知られている(今泉忠義(1955)、松尾聡(1959)など)。この用法は「あたかも他の或る人物であると思われる」という自発表現から生じたものであろう(松尾1959)。

(50) 【明石上の】ほのかなるけはひ、伊勢の御息所【＝六条】にいとようおぼえたり。(源氏　明石)

「比較基準」を表すニ格名詞（太傍線部）は、次のような認識内容を表すニ格名詞から再解釈によって生じたものと考えられる。

(51)　「……。【我】いはけなかりしより、思ふ心ざし深くはべるを、三条宮【＝女三宮】の心細げにて、頼もしげなき身ひとつをよすがに思したるが避りがたき絆におぼえはべりて、かかづらひはべりつるほどに、……」（薫―横川僧都）（源氏　夢浮橋）

五・五・六　〈思い出す・そらで言う〉（思ユ）

思ユには、次のような「自ら意図的に記憶を呼び起こす、記憶を呼び起こして語る」という、意志的行為を表す例があることも知られているが、それは、自発用法の思ユの「記憶の無意志的想起」を表す場合からの拡張として理解される。

(52)　【世次】「いで、さうざうしきに、いざたまへ。むかしものがたりして、このおはさう人々に、「さは、いにしへは、よはかくこそ侍りけれ」ときかせたてまつらん」といふめれば、いまひとり、【重木】「しかしか、いと興あることなり。いでおぼえたまへ。……」（大鏡　一　序　岩波書店「日本古典文学大系」）

調査範囲では、次の例が該当しそうである（ただし、松尾（1959）は認定に慎重である）。

(53)「……」と、【弁】泣く泣くこまかに、【薫が】生まれたまひけるほどのことも、よくおぼえつつ【薫に】聞こゆ。(源氏　橋姫)

五・五・七　まとめ

以上、見ユ・聞コユ・思ユ(思ホユ)が自発・意図成就・可能・受身以外の意味を表す場合を取り上げ、いずれも自発用法または受身用法の特別な一角であったり、自発用法または受身用法からの意味拡張であるということを確認した。これにより、見ユ・聞コユ・思ユ(思ホユ)を出来動詞として理解することに問題がないことが、再度確認されたことと思う。

注

1　ル語尾下接形であるが、ツム(積　四)に対するツモル(積　四)、コム(籠　下二)に対するコモル(籠　四)からも、オ段で終わるツモ、コモという語形を取り出せる。

2　このほかに、次のような「ある人の噂・評判が世間に聞こえる」ことを述べる聞コユの例がある。これらを受身用法と了解してよければ用例数はさらに増えるが、自発用法としての解釈も可能である。その位置付けについてはなお検討したい。

i　道に闘《あ》ふや尾代の子　【自分の奮戦】天《あめ》にこそ聞こえずあらめ　国には聞こえてな(阿毎儞挙曽枳挙曳儒阿羅毎矩儞々播枳挙曳底那)(日本書紀歌謡82)

ii　大和には聞こえ行かぬか（山跡庭聞往歟）大我野の竹葉刈り敷き廬りせりとは（万葉 1677）

iii　中納言敦忠、兵衛佐に侍ける時に、忍びて言ひちぎりて侍けることの世に聞え侍にければ（拾遺 1222　詞書）

iv　「なほかく独りおはしまして、世の中にすいたまへる御名のやうやう聞こゆる、なほいとあしきことなり。……」（明石中宮―匂宮）（源氏　総角）

v　【致仕大臣、柏木の病気平癒のため】人の申すままに、さまざま聖だつ験者などの、をさをさ世にも聞こえず深き山に籠りたるなどをも、弟の君たちをつかはしつつ、尋ね、召すに、けにくく心づきなき山伏どもなどもいと多く参る。（源氏　柏木）

3　なお、思ユにさらに助動詞ラルが付いて〈被影響〉の意味を表す例が二例あるが、思ユの受身用法の例からは除いておきたい。この例の思ユ自体には受身の意味はなく、助動詞ラルが付いて受身用法になっているとも考えられるからである。

i　「などて、つひにはおのづから見なほしたまひてむ、とのどかに思ひて、なほざりのすさびにつけても、【葵に】つらしとおぼえられたてまつりけむ、世を経てうとく恥づかしきものに思ひて過ぎはてたまひぬる」（源氏内話）（源氏　葵）

ii　「……。よそのさし離れたらん人にこそ、よしともあしともおぼえられたまはめ。……」（乳母―浮舟）（源氏　東屋）

見ユ・聞コユには、助動詞ラルが下接して受身用法になる例は見当たらない。

4　本節は川村（2008b）の構成を改め、大幅に加筆したものである。

5　次の例の「〜を」は逆接の従属句と見ておく。

i　「……。【夕霧】ただ今はきびはなるべきほどを、かたくなしからず見ゆるも、心の闇にや」（源氏―紫上）（源

氏　野分）

6　なお、次の例もある。

ⅰ　天の川水さへに照る舟泊てて舟なる人は妹に見えきや（舟人妹等所見寸哉）（万葉1996）

この例は、「舟人妹等所見寸哉」の解釈に諸説あり、例えば「舟なる人に妹ら見えきや」（渡瀬昌忠1991、工藤力男2001）という訓も提案されている。この場合は行為者が「舟なる人（舟人）」ということになる。ただし、《行為者》が「舟人」である場合でも「妹」である場合でも、格助詞ニは補読されており、確実な例とはいえない。

7　次の例は、思ユの《行為者》のガ・ノ表示とも見られそうである。しかし、まずは《行為者》項の直下の述語「まかりくだり侍けり」「厭ふ」との共起による格表示と見ておく。

ⅰ　なかはらのむねき【中原宗興】が、美濃の国へまかりくだり侍けるに、道に女の家に宿りて、言ひつきて、去りがたくおぼえければ、二三日侍て、……（後撰1354　詞書）

ⅱ　女の男を厭ひて、さすがにいかがおぼえけん、言へりける（後撰1025　詞書）

8　次の例のガは同格表示であり、《被影響者》表示の例とはしがたい。

ⅰ　【宮の御方付きの女房で】いと若き上臈だつが、【中納言に】見えたてまつらじと思ふはしも、心にまかせてゐたれば、……（源氏　紅梅）

第六章　尊敬語補助動詞の待遇対象をめぐって

六・一　問題関心のありか

中古和文においては、動詞ラル形がさらにタマフ・オハシマスという尊敬語補助動詞や、いわゆる「尊敬」を表すサスを介したサセタマフを伴い、「〜(ら)れたまふ」等となる場合が少なくない(1)(2)。

(1) a　光る源氏、名のみことごとしう、言ひ消たれたまふ咎多かなるに、……。(源氏　帚木)

b　「……。わが君孕まれおはしましたりし時より……」(僧都—冷泉帝)(源氏　薄雲)

この「〜(ら)れたまふ」を解釈する際、タマフ等によって上位に待遇されているのは誰か、しばしばとまどうことがある。というのは、動詞ラル形を述語とする文は、動詞のもとの形(例えば、「言ひ消たる」に対する「言ひ消つ」)を述語とする文に対して、文中の名詞項の格(そして、主語・目的語などの文法的役割)がしばしば変更される。それに伴い、タマフ等が上位に待遇する人物(以下、「上位待遇の対象」という)も、もとの形を述語とする文とは異なる場合があるからである。

また、古代語の見ユ・聞コユ・思ユ(思ホユ)も、第五章で確認したように、自発用法・意図成就用法・可能用法・受身用法を有し、また、格体制についても動詞のラル形とほぼ同様のあり方を示す。これらの動詞にタマフ等が下接した場合にも、動詞ラル形と同様の問題が生じ得る。特に、思ユにタマフが下接した「思えたまふ」については、すでに古典解釈の立場からいくつかの議論がある。

本章では、『源氏物語』を資料として、動詞ラル形述語文や見ユ等を述語とする文において、タマフ等の尊敬語補助動詞による上位待遇の対象が誰になるのか、その全体像を整理・確認する。この問題についてはすでに触れたとおり部分的に先行研究が存在する。また、解釈の場では事実上常識となっている事項も少なくないだろう。しかし、自発用法・可能用法の動詞ラル形には、尊敬語の待遇対象をめぐって従来注意を向けられていないタイプの例も存在する。そうした用例を含め、現象の全体を改めて整理しておくこと自体、決して無意味ではないと考える。

またさらには、本章の事実整理は、（古代語を含めた）動詞〔ラレル〕形述語文など、「出来文」における主語をめぐる問題について、一つの検討材料を提供することにもなる。現代語研究の場では、尊敬語補助動詞による上位待遇の対象がどの名詞項になるかということが、主に日本語における主語認定をめぐる関心から注目されており、その関連で、動詞〔ラレル〕形や動詞分カルなどの「出来動詞」についても、上位待遇の対象に関する検討がなされてきた。古代語の「〜（ら）れたまふ」等における上位待遇の対象は、現代語における一般的了解とほぼ重なるものの、ある一点で大きく異なる。そのことは、ラル形述語文だけの検討では必ずしも鮮明にはならず、見ユ・聞コユ・思ユ、とりわけ「思えたまふ」に注目して初めて明らかになるのである。

論述を進めるにあたっていくつかの事項を確認しておく。

イ　動詞ラル形述語には〈尊敬〉を表す用法があるが、タマフ等が下接した「〜（ら）れたまふ」において、動詞ラル形が〈尊敬〉を表す例はないと言われている（例えば木枝増一（1937））。少なくとも、本書における調査範囲では、「〜（ら）れたまふ」の動詞ラル形を尊敬用法と読まなければならない確実な例は存在しない。

ロ　本章で取り上げる見ユ等の用例は、第五章と同様、「出来動詞としての用法」の例に限る。見ユ等には、「結婚する」の意味の見ユをはじめ、動詞ラル形述語文には存在しないいくつかの用法が認められる（この点は五・五で詳しく述べた）が、それらの例はタマフ等が下接していても検討を割愛する。

ハ　聞コユは、「出来動詞としての用法」の用例中、タマフ等下接例が管見で一例しかない。この後の記述では、聞コユの例がないことにはいちいち言及しない。なお、このことは、直接には調査対象となる聞コユの（タマフ等非下接の例も含む）用例数（管見で一三〇例）が見ユ（同約八三〇例）・思ユ（同約七六〇例）の数分の一であることの反映と思われるが、なお検討したい。

ニ　検討対象となる用例の中には、タマフ等の上位待遇の対象が、人物そのものではなくて、人物の身体部位・特性・様子などを表す名詞項である場合が少なくない。

（2）……、春宮の御祖父にて、つひに世の中を知りたまふべき、右大臣の御勢は、ものにもあらずおされたまへり。（源氏　桐壺）

右の例の場合、タマフによる上位待遇は、直接には「（右大臣の）御勢」を対象としていると読める。この種の用例については、ある人物（例えば右の例では「右大臣」）の身体部位や特性・様子などは「当該人物の一部・一側面」であるという点を重視し、人格的な名詞項と同列に扱う。

六・二　現代語「出来文」における尊敬語補助動詞の待遇対象

本章における事実指摘の意義を明確にするため、先に現代語の「出来文」における尊敬語補助動詞の上位待遇の対象についてまとめる。

現代語研究においては、「動詞＋レル・ラレル」の形（以下、「動詞ラレル形」と書く）や読メル・分カル等が文法的尊敬語形式（オ～ニナル等）を伴うとき、上位待遇されるのがどの名詞項であるかについて、すでにいくつかの指摘がある。出来文の全ての場合について指摘がなされているわけではないが、適宜筆者川村の判断を補って整理する。用語法なども本書のものによる。

①　動詞ラレル形述語文が受身用法で用いられる場合は、《被影響者》が上位待遇を受け得る（原田信一（1973（2000再録版 p. 480））、柴谷方良（1978: 295））。《行為者》は上位待遇を受けない。

（3）a　山田先生が、教室から出たところを学生の田中君にお呼ばれになった。

b　*学生の田中君が、教室から出たところを山田先生にお呼ばれになった。

例（3）bが不適格なのは、《行為者》たる「山田先生」が「お～になる」による上位待遇の対象にならない一方、（この文では）上位待遇の対象になるとは思われない「田中君」が上位待遇の対象になってしまうためであると言える。

②　動詞ラレル形述語文が可能用法・意図成就用法で用いられる場合や、いわゆる可能動詞等が述語の文の場合は、《行為者》が上位待遇を受け得る。《対象》は上位待遇の対象とならない。

（4）a　山田先生には卒業生の田中君がお思い出せになるだろうか。[3]
　　b　*田中君には昔の恩師の山田先生がお思い出せになるだろうか。
（5）a　山田先生には卒業生の田中君がすぐお思い出せになった。
　　b　*田中君には昔の恩師の山田先生がすぐお思い出せになった。

例（4）は可能用法の場合、例（5）は意図成就用法の場合である。どちらの場合も、《行為者》は、ニ格表示される場合でも尊敬語の上位待遇を受け得る（（4）a・（5）aの場合）。一方《対象》項は、ガ格でかつ「山田先生」のような名詞であっても、尊敬語の上位待遇を受け得ない（（4）b・（5）bの場合）。
なお、三上章（1953: 119）は分カルの《対象》が尊敬語の上位待遇の対象にならないことを指摘し、柴谷（1978: 295）は分カルの《行為者》が尊敬語の上位待遇の対象になることを確認している。両氏の指摘した現象は、分カルだけでなく、可能用法・意図成就用法の動詞ラレル形述語やいわゆる可能動詞述語一般についても認められるということである。

③　動詞ラレル形述語文が自発用法で用いられる場合は、少なくとも《対象》は上位待遇を受け得ない（森山卓郎 1988: 128）。

(6)a　山田先生には学生の田中君が懐かしくお思い出されになる。

b　*私には、恩師の山田先生が懐かしくお思い出されになる。

例(6)bから先に説明する。例(4)b・(5)bの場合と同様、《対象》項の「山田先生」はガ格名詞であっても上位待遇の対象にならない一方、上位待遇の対象になり得ない「私」(《行為者》)が上位待遇の対象になっている(と読める)。そのため、不適格になる[4]。次に例(6)aについて。ラレル形述語文自発用法の《行為者》は、会話文ではほぼ話者自身に限定される。そのためか、自発文の《行為者》が尊敬語の上位待遇の対象になるか否かは論じられることがないようである。しかし、例(6)bについての検討から、自発用法においても、可能用法の場合同様、《行為者》が上位待遇の対象となり得ると言えそうである。実際、《行為者》項を三人称者に入れ替えた例(6)aのような文の場合、例えば小説の地の文であれば十分適格であると思われる。

以上、現代語の出来文における文法的尊敬語形式の上位待遇の対象は次のとおりである。

受身用法の場合……《被影響者》のみ

自発用法・可能用法・意図成就用法の場合……《行為者》のみ

六・三　受身用法の《被影響者》

以下、『源氏物語』の用例の検討に入る。まずは、受身用法の例を検討する。

受身用法では、動詞ラル形の場合も、見ユ・思ユ（思ホユ）の場合も、《被影響者》が上位待遇の対象となり得る。そして《行為者》は上位待遇の対象とならない(5)。つまり、六・二で検討した現代語受身用法の場合と変わりがない。

（7）a　「げに、いづれか狐なるらんな。ただはかられたまへかし」（源氏—夕顔）（源氏　夕顔）

b　さるは、【源氏】いといたく世を憚り、まめだちたまひけるほど、なよびかにをかしきことはなくて、交野の少将には、笑はれたまひけむかし。（源氏　帚木）

（8）a　【帰京した源氏】二条院にも同じごと待ちきこえける人を、あはれなるものに思して、年ごろの胸あくばかりと思せば、中将中務やうの人々には、ほどほどにつけつつ情を見えたまふに、御暇なくて、外歩きもしたまはず。（源氏　澪標）

b　【紫上から朱雀院に消息。】御手などのいとめでたきを、院御覧じて、何ごともいと恥づかしげなめるあたりに、【女三宮】いはけなくて見えたまふらむこと、いと心苦しう思したり。（源氏　若菜上）

c　「大将【＝夕霧】に見えたまふな。いはけなき御ありさまなめれば、おのづからとりはづして、【夕霧があなたを】見たてまつるやうもありなむ」（源氏—女三宮）（源氏　若菜上）

（9）a　「【若紫の父、兵部卿宮は】頼もしき筋ながらも、よそよそにてならひたまへるは、同じうこそ疎う【若紫に】おぼえたまはめ。【私】今より見たてまつれど、浅からぬ心ざしはまさりぬべくなむ」（源氏—少納言）（源氏　若紫）

b　「いとうたて。思ひ隈なき御言かな。【若宮が】女におはしまさむにだに、あなた【＝紫上方】にて見たてまつりたまはんこそよくはべらめ。まして、男は限りなしと聞こえさすれど、【世間では、女君よりも】心やすくおぼえたまふを。……」（明石上―源氏）（源氏　若菜上）

ラル形述語の例（7）ａは命令文で、「はかられ」ることの《被影響者》、つまり主語者であり聞き手である夕顔が上位待遇されている。例（7）ｂでは、文中に明示されていないが《被影響者》である源氏が上位待遇されている。同様に見ユの例（8）ａでは源氏、例（8）ｂ・（8）ｃでは女三宮、思ユの例（9）ａでは兵部卿宮、例（9）ｂでは「男君」一般が上位待遇されている。いずれも《被影響者》である。

なお、例（8）のような受身用法の見ユのタマフ等下接例は数例しかない。例（9）のような思ユ（思ホユ）のタマフ等下接例は二、三例で、自発用法とも解釈され得る例である。

六・四　自発用法・意図成就用法・可能用法の《行為者》

次に、自発用法や意図成就用法・可能用法の《行為者》を上位待遇する場合があることについて、用例を挙げて確認する。

まず、ラル形述語文から見ていく。次の例は自発用法である。

（10）ａ【空蝉は】いづくにはひ紛れて、かたくなしと思ひゐたらむ、かくしふねき人はありがたきものを、と【源氏】思すにしも、あやにくに紛れがたう思ひ出でられたまふ。（源氏　空蝉）

ｂ【末摘花の姿】何に残りなう見あらはしつらむと【源氏】思ふものから、めづらしきさまのしたれば、

さすがにうち見やられたまふ。（源氏　末摘花）

c　【源氏】「いざ、いと心やすき所にて、のどかに聞こえん」など、語らひたまへば、【夕顔】「なほあやしう。かくのたまへど、世づかぬ御もてなしなれば、もの恐ろしくこそあれ」と、いと若びて言へば、げにとほほ笑まれたまひて、……（源氏　夕顔）

d　【源氏の振る舞いに】若君【＝若紫】は、いとむくつけく、いかにすることならむ、とふるはれたまへど、さすがに声たててもえ泣きたまはず。（源氏　若紫）

例（10）a・bの述語は他動詞ラル形であり、タマフの待遇の対象は《行為者》（源氏）である。例（10）c・dは自動詞ラル形で、タマフの待遇の対象は唯一項である《行為者》（それぞれ源氏と若紫）である。

次は意図成就用法・可能用法の例である。

（11）a　【夕顔の枕上に物怪の姿が現れる】……、まづこの人【＝夕顔】いかになりぬるぞと思ほす心騒ぎに、【源氏】身の上も知られたまはず、添ひ臥して、ややとおどろかしたまへど、ただ冷えに冷え入りて、息はとく絶えはてにけり。（源氏　夕顔）

b　……、【惟光を】召し入れて、【源氏】のたまひ出でんことのあへなきに、ふとものも言はれたまはず。（源氏　夕顔）

c　君【＝源氏】は、とけても寝られたまはず。（源氏　帚木）

d　【源氏】殿に帰りたまひても、とみにもまどろまれたまはず。（源氏　帚木）

例（11）a・bの述語は他動詞ラル形で、タマフの待遇の対象は《行為者》（源氏）である。例（11）c・dは自動詞ラル形で、タマフの待遇の対象は、唯一項である《行為者》（源氏）である。

思ユ（思ホユ）の自発用法・意図成就用法・可能用法の《行為者》も上位待遇される。

次は自発用法の例である。上位待遇の対象は《行為者》である源氏・夕霧である。

（12）a　……、【源氏】若き御心地にいとあはれと思ひきこえたまひて、【藤壺のもとに】常に参らまほしく、なづさひ見たてまつらばや、とおぼえたまふ。（源氏　桐壺）

b　日やうやうくだりて、楽の船ども漕ぎまひて、調子ども奏するほどの、山風の響きおもしろく吹きあはせたるに、冠者の君【＝夕霧】は、かう苦しき道ならでもまじらひ遊びぬべきものを、と世の中恨めしうおぼえたまひけり。（源氏　少女）

次は意図成就用法・可能用法の例である。上位待遇の対象は《行為者》である源氏・浮舟である。

（13）a　……、君【＝源氏】はものもおぼえたまはず、われかのさまにて【自邸に】おはし着きたり。（源氏　夕顔）

b　「……。【浮舟】日ごろも、うちはへ悩ませたまふめるを、いとどかかることども【＝小君来訪】に思し乱るるにや、常よりもものおぼえさせたまはぬさまにてなむ」（妹尼―小君）（源氏　夢浮橋）

見ユの自発用法や意図成就用法・可能用法にも、《行為者》が上位待遇される例があるが、用例は僅少である。自発用法では、強いて挙げても次の三例しか見当たらない。

(14) a 【浮舟】昨夜より穢れさせたまひて、【石山寺参詣がかなわず】いと口惜しきことを思し嘆くめりしに、今宵夢見騒がしく見えさせたまひつれば、今日ばかりつつしませたまへとてなむ、物忌にてはべる。（右近―浮舟母（消息））（源氏　浮舟）

b 大殿【＝源氏】は、……、【玉鬘が】すべて御心にかからぬをりなく、恋しう思ひ出でられたまふ。宿世などいふものおろかならぬことなれど、わがあまりなる心にて、かく人やりならぬものは思ふぞかし、と起き臥し面影にぞ見えたまふ。（源氏　真木柱）

c ……、【六条御息所】すこしうちまどろみたまふ夢には、かの姫君【＝葵上】と思しき人のいときよらにてある所に行きて、とかく引きまさぐり、現にも似ず、猛くいかきひたぶる心出で来て、うちかなぐるなど見えたまふこと度重なりにけり。（源氏　葵）

例(14)aは、《行為者》浮舟を上位待遇している。例(14)bは《対象》である玉鬘を上位待遇しているとも見えるが、直前に源氏の心中思惟が引かれており、《行為者》源氏を上位待遇していると見る方がよさそうである。例(14)cは、夢で自分の振る舞いを見る《行為者》としての御息所を上位待遇しているとも、夢に現れる《対象》としての御息所自身を待遇しているとも解釈できる。なお、傍線部は青表紙系諸本に校異はないが、河内本「み給」、別本「みたまふ」という異文がある。

次は意図成就用法・可能用法の例である。源氏では強いて挙げても次の四例のみである。

(15) a　……、【源氏からの消息を読み】いとどしく宮【＝大宮】は目も見えたまはず沈み入りて、御返りも聞こえたまはず。（源氏　葵）

b　【落葉宮】目も見えたまはねど、【朱雀院に】御返り聞こえたまふ。（源氏　夕霧）

c　……、大将の君【＝夕霧】も、涙にくれて目も見えたまはぬを強ひてしぼりあけて【紫上の亡骸を】見たてまつるに、……（源氏　御法）

d　宮【＝女三宮】も起きゐたまひて、……、【源氏】几帳を引きやりてゐさせたまへば、【女三宮】いと恥づかしうて背きたまへる、いとど小さう細りたまひて、御髪は惜しみきこえて長うそぎたりければ、背後はことに【尼そぎかどうか】けぢめも見えたまはぬほどなり。（源氏　柏木）

例(15)a・b・cはいずれも「目も見えず」の例。《行為者》の大宮・落葉宮・夕霧が上位待遇の対象である。例(15)dは、女三宮の後姿を見る《行為者》源氏を上位待遇している、と解釈しておくが、女三宮の姿の描写が続いた後で当該例が現れることを考慮すれば、《対象》(たる「背後の髪の長さ」を一側面として持つ)女三宮が上位待遇されているとも解釈できる。

以上、用例の多寡に違いはあるものの、自発用法・意図成就用法・可能用法の場合は、動詞ラル形の場合も、見ユ・思ユの場合も、《行為者》項が上位待遇される例があることが確認された。自発・意図成就・可能の三用法において《行為者》項が上位待遇され得るという点では、古代語も現代語と変わりがないということになる。

六・五　自発用法・意図成就用法・可能用法の《対象》

六・三では受身用法の《被影響者》項が上位待遇の対象となる例を確認し、六・四では自発用法・意図成就用法・可能用法の《行為者》項が上位待遇の対象となる例を確認した。繰り返すが、この二つの場合は、現代語でも同様の現象が指摘できる。

しかし、古代語「出来文」における尊敬語の上位待遇の対象には、もう一つの場合もある。すなわち、「自発用法・意図成就用法・可能用法の《対象》項が上位待遇される場合」である。

まず、先行研究の蓄積がある思ユ（思ホユ）から先に検討する。次は自発用法の例である。

(16) a　「……。かう長かるまじきにては、【夕顔は】などさしも【私の】心にしみてあはれとおぼえたまひけん。……」（源氏―右近）（源氏　夕顔）

b　「……。その【姫君の】言ふかひなき御心のありさまの、あはれにゆかしうおぼえたまふも、契りことになむ、心ながら思ひ知られける。……」（源氏―少納言）（源氏　若紫）

c　「……。我は、心地もすこし例ならず心細き時は、【子供達】あまたの中にまづとり分きて、【あなたが】ゆかしくも頼もしくもこそおぼえたまへ。……」（致仕大臣北方―柏木）（源氏　若菜下）

d　「……。すべて、この少将の君【＝左近少将】ぞ、いと愛敬なくおぼえたまふ。……」（乳母―浮舟）（源氏　東屋）

右の諸例は、いずれも《行為者》が話者であることから、タマフが上位待遇しているのは、《対象》である夕顔、若紫（の心のありさま）、柏木、左近少将であると解釈せざるを得ない。このタイプの用例について、「受身文」であると解釈する議論もないではないが、本書では受身用法を、主語者が文に述べられている事態から影響を被っていることを表す点に注目して定義している（第二章）。右の諸例には、話者の源氏や致仕大臣北方（柏木の母）などが「思う」ことによって夕顔や柏木らが何らかの影響を被った、ということは表していない。むしろ、「《対象》たる人物が、（ある感情、評価などを伴って）心中に立ち現れる」という事態を表している。それゆえ、右の諸例は自発表現と解釈するのが妥当である。特に例（16）cの場合は、《行為者》「我」が格助詞なしで表示されている（諸本校異なし）。五・四・五の表三にまとめたように、出来文受身用法の《行為者》項は、述語の形式（動詞ラル形・見ユなど）によらずすべてニ表示される。「我」が述語「おぼえたまへ」にかかると見てよいか、検討の余地はあるが、受身用法と解釈する余地はないと考える。

この種の「思えたまふ」は古典解釈の場で議論の対象となってきた。早くに本居宣長『源氏物語玉の小櫛』六の巻に例（16）aに関する指摘がある（今泉 1955）。

> これはみづからのことなれば、給ひといふ言、いかゞなるごとく聞ゆれども、然らず、すべておぼえは、思はれといふことにて、其中に、人に思はるゝ意あるなり、こゝもそれにて、夕顔の、我にあはれと思はれ給ひけんといふ意なる故に、給ひは、夕顔へかゝれり、（大野晋編 1969: 382）

その後も、中村法（1940）、今泉忠義（1955）、石川徹（1956）、松尾聡（1952, 1959）などで、《対象》項が上位待遇される場合があることが確認されている。意味については、今泉（1955）が「受身」であるとする一方、松尾（1959）は「自発」「受身」の両方の可能性を認めつつ、「自発」の例が多いと了解しているようである。

次は意図成就用法・可能用法の例である。次の三例が挙げられる。

（17）a　……、年老いたる尼君たちなど、まださらにかかる人【＝源氏】の御ありさまを見ざりつれば、「この世のものともおぼえたまはず」と聞こえあへり。（源氏　若紫）

b　「なほしるべせよ。我はすきずきしき心などなき人ぞ。かくておはしますらむ【姫君達の】御ありさまの、あやしく、げになべてにおぼえたまはぬなり」（薫―宿直人）（源氏　橋姫）

c　……、【明石女御】いとなまめかしくきよらにて、例よりもいたくしづまり、もの思したるさまに見えたまふ。【明石上】わが子ともおぼえたまはずかたじけなきに、「……」とおぼゆ。（源氏　若菜上）

《行為者》が話者（尼君・薫）や思惟の主体（明石上）であることから、上位待遇されているのは《対象》の源氏、大君・中君（の様子）、明石女御と読まざるを得ない。松尾（1959）はこれらの例も自発用法と了解しているようであるが、いずれも否定文であって、〈意図不成就〉（または〈不可能〉）の意味を読み取るのが妥当である。

次に、見ユの例を挙げる。例（18）は自発用法の例である。知覚対象の夕霧・玉鬘が上位待遇の対象となっている。

(18)a　若君【＝夕霧】のいとゆゆしきまで見えたまふ御ありさまを、今からいとさまことにもてかしづききこえたまふさまおろかならず、……（源氏　葵）

b　女君【＝玉鬘】も、……【源氏の態度に】、思ひのほかにもありける世かな、と嘆かしきに、いと気色もあしければ、人々、御心地悩ましげに見えたまふ、ともてなやみきこゆ。（源氏　胡蝶）

五・三・三では、「ヒトが視点者の眼前に出現する。現れる」という意味の見ユも自発用法の中に含めた（例(10)）。この用法に相当する「見えたまふ」も、《対象》項たる人物が上位待遇の対象となる。例(10)a「(薫)見えたまふ」（源氏　竹河）・(10)c「(源氏)見えたまはず」（源氏　葵）・(10)e「見えたまへ」（源氏　少女）がその例に当たるが、さらに用例を追加する。幻影として現れた故桐壺院や、夢に現れた故八宮が上位待遇の対象となっている。夢などに出現した人物が上位待遇される例は多い。

(19)a　【源氏、桐壺院の御陵に参拝】帰り出でん方もなき心地して、拝みたまふに、ありし御面影さやかに見えたまへる、そぞろ寒きほどなり。（源氏　須磨）

b　「故宮の夢に見えたまへる、いともの思したる気色にて、このわたりにこそほのめきたまひつれ」（中君―大君）（源氏　総角）

このタイプの「見えたまふ」は、「お見えになる」と訳されるので、古代語と現代語との間の差異に気づきにくいが、現代語の「お見えになる」の「見える」は「先生がお見えになる」を「先生が見える」と置き換え可能なように、すでに敬語動詞としての意味が定着しつつある。しかし、古代語の「ヒトの出現」を表す見ユは、そのような尊敬語としての意味は定着していないことに注意すべきである。

次は意図成就用法・可能用法の例である。自発用法と紛らわしいものしかないが、次のようなものが挙げられよう。

（20）a　……、海見やらるる廊に【源氏】出でたまひて、たたずみたまふさまの、ゆゆしうきよらなること、所がらはましてこの世のものと見えたまはず。（源氏　須磨）

b　鶯の若やかに、近き紅梅の末にうち鳴きたるを、……、【源氏】御簾おし上げてながめたまへるさま、ゆめにもかかる人の親にて重き位と見えたまはず、若うなまめかしき御さまなり。（源氏　若菜上）

自発用法、ならびに意図成就用法・可能用法の「見えたまふ」は、六・四の例（14）の諸例（「夢見騒がしく見えさせたまひつれば」（源氏　浮舟）など）や例（15）の諸例（「宮は目も見えたまはず」（源氏　葵）など）の諸例以外、全て《対象》を上位待遇していると見てよい。

聞コユのタマフ等下接例は、謙譲語としての用例を除けば、自発用法と解釈できる次の例のみである。《対象》である八宮が上位に待遇されている。ただしこの例は、「噂、評判が世間一般に流布する」という事態を表しており、あるいは受身用法に入れるべきかもしれない。

（21）　この君【＝薫】のかく【八宮を】尊がりきこえたまへれば、冷泉院よりも常に御消息などありて、年ごろ音にもをさをさ聞こえたまはず、いみじくさびしげなりし御住み処に、やうやう人目見る時々あり。

（源氏　橋姫）

従来指摘がないが、動詞ラル形述語文にも、自発用法・可能用法の《対象》項が上位待遇される例がある。まず、自発用法での例を挙げる。管見では例（22）・（23）の二例のみであるが、明らかに《対象》を上位待遇している。

（22）「……。親王【＝八宮】の御ありさまは、よその人【＝私】だにあはれに恋しくこそ思ひ出でられたまへ。……」（薫―浮舟）（源氏　東屋）

文脈からは、薫が自分の行為「思ひ出づ」を自発表現していると読むのが適当である。上位待遇されているのは《対象》たる「親王（八宮）」である。なお、この例では《行為者》項「よその人」が格助詞なしで表示されている（諸本校異なし）。先に例（16）cについて述べたように、受身用法の《行為者》項は必ず格助詞ニを伴うと言えるので、この例を受身用法として解釈する余地はないと言える。

（23）「……。何ばかりあらはなるゆゑゆゑしさも見えたまはぬ人【＝秋好中宮】の、奥ゆかしく心づかひせられたまふぞかし。……」（源氏―紫上）（源氏　野分）

「心遣ひす」の《行為者》は話者である源氏で、タマフによる上位待遇の対象は《対象》である秋好中宮と読むしかない。

次は可能用法の例である。他の用法の例として解釈する余地もあるが、次の例(24)・(25)の二例が該当すると思われる。

(24)「……。故姫君【=大君】のおはせずなりにし後、忘るる世なくいみじく、身も恨めしく、たぐひなき心地して過ぐすに、いとよく思ひよそへられたまふ【あなたの】御さまを見れば、慰む心地してあはれになむ。……」(中君―浮舟)(源氏　東屋)

「浮舟が故大君に思いよそえられる」という受身の例とも取れるかもしれないが、浮舟が何か影響を被っているという読みは難しい。「いとよく」という修飾を伴っていることから「(中君にとって)浮舟は故大君にたいそうよく(希望通りに)思いよそえることができる(、そういう属性をもっている)」という〈可能〉を表す例と読むのが妥当と考える。

(25)「来し方のつらさはなほ残りある心地して、よろづに思ひ慰めつるを、【私を拒否した】今宵なむまことに恥づかしく、身も投げつべき心地する。【八宮が】棄てがたく落しおきたてまつりたまへりけん心苦しさを思ひきこゆる方こそ、また、ひたぶるに、身をもえ思ひ棄つまじけれ。かけかけしき筋は、いづ方にも思ひきこえじ。うきもつらきも、かたがたに忘られたまふまじくなん。……」(薫―弁)(源氏

総角)

薫が大君に関する恨み言を述べているくだり。《行為者》を大君として、「私がつらく思ったことも恨めしく思ったことも、それぞれ、お忘れになることはできないでしょう」という不可能表現と捉える解釈もあり得る。しかし、《行為者》を薫であると見る解釈も可能で、その場合は「(大君をめぐる)辛いことも恨めしいことも、それぞれに私は忘れることができないでしょう」という意味になる(例えば岩波書店「新日本古典文学大系」の脚注)。後者の解釈の方が、前文からのつながりがよさそうである。

六・六　現代語との相違

以上、古代語出来文述語に尊敬語補助動詞タマフ等が下接した場合の上位待遇の対象について、『源氏物語』を資料として調査した。

ラル形述語、見ユ、思ユについては、受身用法の《被影響者》、自発用法の《行為者》・《対象》、意図成就用法・可能用法の《行為者》・《対象》について、それぞれ少なくとも二例以上の上位待遇例が認められた。聞コユは、「出来動詞としての用法」の場合にタマフ等の下接例が一例しかないが、その一例は、自発用法の《対象》項を上位待遇する例である。

したがって、古代語出来文の文法的尊敬語形式による上位待遇の対象は、『源氏物語』からうかがう限り、次のようにまとめられる。

受身用法の場合……《被影響者》のみ
自発用法・可能用法・意図成就用法の場合……《行為者》《対象》

さて、上位待遇の対象として右に挙がった名詞項は、ラル形述語文の場合、いずれも三・六・二で「主語」または「主語」たり得る名詞項として規定したものである。すなわち、受身用法の《被影響者》項はガ・ノ表示され得ることを以て主語であり、自発・意図成就・可能の三用法の《対象》項は、ヲで表示される場合もあるが、少なくともガ・ノ表示される場合は「主語」であると考えた。自発・意図成就・可能の三用法の《行為者》項は、φ表示の例しかないが、「事態認識の中核ないし基盤」としての性格を共有することをもって「主語」と認めた。見ユ・思ユを述語とする文については、五・四において各用法の格表示例を調査し、ラル形述語文とほぼ同様の格体制をもつと考えてよいことを確認した。そこで、見ユ・思ユを述語とする文についても、ラル形述語文受身用法の《被影響者》項、自発用法・可能用法・意図成就用法の《対象》項・《行為者》項を「主語」あるいは「主語」たり得る名詞項と了解してよいと考える(6)。

以上、古代語出来文において上位待遇の対象となるものは「主語または主語たり得る名詞項」であると一般化できる。

さて、古代語出来文において上位待遇され得る名詞項の種類は、六・二でまとめた現代語出来文における上位待遇の対象と、ある一点で大きく異なる。現代語出来文では、自発用法・意図成就用法・可能用法の《対象》項(「山田先生が思い出される」など)は、ガ格名詞である(すなわち、本書の立場では主語である)けれども、上位待遇の対象にはならない。しかし、古代語では上位待遇の対象となり得るのである。

表四　上位待遇され得る名詞項に関する古代語出来文と現代語出来文の対照

用法	名詞項	現代語	古代語
受身用法	《行為者》	×	×
	《被影響者》	○	○
自発用法・意図成就用法・可能用法	《行為者》	○	○
	《対象》	×	○

現代語では、主語あるいは主語たり得る項であるからといって、必ずしも文法的尊敬語の待遇対象となるわけではない。しかし古代語では、主語項と認められるものにはすべて上位待遇される例がある。この点は現代語との対照において注目される。

なお、以上の検討をめぐって二点補足しておく。

第一に、自発・意図成就・可能の三用法の《対象》項が上位待遇の対象になるのは、『源氏物語』だけに見られる現象ではない。少なくとも、見ユ・思ユの自発用法については、他作品でも《対象》項を上位待遇する例が見つかる。

(26) a　御あかしの、常燈にはあらで、うちに、また人のたてまつれるが、おそろしきまで燃えたるに、仏の

きらきらと見え給へるは、いみじうたふときに、……(枕　120段)

b　「……、心地よげに見え給ひし北の方も、思ひまつはれてなんおはすめる」(少納言―人々)(落窪　二)

(27) a　位こそ猶めでたき物はあれ。おなじ人ながら、大夫の君、侍従の君など聞ゆるをりは、いとあなづりやすきものを、中納言・大納言・大臣などになり給ひては、むげにせくかたもなく、やむごとなうおぼえ給ふことのこよなさよ。(枕　186段)

b　「……。度々の御文、見つとだにの給はざりにし、便なきことと見て、聞えでもあらばやと思ひしかども、聞えそめ奉りてのちは、いとあはれにおぼえ給ひしかば、かくにくまれたてまつるべき宿世のあるなりけりとおもう給へらるれば、うきもしらずのみなん」(少将―落窪)(落窪　二)(中村(1940)に指摘されている)。

第二に、「古代語では自発・意図成就・可能の三用法の《対象》項が上位待遇の対象になる」という一般化は、主として見ユ・思ユに《対象》項の上位待遇例が存在することに基づいている。ラル形述語に関して言えば、自発用法・可能用法の《対象》項が上位待遇される例は計四例で(例(22)〜(25))、かつ源氏以外に見られず、ラル形述語文のみを検討対象とする限り、右のような一般化は困難である。表四にまとめた事実指摘は、見ユや思ユの例を参照してはじめて可能になる。

残された問題は数多い。例えば、自発・意図成就・可能の各用法の《対象》項が、古代語では上位待遇され、現代語では上位待遇されないことについては、何らかの説明が要請されるところである。また、六・三から六・

五にかけての議論で逐次指摘したように、各形式の取り得るそれぞれの名詞項がみな同じように上位待遇を受けているわけではない。例えば、動詞ラル形自発・意図成就・可能用法の《対象》項の上位待遇例は計四例に留まるし、見ユの自発・意図成就・可能用法の《行為者》項の上位待遇例は認めたとしても計七例である。これら用例が僅少な場合について、各形式の個別問題として位置付けるべきか、あるいは、出来文全体にとって本質的問題を示唆しているのか、などについてさらに検討が必要である。しかし、これらはすべて今後の課題とせざるを得ない。

六・七　主語認定の問題との関係について

六・六で指摘したこと、すなわち、見ユ、思ユ、ラル形述語の自発用法・意図成就用法・可能用法に、《対象》項の上位待遇例が存在するという事実は、冒頭に述べたように、「出来文の主語」をめぐる議論に一つの検討材料を提示したことになる。本書の直接の課題とする事項ではないし、また、詳細な議論は別稿に譲らざるを得ないが、六・六の結論の持つ文法論上の意味について、ごく大まかに補っておきたい。

周知のとおり、日本語文法において「主語」という範疇を設定するとすれば、それはどのように定義され、どの範囲の名詞項を含むのか、という問題については未だに論議が絶えない。その大きな論題の中の一角として、「自発文」や「可能文」などの《対象》項を「主語」と認めるか否か、という問題がある。伝統的な了解では、日本語の主語はガ（古代語ではガ・ノ）で表示され得る名詞ということになる。しかし、例えば「窓の向こうに富士山が見える」「山田先生（のこと）が思い出される」「今なら山田先生が呼べる」など、自発文・可能文の《対象》ガ格名詞を「主語」から除く、という立場が、現在では比較的有力と思われる（例えば村木新次郎（1991）

など）。この立場は、時枝誠記（1941）の「対象語」説に遡り得ると思われるが、学史の詳細な検討は一切割愛する。

特に、原田信一（1973）・柴谷方良（1978）をはじめとして、主語をいくつかの構文的（統語的）現象に関わる名詞句として特徴付けようとする議論の流れがある。そこでは、例えば「私は山田先生が一番好きだ」（柴谷（1978: 179）、例（5）イによる）「あの人は女房子供があるんだよ」（同 p. 189、例（26）イによる）などのガ格名詞は、例えば「山田先生が本を読んでいる」などのガ格名詞ならば満たすいくつかの構文的特徴を持たず、したがって「主語」ではない、と主張されている。この種の議論で「主語」を特徴付ける構文的現象として認められてきたものの一つが、本書で取り上げた「述語の尊敬語によって上位に待遇される」というものなのである。

原田氏・柴谷氏等の主張に従えば、出来文自発・可能・意図成就用法の《対象》項は、現代語においては、尊敬語による上位待遇の対象にならないから、「主語」ではない、ということになる。例えば森山卓郎（1988: 128）は、現代語自発文の《対象》ガ格名詞が尊敬語による上位待遇を受けないことを理由（の一つ）として、当該名詞項は主語らしさに欠けているとする。

しかし、本章の整理では、古代語の自発・意図成就・可能の各用法の見ユ・思ユには《対象》項を上位待遇している例が存在し、僅少ながら動詞ラル形にも同様の例がある。このことから、少なくとも古代語出来文の自発・意図成就・可能の各用法における《対象》項には、原田（1973）・柴谷（1978）等の主張に従ったとしても、「主語らしさ」を認める根拠が一つは存在することになる。例えば、ロング・エリク（1995）は例（16）bの思ユの《対象》項について、柴谷（1978）を引きつつ、タマフの上位待遇の対象になることを根拠（の一つ）として「主語」であると認定する議論を展開している。また、尾上圭介（1998b, 1999, 2000, 2003）は「出来文」における自発・

意図成就・可能の各用法の《対象》が格項は主語である、と主張しており、本書の主語認定もこの了解に従っている。本章で指摘した事実は、尾上氏および本書の主張の傍証となりそうである。

本章の考察結果は、出来文における「主語」をめぐる議論、特に自発用法等の《対象》項の位置付けをめぐる議論において、どのような立場に立つにせよ、無視しがたいものと考える。またさらには、日本語における「主語」規定をめぐる議論、特に、「尊敬語の上位待遇の対象になる」などの現象と「主語」規定との関係如何についての考察を、多少なりとも深める契機となりそうである。

注

1　本章は、川村（2009b）の構成を改め、大幅に加筆したものである。

2　上代においては「動詞＋ユ・ラユ、ル」形（ラルの仮名書例は存在しない）がさらに尊敬語補助動詞（マス・イマス等）を伴う例が確認できない。

3　可能形式と（文法的）尊敬語形式を組み合わせる場合、通常は「お〜になる」を可能形式化して「お〜になれる」とする（「お思い出しになれる」等）のが普通であろう。しかし、ここでは、古代語における諸形式の承接順位（動詞＋ル・ラル＋タマフ等）に合わせて、「お〔動詞の可能形式〕になる」の形で検討する。

4　なお、筆者の内省では、見エルに限っては、「山田先生はお年より若くお見えになる」のように自発用法の場合でも《対象》を上位待遇し得る。次のような小説の例もある。

i　或日僕は祖母と姉とがこんな話をしてゐるのを聴いた。
「薫さんは今、お幾つかね」

「さうね、割に老けてお見えになるけれど、お三十四かしら、五かしら」

「未だお若いんだね」

（志賀直哉「冬の往来」岩波書店『志賀直哉全集　三』（1955））


ii 「さう申せば、B—侯爵も今日は皆様でお見えのやうでございますね。」

「お流儀の出しものがありますと、どんな会へでも、よくねえ。」

「よつぽど熱心でゐらつしやるとお見えになります。」

（野上弥生子「真知子」六　岩波書店『野上弥生子全集　七』）


しかし、右の例が適格かどうかについては人により見解が相違するようである。なお検討したい。

5 なお、古代語では、御覧ズ・聞コシ召ス等、語彙的な尊敬語動詞にル・ラルが下接して〈受身〉〈自発〉〈可能〉などを表す場合があり（森昇一（1971, 1984）、森野宗明（1964, 1971）など）、この場合上位待遇されるのは常に《行為者》である。受身の例だけ挙げる。

i 【源氏の乳母の】子どもは、【乳母の言動を】いと見苦しと思ひて、背きぬる世の去りがたきやうに、みづからひそみ御覧ぜられたまふと、つきしろひ、目くはす。（源氏　夕顔）

右の例の場合、御覧ズは《行為者》の源氏に対する尊敬語、補助動詞タマフは《被影響者》の乳母に対する尊敬語である。

本章の現象整理は飽くまでも述語が「動詞ラル形・見ユ等＋尊敬語補助動詞」の場合に関するものであり、右の例文のような用例は、議論の対象ではない。

6 ただし、五・四の調査範囲では、ラル形述語文には存在する格表示例で見ユ・思ユには見出せないものがいくつかある。五・四・五の表三にまとめたように、見ユの受身用法《被影響者》項にはノ表示の例が見出せない（ガ表示の例はある）。思ユの受身用法《被影響者》項はφ表示のみでガ・ノ表示例を見出せない。また、思ユの意図成就・可能用法の《対象》項にはガ表示の例を見出せない（ノ表示の例はある）。しかし、このことは、少なくとも右の各名詞項を「主語」または「主語」たり得る名詞項と了解することと矛盾するものではない。

調査資料

古事記…高木市之助ほか編『古事記総索引』平凡社（散文の引用は新日本古典文学全集（小学館）、歌謡の引用は土橋寛『古代歌謡全注釈　古事記編』（角川書店））

日本書紀（訓注・歌謡）…大野晋『上代仮名遣の研究』岩波書店（歌謡の引用は土橋寛『古代歌謡全注釈　日本書紀編』（角川書店））

風土記…植垣節也『風土記の研究並びに漢字索引』風間書房

歌経標式…沖森卓也ほか『歌経標式　影印と注釈』おうふう

万葉集…古典索引刊行会編『萬葉集ＣＤ－ＲＯＭ版』塙書房

正倉院仮名文書…竹内理三編『寧楽遺文』東京堂出版

続紀宣命…北川和秀編『続日本紀宣命　校本・総索引』吉川弘文館

祝詞…沖森卓也編『東京国立博物館蔵本　延喜式祝詞総索引』汲古書院

三代集…新日本古典文学大系（岩波書店）

蜻蛉日記…佐伯梅友・伊牟田経久『改訂新版　かげろふ日記総索引』風間書房

源氏物語…日本古典文学全集（小学館）

和泉式部日記…東節夫ほか編『和泉式部日記総索引』武蔵野書院

続紀歌謡・仏足石歌・神楽歌・催馬楽・東遊歌・風俗歌・琴歌譜・土佐日記・竹取物語・伊勢物語・大和物語・平中物語・落窪物語・枕草子・紫式部日記…日本古典文学大系（岩波書店）

文献

★…本書の中で直接に言及した研究文献

青木博史(1995)「中世室町期における四段動詞の下二段派生」『語文研究』七九(再録…青木2010)

青木博史(1996)「可能動詞の成立について」『語文研究』八一(再録…「可能動詞の成立」青木2010)

青木博史(2001)「四段対下二段の対応関係について」『京都府立大学学術報告(人文・社会)』五三(再録…青木2010)

青木博史(2004)「複合動詞「〜キル」の展開」『国語国文』七三巻九号(再録…「「〜キル」の展開」青木2010)

青木博史(2010)『語形成から見た日本語文法史』ひつじ書房

★朝山信彌(1942–43)「国語の受動文について(一)–(三)」『国語国文』一二巻一一、一二号、一三巻六号(再録…『朝山信彌国語学論集』和泉書院1992)

★安達太郎(1995)「思ワレルと思エル——自発か可能か——」宮島・仁田編(1995)

★天野みどり(2001a)「文の成立に関する言語直観——無生物主語の「に」受動文を例に——」『表現学部紀要』(和光大)一

★天野みどり(2001b)「無生物主語のニ受動文——意味的関係の想定が必要な文——」『国語学』五二巻二号

天野みどり(2002)『文の理解と意味の創造』笠間書院

新川尚子(1971)「現代日本語のうけみ——そのアウトライン——」『日本文学研究』(大東文化大)一〇

池上嘉彦(1981)『「する」と「なる」の言語学——言語と文化のタイポロジーへの試論——』大修館書店

池上嘉彦(1993)「〈有情の被動者としての人間〉の文法」『Sophia Linguistica』三三

池田亀鑑編著(1953–56)『源氏物語大成』中央公論社

★石川徹(1956)「平安文学語意考証(その三)——おぼゆ・なつかし・くやし・ねたし・くちをし——」『平安文学研究』一九

★石田瑞麿(1968)「静照の「極楽遊意」」『仏教文学研究』六

★井島正博(1988)「受身文の多層的分析」『防衛大学校紀要』五七
★井島正博(1991)「可能文の多層的分析」仁田編(1991)
泉井久之助(1939a)「言語」竹内富子編『哲学教養講座第六巻　文化』三笠書房(再録…『言語学論攷』敞文堂 1944)
泉井久之助(1939b)「格と時称の発達」『言語の構造』弘文堂書房(復刻…ゆまに書房 1998)
泉井久之助(1944)「格と時称との一つの場合」『言語学論攷』敞文堂
泉井久之助(1967)「格と時称の発達」『言語の構造』紀伊国屋書店(泉井(1939b)の増補版)
★井手至(1981)「助動詞として追加すべき上代語「みゆ」について」『人文研究』(大阪市立大)三三巻第一分冊(再録…「上代語「みゆ」の助動詞的性格」『遊文録　国語史篇一』和泉書院 1995)
★乾とね(1991)「潜在的比較の表す可能の意義について——無意志主体可能動詞の可能の意義——」『上智大学国文学論集』二四
★犬塚旦(1955)「「見ゆ」の用法について」『平安文学研究』一七
井上和子(1972)「変形文法と日本語　その4・5」『英語教育』二〇巻一一、一二号
★井上和子(1976)『変形文法と日本語上・統語構造を中心に』大修館書店
井上和子(1976-77)「日本語に「変形」は必要か」『月刊言語』五巻一一、一二号、六巻一~四、六、八、九号
井上和子(1977)「日本語と「変形」　神尾・原田両氏に答える」『月刊言語』六巻一三号
井上和子(1978)『日英対照　日本語の文法規則』大修館書店
★井上知子(1996)「日本語の受け身文について」『英語文化研究』(独協大)一二
★今井新悟(2010)「間接受身再考」『日本語教育』一四六
今泉忠義(1931)「助動詞る・らるの意義分化」『国学院雑誌』三七巻三号
★今泉忠義(1955)「源氏物語の敬語法一つ——「おぼえ給ふ」——」『国学院雑誌』五五巻四号

★岩淵匡（1972）「受身・可能・自発・使役・尊敬の助動詞」鈴木一彦・林巨樹編『品詞別日本文法講座8　助動詞Ⅱ』明治書院

★岩淵匡（1973）「「（ら）れる」・「（さ）せる」の意味の関係について」『講座日本語教育』第九分冊（早稲田大）

★大浦誠士（2008）『万葉集の様式と表現　伝達可能な造形としての〈心〉』笠間書院

大鹿薫久（1986–87）「使役と受動（一）（二）」『山辺道』三〇、三一

★大槻文彦（1889）「語法指南（日本文典摘録）」『日本辞書言海 第一冊』大槻文彦（復刻…飛田良文ほか編「明治期国語辞書大系」［普五］大空社 1998。単行本…『語法指南』小林新兵衛 1890。同復刻…北原保雄・古田東朔編「日本語文法研究書大成」勉誠社 1996）

★大槻文彦（1897）『広日本文典』大槻文彦刊（復刻…福島邦道解説『広日本文典・同別記』勉誠社 1980）

★大坪併治（1981）『平安時代における訓点語の文法』風間書房

大坪併治（1993）「漢文訓読文で「見」をル・ラルと読む場合の一考察（上）（下）」『国語国文』六二巻四、五号（再録…『国語史論集　下』風間書房 1998）

★大野晋（1967）「日本人の思考と日本語」『文学』三五巻一二号（再録…『文法と語彙』岩波書店 1987）

大野晋（1977）「日本語の助動詞と助詞」大野・柴田編（1977）

大野晋（1978）「判断の様式」『日本語の文法を考える』岩波新書

★大野晋編（1969）『本居宣長全集　第四巻』筑摩書房

大野晋・柴田武編（1977）『岩波講座日本語7　文法Ⅱ』岩波書店

★大場美穂子（未公刊）「ラレル形の多義性の構造に関する研究史」尾上編（近刊）

岡沢成俊（未公刊）「受身文における「影響」の意味——有情者主語でも「影響」の意味を感じにくい受身文を中心に——」尾上編（近刊）

★岡田正美(1900)『日本文法文章法大要』吉川半七（復刻…北原保雄・古田東朔編「日本語文法研究書大成」勉誠社 2001）

★岡部嘉幸（未公刊）「いわゆる「非情の受身」の諸類型」尾上編（近刊）

小木曽智信（未公刊）「自発・可能・意図成就用法の歴史的展開」尾上編（近刊）

★奥田靖雄(1986)「現実・可能・必然（上）」言語学研究会編『ことばの科学1』むぎ書房

奥津敬一郎(1982)「ラジオ・テレビニュースの受身文——視点の立場から——」井上和子（代表）『日本語談話構造の研究』（昭和五六年度放送文化基金研究中間報告）

★奥津敬一郎(1983a)「何故受身か？——〈視点〉からのケース・スタディ——」『国語学』一三二

奥津敬一郎(1983b)「不可分離所有と所有者移動——視点の立場から——」『都大論究』二〇（再録…『拾遺　日本文法論』ひつじ書房 1996）

★奥津敬一郎(1985)「日本語と英語の受身文——『坊ちゃん』の分析——」『日本語学』四巻七号（再録…『拾遺　日本文法論』ひつじ書房 1996）

★奥津敬一郎(1988)「続・何故受身か？——『万葉集』の場合——」『国文目白』二八

★奥津敬一郎(1992)「日本語の受身と視点」『日本語学』一一巻九号

★小田勝(2003)「古典文における使役文・受身文の格表示——『今昔物語集』を例として——」『岐阜聖徳学園大学紀要　外国語学部編』四二（改稿…「古典文における使役文・受身文の格表示」（第六章）『古代語構文の研究』おうふう 2006）

小田勝(2010)『古典文法詳説』おうふう

★尾上圭介(1996)「ラレル文の認知文法的把握」第五回ＣＬＣ言語学集中講義（発表資料は尾上（近刊）に収録予定）

尾上圭介(1997–98)「文法を考える1～4　主語（1）～（4）」『日本語学』一六巻一一、一二号、一七巻一、三号

★尾上圭介(1998a)「文法を考える5　出来文（1）」『日本語学』一七巻七号

★尾上圭介(1998b)「文法を考える6　出来文（2）」『日本語学』一七巻一〇号

★尾上圭介(1999)「文法を考える7　出来文(3)」『日本語学』一八巻一号

★尾上圭介(2000)「ラレル文の多義性の構造と主語」文法学研究会第二回集中講義(発表資料は尾上(近刊)に収録予定)

尾上圭介(2002)「話者になにかが浮かぶ文――喚体・設想・情意文・出来文(コトの出来する場としての自己〈2〉)」『月刊言語』三一巻一二号

★尾上圭介(2003)「ラレル文の多義性と主語」『月刊言語』三二巻四号

★尾上圭介(2004)「主語と述語をめぐる文法」尾上圭介編『朝倉日本語講座6　文法Ⅱ』朝倉書店

尾上圭介(近刊)『文法と意味Ⅱ』くろしお出版

尾上圭介編(近刊)『ラレル文の研究』くろしお出版

尾上圭介・木村英樹・西村義樹(1998)「二重主語とその周辺――日中英対照」『月刊言語』二七巻一一号

影山太郎(1989)「動詞と態」『月刊言語』一八巻九号

影山太郎(2006)「日本語受身文の統語構造――モジュール形態論からのアプローチ――」影山太郎編『レキシコンフォーラム No.2』ひつじ書房

★加藤昌彦(2000)「宇都宮方言におけるいわゆる自発を表す形式の意味的および形態統語的特徴」『国立民族学博物館研究報告』二五巻一号

★加藤雅子(1977)「日本語受身動詞に見られる日英語の接点」『英米文学論集:日本女子大学大学院文学研究科英文学専攻修士課程創設十周年記念』日本女子大学文学部英文学科

金子尚一(1980)「可能表現の形式と意味(1)――〝ちからの可能〟と〝認識の可能〟について――」『共立女子短期大学(文科)紀要』二三

金子尚一(1981)「能力可能と認識可能をめぐって――非情物主語ということ――」『教育国語』六五

かねこひさかず(1986)「日本語の可能表現〈現代語〉――標準語のばあい――」『国文学解釈と鑑賞』五一巻一号

★辛島美絵(1991)「古文書における「る・らる(被)」の特色」『語文研究』七一

★辛島美絵(1993)「「る・らる」の尊敬用法の発生と展開——古文書他の用例から——」『国語学』一七二

★辛島美絵(2003)「「る・らる」の尊敬用法について」『仮名文書の国語学的研究』清文堂(辛島(1991,1993)をもとに再構成)

★川端善明(1978)「形容詞文・動詞文概念と文法範疇——述語の構造について——」阪倉篤義監修『論集日本文学・日本語5 現代』角川書店

★川端善明(1979)『活用の研究 II』大修館書店(増補再版…清文堂1997)

★川村大(1993)「ラル形式の機能と用法」松村明先生喜寿記念会編『国語研究』明治書院

★川村大(2003)「受身文の研究史から——「被影響」の有無をめぐる議論について」『月刊言語』三二巻四号

★川村大(2004)「受身・自発・可能・尊敬——動詞ラレル形の世界——」尾上圭介編『朝倉日本語講座6 文法II』朝倉書店

★川村大(2005)「ラレル形述語文をめぐって——古代語の観点から——」『日本語文法』五巻二号

★川村大(2008a)「受身文をめぐる学説史——受身の「意味」を問う観点から——」言語学会夏期講座における配布資料

★川村大(2008b)「「見ゆ」「聞こゆ」「思ほゆ・思ゆ」の格体制——動詞ラレル形との対照の観点から——」『東京外国語大学論集』七七

★川村大(2009a)「古代日本語における受身表現」『語学研究所論集』(東京外国語大)一四

★川村大(2009b)「古代語出来文における尊敬語の待遇対象——出来文の「主語」とは何かを考えるために——」紫式部学会編『源氏物語の言語表現 研究と資料——古代文学論叢第十八輯——』武蔵野書院

★川村大(2011)「受身文研究の二つの立場——研究史の構造的理解のために——」『国語と国文学』八八巻九号

木枝増一(1937)『高等国文法新講 品詞篇』東洋図書

★菊地信夫(1940)「上代国語動詞の相に就て」『文化』(東北帝国大)七巻一〇号

北澤尚(1987)「無生名詞を主語とする受身文——日本史教科書を資料として——」『東横国文学』一九

木下美(1980)「紫式部日記における「る」「らる」について」『国語研究』(九州大谷短大)八

★木下正俊(1960)「受身と敬語」『島田教授古稀記念国文学論集』関西大学国文学会(再録…『万葉集語法の研究』塙書房 1972)

久曽神昇編(1989)『古今和歌集綜覧 改訂版』書芸文化新社

★教科研東京国語部会・言語教育研究サークル(坂本英子・鈴木重幸・鈴木康之・髙木一彦・宮島達夫)(1963)『文法教育 その内容と方法』麦書房

★清海節子(2001)「被害受身文が表す「受益」の意味」『駿河台大学論叢』二二

★金水敏(1990)「述語の意味層と叙述の立場」『女子大文学 国文篇』四一

★金水敏(1991)「受動文の歴史についての一考察」『国語学』一六四

★金水敏(1992a)「場面と視点――受身文を中心に――」『日本語学』一一巻九号

★金水敏(1992b)「欧文翻訳と受動文――江戸時代を中心に――」『文化言語学――その提言と建設――』三省堂

★金水敏(1993)「受動文の固有・非固有性について」近代語学会編『近代語研究 第九集』武蔵野書院

★金田一春彦(1957)「態、相、および法」『日本文法講座1 総論』明治書院(再録…「日本語動詞の変化――時・態・相および法」『金田一春彦著作集第三巻』玉川大学出版部 2004)

★釘貫亨(1990)「上代語動詞における自他対応形式の史的展開」佐藤喜代治編『国語論究2』明治書院(再録…「奈良時代語動詞における自他対応形式の史的展開」釘貫 1996)

★釘貫亨(1991)「助動詞「る・らる」「す・さす」成立の歴史的条件について」『国語学』一六四(再録…「「る・らる」「す・さす」成立の歴史的条件」釘貫 1996)

釘貫亨(1996)『古代日本語の形態変化』和泉書院

★草野清民(1901)『草野氏日本文法 全』富山房(復刻…北原保雄・古田東朔編「日本語文法研究書大成」勉誠社 1995)

★工藤真由美(1990)「現代日本語の受動文」言語学研究会編『ことばの科学4』むぎ書房

★工藤力男（2001）「人麻呂歌集七夕歌読解法」『国語と国文学』七八巻一一号（再録…『萬葉集校注拾遺』笠間書院 2008）
★久野暲（1978）「視点」『談話の文法』大修館書店
★久野暲（1983）「中立受身文と被害受身文」『新日本文法研究』大修館書店
★久野暲（1986）「受身文の意味——黒田説の再批判——」『日本語学』五巻二号
★熊井浩子（2003）「日本語受動文の迷惑性について」『静岡大学留学生センター紀要』二
★熊井浩子（2005）「受身を用いた文のマイナスの意味について」『静岡大学留学生センター紀要』四
栗原由加（2004）「非情物主語のニ受動文における潜在的受影性について」『STUDIUM』（大阪外国語大）三一
★栗原由加（2005）「定位のための受身表現——非情物主語のニ受身文の一類型——」『日本語文法』五巻二号
★黒田成幸（1985）「受身についての久野説を解釈する——一つの反批判——」『日本語学』四巻一〇号（再録…『日本語からみた生成文法』岩波書店 2005）
小泉保ほか編（1989）『日本語基本動詞用法辞典』大修館書店
小路一光（1980）『萬葉集助動詞の研究』明治書院
★小杉商一（1979）「非情の受身について」『田辺博士古稀記念国語助詞助動詞論叢』桜楓社
小杉商一（2000）「「おぼえ給ふ」と「おぼさる」——源氏物語における——」『国学院雑誌』一〇一巻五号
古典索引刊行会編（2003）『萬葉集索引』塙書房
此島正年（1973a）「「る・らる」の尊敬用法」『今泉博士古稀記念国語学論叢』桜楓社
★此島正年（1973b）「受身の助動詞」『国語助動詞の研究　体系と歴史』桜楓社（1979 補正再版）
こまつひでお（1998）「寝ラえぬに・恋ふラく考　疑似四段活用未然形語尾ラの消長」『東京大学国語研究室創設百周年記念国語研究論集』汲古書院
★小松英雄（1999）『日本語はなぜ変化するか　母語としての日本語の歴史』笠間書院

★小柳智一（2011）「上代の動詞未然形――制度形成としての文法化――」萬葉語学文学研究会編『萬葉語文研究　第6集』和泉書院

小矢野哲夫（1979–81）「現代日本語可能表現の意味と用法（Ⅰ）～（Ⅲ）」『大阪外国語大学学報』四五・四八・五四

近藤明（1988）「接尾語カヌの下接語の時代的変化――助動詞ツとの関係の衰退――」『国語学』一五二

近藤明（1997）「企図・期待・予想の意の動詞のツ形と非現実性――「～カヌ」に「ツ」が下接することとの関連から――」『金沢大学語学・文学研究』二六

近藤明（1999）「下二段「～アフ」「～アヘズ」の意味展開」『金沢大学語学・文学研究』二七

佐伯梅友（1958）「解説」佐伯梅友校注『日本古典文学大系8　古今和歌集』岩波書店

佐伯梅友（1960）「古今集の解釈と文法上の問題点　Ⅰ四季の歌と恋の歌のほかで」『講座解釈と文法2　記紀歌謡・万葉集・古今集・新古今集』明治書院

佐伯梅友・伊牟田経久（1981）『改定新版　かげろふ日記総索引　本文篇』風間書房

佐伯哲夫（1987）「受動態動作主マーカー考」（上）（下）『日本語学』六巻一、二号（補訂の上再録…『現代語の展開』和泉書院1989）

坂梨隆三（1969）「いわゆる可能動詞の成立について」『国語と国文学』四六巻一一号（再録…「可能動詞の成立」坂梨2006）

坂梨隆三（1994）「可能動詞の発達」『Language Information Text（言語・情報・テクスト）』一（再録…坂梨2006）

坂梨隆三（1995a）「江戸後期の可能動詞」『国語と国文学』七二巻一号（再録…坂梨2006）

坂梨隆三（1995b）「いけねへ・いかねへ・いかれねへ」『築島裕博士古稀記念国語学論集』汲古書院（再録…坂梨2006）

坂梨隆三（2006）『近世語法研究』武蔵野書院

坂原茂（2003）「ヴォイス現象の概観」『月刊言語』三二巻四号

★佐久間鼎（1936）『現代日本語の表現と語法』（初版）厚生閣

★佐久間鼎（1951）『現代日本語の表現と語法』改訂版恒星閣（補正版…1966、同復刻…くろしお出版 1983）

★桜井光昭（1963）「今昔物語集の敬語ル・ラル」『学術研究――人文・社会・自然――』（早稲田大）一二（再録…「ル（ラル）」『今昔物語集の語法の研究』明治書院 1966）

桜井光昭（1991）「受身・使役・授受表現の歴史」辻村敏樹編『講座日本語と日本語教育10　日本語の歴史』明治書院

★迫田久美子・西村浩子（1991）「コミュニケーションを重視した受け身文の指導法の研究――教科書分析及び目標言語調査に基づいて――」『日本語教育』七三

佐々木冠（2007）「北海道方言における形態的逆使役の成立条件」角田三枝ほか編『他動性の通言語学的研究』くろしお出版

佐佐木信綱ほか編（1931–）『校本萬葉集』岩波書店

志波彩子（2005）「2つの受動――被動者主役化と脱他動化――」『日本語文法』五巻二号

★志波彩子（2006）「会話文テクストにおける受身文の行為者の現れ方について――構造的タイプとの関連で――」『東京外国語大学日本研究教育年報』一〇

★柴谷方良（1978）『日本語の分析』大修館書店

柴谷方良（1985）「主語プロトタイプ論」『日本語学』四巻一〇号

★柴谷方良（1997a）「「迷惑受身」の意味論」川端善明・仁田義雄編『日本語文法　体系と方法』ひつじ書房

柴谷方良（1997b）「言語の機能と構造と類型」『言語研究』一一二

★柴谷方良（2000）「ヴォイス」仁田義雄・益岡隆志編『日本語の文法1　文の骨格』岩波書店

★渋谷勝己（1986）「可能表現の発展・素描」『日本学報』五

渋谷勝己（1989）「自発のテイル形――山形市方言を例にして――」『吉沢典男教授追悼論文集』東京外国語大学音声学研究室

★渋谷勝己（1993）「日本語可能表現の諸相と発展」『大阪大学文学部紀要』三三巻第一分冊

渋谷勝己（1994）「可能文における格パタンの変遷」『阪大日本語研究』六
渋谷勝己（1995）「可能動詞とスルコトガデキル──可能の表現──」宮島・仁田編（1995）
渋谷勝己（2000）「副詞エの意味」国語語彙史研究会編『国語語彙史の研究十九』和泉書院
渋谷勝己（2005）「日本語可能形式にみる文法化の諸相」『日本語の研究』一巻三号
渋谷勝己（2006）「自発・可能」小林隆ほか『シリーズ方言学2　方言の文法』岩波書店
★島田昌彦解説（1977）『詞の通路（勉誠社文庫）上下』勉誠社
★清水慶子（1980）「非情の受身の一考察」『成蹊国文』一四
★新村出（1943）「文法的性の現象」（第二編第五章第二節）『言語学序説』星野書店
須賀一好・早津恵美子編著（1995）『動詞の自他』ひつじ書房
★菅泰雄（1980）「受身の構文と意味──その分類と「利害」の意味──」『国語国文研究』（北海道大）六三
菅井三実（1994）「日本語における直接受け身文と間接受け身文の統一的説明」『名古屋大学日本語・日本文化論集』二
★杉崎一雄（1979）「格助詞「に」による動作主尊敬表現」『田辺博士古稀記念国語助詞助動詞論叢』桜楓社（再録…『平安時代敬語法研究──「かしこまりの語法」とその周辺──』有精堂 1988）
★杉本和之（1988）「現代語における「自発」の位相」『日本語教育』六六
★杉本武（1999）「「雨に降られる」再考」『文芸言語研究 言語篇』三五巻
★杉本武（2000）「「に」受動文と受影性」矢澤真人編『東アジア言語文化の総合的研究』（筑波大学学内プロジェクト（A）研究報告書）
★鈴木重幸（1965）「現代日本語の動詞のテンス──言いきりの述語に使われたばあい──」国立国語研究所『ことばの研究2』秀英出版（再録…『文法と文法指導』麦書房 1972）
★鈴木重幸（1968）「日本語文法・形態論（4）──『にっぽんご　4の上』解説──」『教育国語』一五（再録…鈴木 1972）

★鈴木重幸（1972）『日本語文法・形態論』むぎ書房
★鈴木重幸（1980）「動詞の「たちば」をめぐって」『教育国語』六〇（修正・再録…『形態論・序説』むぎ書房 1996）
鈴木泰（1990）「自動詞と他動詞」山口明穂編『別冊国文学 No.38　古典文法必携』学燈社
鈴木康之（1977）『日本語文法の基礎』三省堂
砂川有里子（1984a）「「ニ」と「カラ」の使い分けと動詞の意味構造について」『日本語・日本文化』（大阪外国語大）一二
砂川有里子（1984b）「〈に受身文〉と〈によって受身文〉」『日本語学』三巻七号
尊田佐紀子（2003）「ニヨッテ受動文の成立——『西国立志編』を資料として——」『文献探求』四一
たかはしたろう（1977）「たちば（voice）のとらえかたについて」『教育国語』五一（再録…高橋 1994）
高橋太郎（1985）「現代日本語のヴォイスについて」『日本語学』四巻四号（再録…高橋 1994）
高橋太郎（1988）「動詞（その6）」『教育国語』九三（再録…『動詞九章』ひつじ書房 2003）
高橋太郎（1990）「テンス・アスペクト・ヴォイス」近藤達夫編『講座日本語と日本語教育 12　言語学要説（下）』明治書院（再録…高橋 1994）
★高橋太郎（1991）「寺村秀夫における可能と自発」『日本語学』一〇巻二号
高橋太郎（1994）『動詞の研究——動詞の動詞らしさの発展と消失——』むぎ書房
★高見健一（1995）『機能的構文論による日英語比較——受身文、後置文の分析——』くろしお出版
高見健一（2000）「被害受身文と「～にVしてもらう」構文——機能的構文論による分析——」『日本語学』一九巻五号
★高見健一・久野暲（2000）「日本語の被害受身文と非能格性【上】【中】【下】」『月刊言語』二九巻八～一〇号（再録…『日英語の自動詞構文』研究社　2002）
高見亮子（1996）「室町時代受身文の動作主マーカー」『国文』（お茶の水女子大）八五
竹内美智子（1977）「助動詞(1)」大野・柴田編（1977）

竹田晃子(1992)「岩手県盛岡市方言における「サル」の一考察」『群馬県立女子大学国文学研究』一二

竹田晃子(1998)「岩手県盛岡市方言におけるサル形式の意味的特徴」『国語学研究』三七

田中章夫(1958)「語法からみた現代東京語の特徴」『国語学』三四

★張威(1998)『結果可能表現の研究　日本語・中国語対照研究の立場から』くろしお出版

張麟声(1997)「受動文の分類について」『現代日本語研究』(大阪大)四

張麟声(1998)「現代日本語受動文の構文的タイプ」『現代日本語研究』(大阪大)五

丁意祥(1995)「いわゆる〈持ち主の受身〉について――非分離性関係の受身について――」『現代日本語研究』(大阪大)二

丁意祥(1996)「直接受身としての〈非分離性関係の受身〉」『日本学報』(大阪大)一五

丁意祥(1997a)「受け取り・取り外し動詞から形成される受身文について」『現代日本語研究』(大阪大)四

丁意祥(1997b)「間接受身に関する一考察」『日本語教育』九三

★土屋信一(1962)「東京語の成立過程における受身の表現について」『国語学』五一

★土屋信一(1964)「受身・現代語　れる・られる」『国文学解釈と教材の研究』九巻一三号(再録…松村編1969)

角田太作(1991)『世界の言語と日本語』くろしお出版

★坪井栄治郎(2002)「受影性と受身」西村義樹編『シリーズ言語科学2　認知言語学I：事象構造』東京大学出版会

坪井栄治郎(2003)「受影性と他動性」『月刊言語』三二巻四号

★寺村秀夫(1966)「日本語シンタクス序論」『大阪外国語大学学報』一六

寺村秀夫(1967)「受動構造について」『英語青年』一一三巻二号

★寺村秀夫(1982)「態――格の移動と述語の形態との相関」『日本語のシンタクスと意味I』くろしお出版

★土井忠夫訳注(1955)『ロドリゲス日本大文典』三省堂

★時枝誠記(1939)「敬語法及び敬辞法の研究」『京城帝国大学文学会論纂』八(再録…「敬語論」(第二篇第五章)『国語学原論』

岩波書店 1941、『文法・文章論』岩波書店 1975）
★時枝誠記（1941）『国語学原論』岩波書店
★中島悦子（1988）「『万葉集』における「非情の受身」」『（日本女子大学大学院の会）会誌』七
★中田敏夫（1981）「静岡県大井川流域方言におけるサル形動詞」『都大論究』一八（再録…井上史雄ほか編『日本列島方言叢書⑨
中部方言考②　山梨県・静岡県』ゆまに書房 1996）
中田祝夫・竹岡正夫（1960）『あゆひ抄新注』風間書房
★永田吉太郎（1931）「動詞の相に関する考察」『国語と国文学』八巻八号
★中西宇一（1978）「自発と可能――「る」「らる」の場合――」『女子大国文』八三（改稿…「自発と可能――「る」「らる」（「ゆ」
「らゆ」）――」『古代語文法論　助動詞篇』和泉書院 1996）
★中村法（1940）「「覚え給ふ」の或る場合」『国語国文』一〇巻四号
西川真理子（1994）「「話しことば」における「非情の受け身」の増加とその要因」『大阪大学　言語文化学』三
西村義樹（1992）「認知言語学序説――意味論の可能性（Ⅲ）」『実践女子大学文学部紀要』三四
★仁田義雄（1982）「再帰動詞、再帰用法――Lexico-Syntax の姿勢から――」『日本語教育』四七
仁田義雄（1992）「持ち主の受身をめぐって」藤森ことばの会編『藤森ことば論集』清文堂（再録…仁田 2009）
★仁田義雄（1997a）「自発的受身」『日本語研究』（都立大）一七（再録…仁田 2009）
仁田義雄（1997b）「内容の受身」加藤正信編『日本語の歴史地理構造』明治書院（再録…仁田 2009）
仁田義雄（2009）『仁田義雄日本語文法著作選第1巻　日本語の文法カテゴリをめぐって』ひつじ書房
仁田義雄編（1991）『日本語のヴォイスと他動性』くろしお出版
野田尚史（1991a）「日本語の受動化と使役化の対称性」『文芸言語研究　言語篇』一九巻
★野田尚史（1991b）「文法的なヴォイスと語彙的なヴォイスとの関係」仁田編（1991）（後半再録…須賀・早津編著 1995）

野村剛史（1982）「自動・他動・受身動詞について」『日本語・日本文化』一一（再録…須賀・早津編著 1995）

★野村剛史（1990）「ボイス」『日本語学』九巻一〇号

★橋本進吉（1931）「受身可能の助動詞」（講義案・高橋一夫氏筆記「助動詞の研究」第三章。収録…『助詞・助動詞の研究』岩波書店 1969）

長谷川欣佑（1964）「日本語文法試論」『言語文化』（一橋大）一

★長谷川欣佑（1967）「再び受動構造について」『英語青年』一一三巻七号

林博司（1993）「“affectedness”について——その問題点と展望」『日本語・日本文化研究』三

★早津恵美子（1987）「対応する他動詞のある自動詞の意味的・統語的特徴」『言語学研究』六

早津恵美子（1989a）「有対他動詞と無対他動詞の違いについて——意味的な特徴を中心に——」『言語研究』九五

早津恵美子（1989b）「有対他動詞と無対他動詞の意味上の分布」『計量国語学』一六巻八号

★原田信一（1973）「構文と意味——日本語の主題をめぐって——」『月刊言語』二巻二号（再録…原田 2000）

★原田信一（1974）「中古語受身文についての一考察」『文学・語学』七四（再録…原田 2000）

★原田信一（1977）「日本語に「変形」は必要だ」『月刊言語』六巻一一号（再録…原田 2000）

原田信一（福井直樹編）（2000）『シンタクスと意味——原田信一言語学論文選集』大修館書店

韓静妍（2009）「動詞の自他対応と非情の受身——近代以降における非情の受身の発達要因——」『日本学報』（韓国日本学会）七八輯

韓静妍（2010）「近代以降の日本語における非情の受身の発達」『日本語の研究』六巻四号

福田嘉一郎（1996）「自動詞・他動詞・可能動詞」『熊本県立大学文学部紀要』二巻

★許明子（2004）『日本語と韓国語の受身文の対照研究』ひつじ書房

★細江逸記（1928）「我が国語の相（Voice）を論じ、動詞の活用形式の分岐するに至りし原理の一端に及ぶ」市川三喜編『岡倉先

生記念論文集』岡倉先生還暦祝賀会

★細江逸記（1944）「我が国語の動詞の『話相（Voice）』並に動詞活用形式分岐の初期相に就いて」『経済学雑誌』（大阪商科大）一四巻三号

細川由起子（1986）「日本語の受身文における動作主のマーカーについて」『国語学』一四四

堀川智也（1992）「現代日本語の自発について」『言語文化部紀要』（北海道大）二二

★堀口和吉（1982）「日本語の受身表現」『日本語・日本文化』（大阪外国語大）一一

★堀口和吉（1983）「〈はた迷惑の受身〉考」『山辺道』二七

★堀口和吉（1990）「競合の受身」『山辺道』三四

★本多啓（2008）「現代日本語における無標識の可能表現について」高木拓明・宇野良子世話人『統計数理研究所共同研究リポート二一七　動的システムの情報論（7）　自然言語のダイナミズム』統計数理研究所

牧野成一（1978）「受身と空間」『ことばと空間』東海大学出版会

益岡隆志（1979）「日本語の経験的間接的関与構文と英語の have 構文について」林栄一教授還暦記念論文集刊行委員会編　『英語と日本語と　林栄一教授還暦記念論文集』くろしお出版

★益岡隆志（1982）「日本語受動文の意味分析」『言語研究』八二（再録…益岡 1987）

★益岡隆志（1987）「受動表現の意味分析」『命題の文法――日本語文法序説――』くろしお出版

★益岡隆志（1991）「受動表現と主観性」仁田編（1991）（再録…『モダリティの文法』くろしお出版 1991）

★益岡隆志（2000）「叙述の類型から見た受動文」『日本語文法の諸相』くろしお出版

★益岡隆志・田窪行則（1992）『基礎日本語文法 改訂版』くろしお出版

町田章（2009）「言語表現に見られる主体性――ラレル構文を例に――」『長野県短期大学紀要』六四

★松尾聰（1952）『古文解釈のための国文法入門』研究社（改訂増補版 1973）

★松尾聰（1959）「「覚え給ふ」の語義」『講座解釈と文法3　源氏物語・枕草子』明治書院（再録…『平安時代物語論考』笠間書院 1968）

★松尾捨治郎（1928）『国文法論纂』文学社

★松下大三郎（1924）『標準日本文法』紀元社

★松下大三郎（1928）『改撰標準日本文法』紀元社（訂正版…中文館書店 1930、同復刻…徳田政信編、勉誠社 1974、同訂正再版…1978）

★松下大三郎（1930）『標準日本口語法』中文館書店（復刻…白帝社 1961、増補校訂版…徳田政信編『増補校訂標準日本口語法』勉誠社 1977、同修訂版…1989）

松田（野村）剛史（1986）「受身文の「によって」」『大谷女子大国文』一六

松村明編（1969）『古典語現代語助詞助動詞詳説』学燈社

馬渕和夫（1964）「御覧じそめられたまはずやおはしましけむ」『武蔵野文学』一一

馬渕和夫（1994）「「る」と「す」」日本語語源研究会編『語源探求　4』明治書院（再録…『古代日本語の姿』武蔵野書院 1999）

★円山拓子（2007）「自発と可能の対照研究——日本語ラレル、北海道方言ラサル、韓国語 cita——」『日本語文法』七巻一号

★三浦法子（1973）「平安末期の受身表現についての一考察」『岡大国語国文論稿』一

★三上章（1953）『現代語法序説』刀江書院（復刊版…くろしお出版 1972）

道本武彦（1973）「「たてまつる」に上下接する助動詞「る」「らる」「す」「さす」についての調査報告」『国語研究』（国学院大）三六

★三矢重松（1908）『高等日本文法』明治書院（増補改版 1926）

峰岸明（1968）「自発・可能・受身・尊敬・使役」『国文学解釈と鑑賞』三三巻一二号

★宮地幸一（1968）「非情の受身表現考」近代語学会編『近代語研究 第二集』武蔵野書院

宮島達夫・仁田義雄編（1995）『日本語類義表現の文法（上）　単文編』くろしお出版

★村上三寿（1986）「うけみ構造の文」言語学研究会編『ことばの科学1』むぎ書房

村上三寿（1997）「うけみ構造の文の意味的なタイプ」言語学研究会編『ことばの科学8』むぎ書房

★村木新次郎（1991）「ヴォイスのカテゴリーと文構造のレベル」仁田編（1991）

★森昇一（1971）「敬語表現重複の形式――御覧ぜられ奉り給ふ――」『国語研究』（国学院大）三二（再録…森 1992）

★森昇一（1984）「尊敬動詞に下接する助動詞「る」「らる」について」『野州国文学』三三（再録…森 1992）

森昇一（1992）『平安時代敬語の研究　森昇一論攷集』桜楓社

森雄一（1997）「受動文の動作主マーカーとして用いられるカラについて」『茨城大学人文学部紀要　人文学科論集』三〇

★森田良行（1973）「受身・使役の言い方」『講座日本語教育』第九分冊（早稲田大）

★森田良行（1977）『基礎日本語　意味と使い方　1』角川書店（再編集…『基礎日本語辞典』角川書店　1989）

★森野宗明（1964）「敬譲（含丁寧）・古典語　る・らる」『国文学解釈と教材の研究』九巻一三号（再録…松村編 1969）

★森野宗明（1971）「古代の敬語Ⅱ」辻村敏樹編『講座国語史5　敬語史』大修館書店

★森山卓郎（1988）「ボイスの類型」『日本語動詞述語文の研究』明治書院

森山卓郎・渋谷勝己（1988）「いわゆる自発について――山形市方言を中心に――」『国語学』一五二（再録…井上史雄ほか編『日本列島方言叢書④　東北方言考③　秋田県・山形県』ゆまに書房　1994）

★ヤコブセン、ウェスリー（1989）「他動性とプロトタイプ論」久野暲・柴谷方良編『日本語学の新展開』くろしお出版

★柳田征司（1989）「助動詞「ユ」「ラユ」と「ル」「ラル」との関係」『奥村三雄教授退官記念国語学論叢』桜楓社（再録…『室町時代語を通して見た日本語音韻史』武蔵野書院　1993）

山内博之（1997）「日本語の受身文における「持ち主の受身」の位置づけについて」『日本語教育』九二

山口明穂（1977）「助動詞(2)」大野・柴田編（1977）

山口明穂（1988）『国文法講座別巻　学校文法――古典解釈と文法』明治書院

山口明穂（1989）『国語の論理』東京大学出版会

山口佳紀（1990）「古事記における「所」字の用法と訓読」『論集上代文学　第十八冊』笠間書院（補訂の上再録…「「所」字の用法と訓読」『古字記の表記と訓読』有精堂 1995）

山口佳紀（1992）「古事記における「為」字の用法と訓読」『梅沢伊勢三先生追悼　記紀論集』群書類従完成会（補訂の上再録…「「為」字の用法と訓読」『古字記の表記と訓読』有精堂 1995）

山口佳紀（2005）「『古事記』における使役・受身の表記と補読」『古事記の表現と解釈』風間書院

山﨑哲永（1994）「北海道方言における自発の助動詞 -rasaru の用法とその意味分析」小野米一編『北海道方言研究会 20 周年記念論文集　ことばの世界』北海道方言研究会

山田潔（1995）「『玉塵抄』の中性動詞――「読ムル」の用法――」『国語国文』六四巻八号（再録…『玉塵抄の語法』清文堂 2001）

★山田洋（1991）「「足を踏まれた」の受身文」『日本語シンポジウム「言語理論と日本語教育の相互活性化」予稿集（第四回）』津田日本語教育センター

★山田孝雄（1908）『日本文法論』宝文館

★山田孝雄（1914）『国語資料鎌倉時代之部　平家物語につきての研究　後篇　平家物語の語法』（国語調査委員会編）国定教科書共同販売所（復刻…『平家物語の語法』宝文館　1954）

★山田孝雄（1936）『日本文法学概論』宝文館

★湯澤幸吉郎（1930）「国民性の反映としての国語」『教育』昭和五年五月号（再録…『国語学論考』八雲書林 1940、復刻…『湯澤幸吉郎著作集2　国語学論考』勉誠社 1979）

吉井健（1999）「上代における不可能を表す接尾動詞――アヘズ・カヌ・カツ＋否定辞――」『井手至先生古稀記念論文集　国

語国文学藻』和泉書院
吉井健(2001)「平安時代におけるラル形式による可能表現」蔡全勝主編『日本文化論叢　第二回中日文化教育研究フォーラム報告書』大連理工大学出版社(中国、大連)
吉井健(2002)「平安時代における可能・不可能の不均衡の問題をめぐって」『文林』三六
吉井健(2004a)「中古における不可能を表す補助動詞――カヌ・ワブ・ワヅラフ・アヘズ――」国語語彙史研究会編『国語語彙史の研究　二十三』和泉書院
吉井健(2004b)「「〜やらず」の不可能性について」『文林』三八
★吉岡徳子(1993)「受身文の一考察――タメニ受身文を中心に――」『梅花日文論叢』一
吉岡徳子(1995)「『今昔物語集』の受身文における動作主明示・非明示について」『梅花日文論叢』三
吉岡徳子(1997)「『今昔物語集』の受身文における動作主〈不特定〉を中心に」『梅花日文論叢』五
吉岡徳子(1998)「今昔物語集における「持ち主受身」についての一考察」『梅花日文論叢』六
吉田金彦(1966)『現代語助動詞の史的研究』明治書院
吉田金彦(1973)『上代語助動詞の史的研究』明治書院
★ロング、エリク(1995)「「自発」をめぐって」『国文学解釈と鑑賞』六〇巻七号
★和栗夏海(2005)「属性叙述受動文の本質」『日本語文法』五巻二号
★鷲尾龍一(1991)「受動の意味」『日本語シンポジウム「言語理論と日本語教育の相互活性化」予稿集(第四回)』津田日本語教育センター
★鷲尾龍一(1997a)「他動性とヴォイスの体系」中右実編『日英語比較選書7　ヴォイスとアスペクト』研究社
★鷲尾龍一(1997b)「比較文法論の試み〜ヴォイスの問題を中心に〜」筑波大学現代言語学研究会編『ヴォイスに関する比較言語学的研究』三修社

鷲尾龍一(2005)「受動表現の類型と起源について」『日本語文法』五巻二号

★鷲尾龍一(2008)「概念化と統語表示の問題——日本語・モンゴル語・朝鮮語の比較から見る《風に吹かれる》の本質——」生越直樹ほか編著『ヴォイスの対照研究——東アジア諸語からの視点——』くろしお出版

★和田利政(1952)「源氏物語の謙遜語——補助動詞「聞ゆ」と「奉る」について——」『日本文学研究』一〇

和田利政(1964)「受身・古典語　る・らる(付、ゆ・らゆ)」『国文学解釈と教材の研究』九巻一三号(再録…松村編 1969)

★渡瀬昌忠(1991)「人麻呂歌集の七夕歌群——冒頭歌と末尾歌——」『実践女子大学文学部紀要』三三集

Alfonso, Anthony (1971) On the “Adversative” Passive. *The Journal-Newsletter of the Association of Teachers of Japanese*, Vol.7, No.1.

★Bolinger, Dwight (1975) On the Passive in English. *The First LACUS Forum 1974*.

Bolinger, Dwight (1977) *Meaning and Form*. London: Longman. (邦訳…ボリンジャー、D.(中右実訳)『意味と形』こびあん書房 1981)

★Chamberlain, Basil Hall (1888) *A Handbook of Colloquial Japanese*. Tokyo: Hakubunsha.

Givón, Talmy (1979) *On Understanding Grammar*. New York: Academic Press.

Harada, Shin-Ichi (1973) Counter Equi NP Deletion. *Annual Bulletin*, No.7. Research Institute of Logopedics and Phoniatrics, University of Tokyo. (再録…原田 2000)

Harada, Shin-ichi (1976) Quantifier Float as a Relational Rule. *Metropolitan Linguistics*, Vol.1 (再録…原田 2000)

★Haspelmath, Martin (1990) The Grammaticization of Passive Morphology. *Studies in Language*, Vol.14, No.1.

Hopper, Paul and Sandra A. Thompson (1980) Transitivity in Grammar and Discourse. *Language*, Vol.56, No.2.

★Hoshi, Hiroto (1991) The Generalized Projection Principle and Its Implications for Passive Constructions. *Journal of Japanese Linguistics*, Vol.13.

★Hoshi, Hiroto(1999)Passives. in Tsujimura, Natsuko(ed.) *The Handbook of Japanese Linguistics*. Malden: Blackwell.

★Howard, Irwin(1969)A Semantic-Syntactic Analysis of the Japanese Passive. *The Journal-Newsletter of the Association of Teachers of Japanese*, Vol.6, No.1.

★Howard, Irwin & Niyekawa-Howard, Agnes M.(1976)Passivization. in Shibatani, Masayoshi(ed.) *Syntax and Semantics Vol.5 Japanese Generative Grammar*. New York: Academic Press.

Inoue, Kazuko(1969)*A Study of Japanese Syntax*. The Hague: Mouton.

★Jacobsen, Wesley M.(1991)*The Transitive Structure of Events in Japanese*. Tokyo: Kurosio Publishers.

★Kamio, Akio(1988)A Semantic and Paradigmatic Analysis of Japanese Passive. 斎藤武生・神尾昭雄（代表）『受動構文の研究』（科研費報告書）

Kaneko,Hisakazu (1983) Some Thoughts on the Power Potential and Epistemic Possibility in Japanese: The Questions of Inanimate Subjects. 『共立女子短期大学（文科）紀要』二六

★Kinsui, Satoshi(1997)The Influence of Translation on the Historical Development of the Japanese Passive Construction. *Journal of Pragmatics*, Vol.28,Iss.6.

Klaiman, M. H. (1987) Aktionsart, Semantics, and Function in the Japanese "Passive". *Studies in Language*, Vol.11 No.2.

Kubo, Miori(1993)Japanese Passives. 『北海道大学言語文化論集』二三

★Kuno, Susumu(1973)*The Structure of the Japanese Language*. Cambridge: MIT Press.

★Kuno, Susumu (1990) Passivization and Thematization, in Kamada,Osamu & Wesley M. Jacobsen (eds.) *On Japanese and How to Teach It: In Honor of Seiichi Makino*. Tokyo: The Japan Times.

Kuno, Susumu and Etsuko Kaburaki(1975)Empathy and Syntax. *Harvard Studies in Syntax and Semantics*,1.

Kuno, Susumu and Etsuko Kaburaki (1977) Empathy and Syntax. *Linguistic Inquiry*, Vol.8, No.4.

Kuroda, Shige-Yuki (1965) Generative Grammatical Studies in the Japanese Language. Ph.D. dissertation, MIT. (New York: Garland Publishing, Inc.,1979)

★Kuroda, Shige-Yuki (1979) On Japanese Passives. in Bedell, George et al (eds.), *Explorations in Linguistics: Papers in Honor of Kazuko Inoue*. Tokyo: Kenkyusha. (加筆の上再録… *Japanese Syntax and Semantics: Collected Papers*. Dortrecht: Kluwer Academic Publishers, 1992)

Langacker, Ronald W. (1991) *Foundations of Cognitive Grammar Vol.2 : Descriptive Application*. Stasnford: Stanford University Press.

Makino, Seiichi (1972) Adverbial Scope and the Passive Construction in Japanese. *Papers in Linguistics*, Vol.5, No.1.

★McCawlay, Noriko Akatsuka (1972a) A Study of Japanese Reflexivization. Ph.D. dissertation, University of Illinois. (Printed: U.M.I 1973)

★McCawlay, Noriko Akatsuka (1972b) On the Treatment of Japanese Passives. *Papers from the Eighth Regional Meeting of the Chicago Linguistic Society*.

Miyagawa, Shigeru (1989) *Syntax and Semantics Vol.22 Structure and Case Marking in Japanese*. New York: Academic Press.

★Oehrle, Richerd T. & Nishio, Hiroko (1981) Adversity. *Coyote Papers : Working Papers in Linguistics from A →Z*, Vol.2.

Sato, Chieko (1982) Some Properties of Inanimate Subject Passives (無生主語受動文について). *Papers in Japanese Linguistics*, Vol.8.

★Shibatani, Masayoshi (1972) Remarks on the Controversy over the Japanese Passive. *Papers in Japanese Linguistics*, Vol.1, No.1.

★Shibatani, Masayoshi (1985) Passives and Related Constructions: A Prototype Analysis. *Language*, Vol.61, No.4.

Shibatani, Masayoshi (1990) *The Languages of Japan.* Cambridge: Cambridge University Press.

★Shibatani, Masayoshi (1994) An Integrational Approach to Possessor Raising, Ethical Datives, and Adversative Passives. *Proceedings of the Twentieth Annual Meeting of the Berkeley Linguistics Society.*

Shibatani, Masayoshi (1998) Voice Parameters. in Kulikov, Leonid & Vater, Heinz (eds.) *Typology of Verbal Categories: Papers presented to Vladimir Nedjalkov on the occation of his 70th birthday*. Tübingen: Max Niemeyer Verlag.

Shibatani, Masayoshi (2006) On the Conceptual Framework for Voice Phenomena. *Linguistics*, Vol.44, No.2.

Soga, Matsuo (1966) Some Syntactic Rules of Modern Colloquial Japanese. Ph.D. dissertation, Indiana University. (Printed: U.M.I, 1967)

★Teramura, Hideo (1967) Passivization in Japanese. 『大阪外国語大学学報』一七

Tokunaga, Misato (1990) Paradoxical Functions of Passives in Japanese Pragmatics. T*he Sixteenth LACUS Forum 1989*.

Tokunaga, Misato (1991) Integrating Pragmatics and Pedagogy: A Case of the Japanese Passives and Causatives. 『言語教育研究』(神田外大)二

★Tsuboi, Eijiro (2000) Cognitive Models in Transitive Construal in the Japanese Adversative Passive. in Foolen, Ad & Erederike van der Leek (eds.) *Constructions in Cognitive Linguistics*. Amsterdam/Philadelphia: John Benjamins.

Washio, Ryuichi (1995) *Interpreting Voice: A Case Study in Lexical Semantics*. Tokyo: Kaitakusha.

★Wierzbicka, Anna (1979a) Are Grammatical Categories Vague or Polysemous? (The Japanese ‘Adversative’ Passive in a Typological Context.). *Papers in Linguistics*, Vol.12, No.1/2. (再録…The Japanese ‘Adversative passive’ in a Typological Context (Are Grammatical Categories Vague or Multiply Polysemous?). Wierzbicka 1988)

Wierzbicka, Anna (1979b) Ethno-Syntax and Philosophy of Grammar. *Studies in Language*, Vol.3, No.3. (再録…

Wierzbicka1988)

Wierzbicka, Anna (1988) *The Semantics of Grammar*. Amsterdam/Philadelphia: John Benjamins.

あとがき

本書のもとになる学位請求論文は、平成二二年に本務校である東京外国語大学から与えられた半年間の特別研修の期間に構想をまとめ、執筆を開始したものである。内外ともに他事多端の折、研修に出ることを許して下さった大学当局と、不在の間あらゆる雑用を引き受けて下さった日本課程（当時）をはじめとする同僚の先生方に感謝申し上げる。

論文をまとめるにあたっては、東京大学大学院教授（当時）の尾上圭介先生の絶大な御支援をいただいた。先生には学生時代から御指導をいただいており、本文四・四で言及しているとおり、本書第二章の内容は今からほぼ十年前に尾上先生の非公開の研究会で当時の大学院学生諸氏に聞いていただいた発表内容に基づいている。特別研修の際には指導教員として受け入れて下さり、研修を終えて大学に戻ってからも、何かといえば筆が滞る筆者を叱咤し、今日まで背中を押しつづけて下さった。また先生は、御多忙のところ草稿に何度も丁寧にお目通し下さり、懇切に御指導下さった。本書が多少なりとも筋の通った、読みやすいものになっているとすれば、先生の御指導の賜物である。もちろん、内容の不備は筆者の責任である。

尾上先生と共に学位請求論文の審査に当たられた東京大学大学院の月本雅幸・井島正博・坂原茂・野村剛史の各先生からは、数々の貴重な御指摘をいただいた。

本書原稿の校閲の際には、佐藤佑さんに助けていただいた。

くろしお出版の池上達昭さん・荻原典子さんには、出版の相談段階から大変な御尽力をいただいた。比較的短期間のうちに出版が可能になったのは荻原さんの迅速かつ懇切な御助力のおかげである。

大場美穂子さん・岡部嘉幸さんをはじめ、尾上先生の演習・研究会で御一緒した方々、そのほか、お名前は到底ここに挙げきれないが、御論考を通して、あるいは様々な場で、著者に御教示下さった大勢の方々に改めて御礼申し上げる。

最後に、筆者の歩みを辛抱強く見守ってくれている家族に感謝する。

平成二四年九月

川村　大

索　引

あ行

か行

さ行

た行

は行

ま行

や行

ら行

わ行

著者　川村　大（かわむら　ふとし）

1965年、新潟県生まれ。
東京大学大学院人文科学研究科修士課程修了。同博士課程中退。
現在、東京外国語大学大学院総合国際学研究院准教授。
博士（文学）［東京大学大学院人文社会系研究科　2012年］

ラル形述語文の研究

二〇一二年十一月一日　第一版第一刷発行

著者　川村　大
印刷所　シナノ書籍印刷
発行所　くろしお出版
〒113-0033　東京都文京区本郷三-二一-一〇
電話　〇三-五六八四-三三八九
FAX　〇三-五六八四-四七六二

ISBN 978-4-87424-572-9 C3081